大爱 Ⅲ

杨立娟等 著

走近中国法律援助工作者

本书所展现的是一批为中国法律援助制度的创建和发展做出了卓越贡献和成就的人物群体。法律援助机构，是中国政府为保障公民权利而专门设置的机构，并应运而生了具有大爱精神的法援工作者。他们为贫弱百姓提供免费的法律帮助，奉献了全部的真诚和爱。

北京理工大学出版社
BEIJING INSTITUTE OF TECHNOLOGY PRESS

图书在版编目（CIP）数据

大爱：走近中国法律援助工作者 / 杨立娟等著. —北京：北京理工大学出版社，2011.11

ISBN 978-7-5640-5286-7

Ⅰ. ①大… Ⅱ. ①杨… Ⅲ. ①法律援助－法律工作者－生平事迹－中国 Ⅳ. ①K825.19

中国版本图书馆CIP数据核字(2011)第233904号

出版发行 / 北京理工大学出版社
社　　址 / 北京市海淀区中关村南大街5号
邮　　编 / 100081
电　　话 / （010）68914775（总编室）68944990（批销中心）68911084（读者服务部）
网　　址 / http://www.bitpress.com.cn
经　　销 / 全国各地新华书店
印　　刷 / 北京鑫富华彩色印刷有限公司
开　　本 / 787毫米×1092毫米　1/16
印　　张 / 20.75
字　　数 / 327千字
版　　次 / 2011年11月第1版　2011年11月第1次印刷　　责任校对 / 杨　露　陈玉梅
定　　价 / 52.00元　　责任印制 / 边心超

阳光法律系列丛书编委会

谨此献给为中国法律援助事业辛勤耕耘和开拓进取的法律援助工作者们。

序

法律援助制度是运用法律手段维护社会公平正义、促进社会和谐稳定的重要法律制度。这项制度与社会和谐发展相契合，反映了党的主张、人民的要求和社会的需要，是一项有着广阔发展前景的光彩事业。多年来，广大的法律援助工作者，认真履行职责，积极组织提供法律援助，办理了大量优质的法律援助案件，为维护困难群众的合法权益、促进社会公平正义、构建社会主义和谐社会作出了重要贡献！

为了切实服务困难群众，广大法律援助工作者带着对困难群众的深厚感情做好法律援助工作，尽心竭力为他们提供帮助，切实维护他们的合法权益，让他们实实在在地感受到党和政府的温暖，享受到改革发展的成果。

为了切实保障社会公平正义，广大法律援助工作者始终把保障社会公平正义作为首要价值追求，确保每个公民不因经济困难而请不起律师、打不起官司。

为了切实促进和谐稳定，广大法律援助工作者积极引导群众依法理性表达诉求，依法维护自身权益，把实施法律援助的过程，变成既保障群众合法权益又增强群众法治观念的过程。

法律援助工作者的辛勤工作得到了党和国家的充分肯定和高度赞扬，在不久前召开的第五次全国法律援助工作会议上，中央政治局常委、中央政法委员会书记周永康，国务委员、中央政法委员会副书记孟建柱等中央领导同志亲切接见了参加会议的法律援助工作者。周永康同志在讲话中指出:广大法律援助工作者兢兢业业、尽职尽责，想方设法为困难群众排忧解难，为密切党和政府同人民群众的血肉联系做出了重要贡献。孟建柱同志鼓励广大法律援助工作者要立足本职、恪尽职守、无私奉献，努力为困难群众提供法律帮助，为维护困难群众合法权益、保障社会公平正义、促进社会和谐稳定做出积极贡献。我们要认真学习领会中央领导同志的重要讲话精神，向这些先进学习，发扬光大他们的事迹。

法律援助事业的发展，离不开广大法律援助工作者的辛勤努力，他们毅然选择法律援助这条艰辛的道路，是因为他们怀着崇高的价值追求，有着热爱人民的崇高品德。本书记录的正是广大法律援助工作者的优秀代表，他们艰苦奋斗，忘我工作，淡泊名利，恪尽职守，甘于奉献，以自己的实际行动，在平凡的岗位创造了无愧于时代，无愧于党和人民，无愧于法律援助事业的辉煌业绩。他们有的自法律援助制度建立伊始便投身其中，十几年如一日，勤勤恳恳，服务人民；有的身患疾病，依然坚守诺言，不离不弃，犹获新生；有的放弃了名声和财富，默默承担起法律工作者的天职，被当地群众尊称为“青天”……他们是当代中国法律援助工作者的生动剪影，本书通过对这些法律援助工作者人生轨迹和成长历程的生动描绘，展现出新时期社会主义法律援助工作者的思想源泉和精神风貌。他们为实现社会公平正义，以自己的一案一讼、一言一行而努力着、实践着、前行着。这，无疑将是本书编辑出版最大的意义所在。

本书的出版，有助于读者更好地了解法律援助工作者的奋斗经历和感人事迹，为广大的法律工作者树立了学习的榜样，具有重要的示范和导向作用。

作为第一本深入全面描绘法律援助工作者的专著，本书的出版面世既是一种对过去十几年我国法律援助制度探索历程的总结，也包含了对这项制度无尽未来发展前景的期许，意义重大，故欣然提笔，为之序。

中华人民共和国司法部副部长

赵大程

目录

温情生巾帼　优雅亦驰骋

——访海南省海口市法律援助中心主任张永春

张永春　河南泌阳县人，本科学历，中国共产党党员。1979年参加工作，曾在河南省泌阳县做过中学教师，担任过机关干部。1992年调往海口市司法局工作，先后任职于海口市司法局法制宣传科、海口市司法局基层工作指导科、海口市司法局办公室。自2005年3月至今任海口市法律援助中心主任。

2007年获得司法部法律援助中心“法律援助规范与质量先进个人”荣誉称号，2008年先后被评为海口市“维稳工作先进个人”、海南省第一届“法律援助先进个人”、司法部第三届“全国法律援助先进个人”,2009年被海口市妇联评为“海口市三八红旗手”。

印象 优雅的女人

初见张永春，我眼前一亮，内心不由得发出一声赞叹：好一个优雅的女人。只见她娇小玲珑的体态，精致得体的衣着；一头乌发，似乎随意地系了个发髻，却显得十分的洒脱飘逸；举手投足间落落大方，谦虚礼让；语音温婉柔美，娓娓动听；银铃般的笑声，如高山流水的音乐，美妙绝伦；一颦一笑中可见聪慧贤淑，处处显出优雅小女子的娇容。

虽然我很欣赏她的优雅和美丽，但也不由得有些隐隐的担心：这么娇弱的女人，一双柔肩上能扛起法律援助事业的济贫扶弱、伸张正义的大旗吗？

南飞的大雁

1992年12月，一列开往南方的列车疾速地驶出郑州站，飞驰在中原大地上。一个年轻美丽的女人正默默地望着窗外，眺望着不远处的家乡，眼里充满了迷茫和未知……

经历了数月的煎熬，张永春终于下定了决心去闯海南。事情还要从一封信说起。1992年春节，家里收到了一封来自海口的信。信是姨妈写的，除了给全家人拜年外，还有一则信息在全家引起了不小的波澜。姨妈早年随军到海南，在那里生活了近20年。如今姨夫转业到地方，考虑到长期在海南，已经习惯了当地的生活，他们决定将家安在海口。但是海南与家乡河南远隔千山万水，他们在海南没有什么亲人，时间长了多少有些寂寞。信中还提到，如果姐姐家的孩子有愿意到海南工作的，他们可以为孩子联系工作，照料生活。

读了姨妈的信后，全家人都沉默了，因为海南岛是那么遥远的一个地方。虽然当时海南岛正是国家开发的热点地区，是很多人崇尚和向往的地方，十万大军闯入海南岛，各种致富的信息不断地涌入内地，吸引着人们纷纷争做闯海人。但是，作为一个传统的家庭，张永春的兄弟姐妹们却个个低下了头。张永春能够理解他们的想法，因为她的兄弟姐妹当时已经个个事业有成，生活得十分幸福，没有人愿意放弃自己眼下的幸福，去追求一个未知的事业。可是，姨妈一家人对亲人期盼的心情，却无时无刻不在触动着她的内心，这让她备受煎熬。

经过一番思想斗争和深思熟虑后，她对父母说："爸妈，要不我去海南？"父母听了女儿的话大吃一惊，母亲哭了，父亲也强烈反对女儿去陌生的海南岛。他说："你现在工作和事业发展得都很好，去那里还得重新起步，你这不是浪费了前面的努力吗？再说，你的孩子这么小，老公的工作也稳定，发展前景都比较好，你全都放弃了，到底想干什么？我们不同意！"

听了父亲的话，张永春心里十分难过。她深知父亲的话很有道理，但是姨妈的声音总是萦绕在她的耳边。她打定主意劝慰父母道："爸妈，您二老的心情我能理解，可是，我姨妈那里需要人照顾。这样吧，我先去看看，如果不好我就回来。"

看见女儿心意已决，父亲母亲只能由着张永春去了。做好了父母的工作，她又转回做丈夫的工作。丈夫是个通情达理的人，听了张永春的决定，他表示支持，并提议两人在五一假期去海南看看。

1992年五一假期，张永春夫妻俩带着孩子前往海口探望姨妈。听说他们来海南，姨妈老两口十分高兴，为他们做了很周到的安排。5月的海南，鲜花盛开，椰树弄影。与北方干旱的空气相比，海口的空气中充满了湿润的气泡，清新极了。从小就喜欢水并向往大海的张永春，更是被这迷人的热带海岛风情吸引住了，她告诉丈夫自己真的很喜欢

1994年张永春一家在海口火山口公园拍摄全家福留念

这个美丽的岛屿。然而，当时的海口虽然因为建省而炒得热度非凡，但实地下去走访，却只能算是个小县城，还十分落后。不大的城市、狭窄的马路、街道上七零八落的店铺、低矮的民房，还有十分难等的公交车，以及因为旅馆少而只能露宿街头的十几万闯海人，这些都不得不让张永春再仔细地思量一番。

回到河南老家，张永春将自己的所见所闻和自己与丈夫商量好的决定告诉了父母。她说自己决定去闯海南。那里当下虽然还很落后，但毕竟是改革开放的前沿，已然处处显现出了生机和活力。她相信不久的将来，海南一定会成为南海上一颗耀眼的明珠。再者，海南岛气候宜人，没有寒冷的冬季，是一个很适宜人们生活的地方，将来可以接父母去海南养老。张永春的一席话，终于说服了父母，她的一颗心也总算踏实了许多。

没有多久，海口市司法局来了商调函，张永春很快办好了手续，只身坐上火车，踏上了二次前往海口的路。

我们很纳闷，为什么这次去海口是她一个人？她告诉我们："当初我与丈夫商量，闯海南是一个风险很大的事情，即便是有姨妈照应，风险还是存在的，与其一起跳'下海'中没了退路，不如一个人先留在岸上观望。再者，老公当时工作上也无法马上离开。所以，我们商量好，先由我去闯海，他留下相机而动。"

就这样，张永春毅然离开了生养她的故土。南飞的大雁在海南这片新兴的热土上，开始了一个全新的事业。

让阳光照耀每个角落

2005年3月1日，张永春通过竞岗，走进了海口市法律援助中心的大门。这是她对自己的又一次挑战。

在同事们的眼里，张永春是一个生性腼腆、性格柔弱、举止优雅、很有女人味的小女人。但令人费解的是，这次竞岗她偏偏选择了一个无人问津的单位，而且还是个不如坐机关更牢靠的事业单位。为此，很多人提醒她不要

2004年5月张永春（左一）参加海口市政法系统运动会

太傻了，可以继续选择办公室主任的岗位。然而，早已有了自己的想法的张永春，仍旧选择了法律援助中心。

她告诉我们，她之所以选择法律援助，是源于她的父亲和她小时候的一些生活经历。张永春的父亲是基层法院派出法庭的一位庭长，从她记事时起，她家总是随着父亲的工作变动而迁移。那时，每天总会有一些打不起官司的贫困百姓到家里来找父亲，向父亲讲述自己的不幸遭遇，父亲也总是尽可能为他们义务地进行调解。这些儿时的记忆深深地刻在了她的心里，使她不能忘记那些期盼的眼神，同时对她长大后的择业也有很大的影响。其实，当初上学时她考上的是河南驻马店师范学校，毕业后她回到家乡当了一名数学教师。然而，当老师并不是她的最佳选择。在她心里，始终有一个理想，那就是学父亲，当一名法律工作者。就在她当老师卓有成绩时，一个机会让她离开了教师岗位，成为乡司法所的一名法律工作者，也实现了她多年的理想。当她选择南下海南时，联系的单位依然是司法局。然而，她虽然进入了司法局，却始终离自己所期待的法律实践很远，离广大有法律需求的百姓很远，心里总是有一些遗憾。而眼前，有这样一个与困难百姓近距离接触的机会，她怎么能够轻易地放弃呢？

在竞岗演说时，她将自己对法律援助事业的认识和理解，以及选择法律援助中心的理由，和盘托出。领导被她感动了，她毫无悬念地成为海口市法律援助中心主任。

新官上任，现实却没有给这个新官一个认识和学习的过程。虽然张永春的竞岗演说十分精彩，但那只是对法律援助最朴实的一般性的理解和认识，而法律援助制度更深层的内涵，她并没有完全地认识和掌握。可是眼下时间不等人，海口市的法律援助工作已经远远落后于全国。她认为既然领导把自己推上了这个岗位，她就应该尽快地将工作开展起来。

上图为2008年张永春（右一）在宣传月活动时现场接待当事人；下图为2009年10月张永春（右五）陪同海口市政府和市司法局领导在为农民工举办的法律援助宣传月活动现场

然而目前，海口市法律援助中心却面临着重重困难。从1997年7月28日成立，到2004年年底，法律援助中心总共受理法律援助案件不足1,000件，工作十分被动。其主要原因是，虽然海口市的法律援助机构成立得很早（在全国当属前十名），但是在她担任法律援助中心主任之前的很长一段时间内，却一直没有领导人，仅仅在半年前通过竞岗才选任出一位副主任。

面对这个工作局面，娇小柔弱的张永春没有等待。她决定自己把这副担子扛起来，为海口的困难群众撑起一把公平正义的法律之伞。

2005年4月，张永春上任后的首次法律援助活动便拉开了序幕：由海口市法律援助中心和海口市妇联联合组织的“法律援助进监狱”活动，轰轰烈烈地开展起来。随后，在5月份开展的“法律援助进农村”活动中，为了了解海口市农村居民对法律援助制度的知晓率，张永春在活动现场进行了一次调查。从她对20个人进行调查的结果看，20人中只有一个来自广西的外来务工青年在广西时听亲戚讲过，其余19个本地村民从来没有听说过法律援助。不仅如此，被调查者还不相信法律援助制度，就如同不相信天上会掉下馅饼一样：绝对不会有这样的好事情。他们不仅不相信法律援助能为困难百姓免费提供法律援助服务，还给她讲了许多负面的事例。张永春努力地说服他们，希望他们在遇到法律困难时去找她。她将自己的名片递给各位受访者，并郑重地告诉他们：法律援助机构是由政府设立的工作部门，是组织法律援助人员，为经济困难或特殊案件的当事人免费提供法律服务的一项法律制度。这是党和政府对困难群众的承诺，也是她为之奋斗的方向，她一定会将这个承诺兑现于民。但这样的调查结果，让张永春不免感到有些失望，却也是她意料之中的事情。对此，她感到很有压力。因为这意味着，她肩上的担子更重了。

为了扩大法律援助的影响力和知晓率，张永春首先从海口市法律援助工作的实际出发，抓大放小，先解决知晓率的问题，将法律援助的宣传工作列为全部工作之首。确立了工作方向后，她便积极着手，开辟宣传通道。她首先与《南国都市报》《法制时报》《海口晚报》等媒体联络，洽谈合作开办法律援助服务专栏，通过精选案例来宣传法律援助制度和服务，从而实现扩大法律援助影响力的目标。张永春说："其实，当时这三家报刊的版面都很紧张，尤其是《南国都市报》是民生报纸，很受百姓欢迎，报纸的发行量很大，版面十分紧张。但是当得知法律援助制度是为困难群众提供免费法律服务的事业时，报社领导当即决定开辟法律援助专栏，很不容易。在开辟专栏的同时，海口市法律援助中心还在其中的两家报社，设立了法律援助工作站，对推动法律援助的宣传工作起到了带动作用。"

在宣传上有了一个好的起点，张永春对未来也就更加有信心了。在总结经验的基础上，她又对法律援助的宣传有了一个新的设想：利用媒体关注民生、面向社会并需要争取大众的关注度的特点，充分发挥媒体的力量，开办专栏节目并通过形式多样的活动，宣传法律援助，提升人民群众的关注度。这样，既有利于人民群众了解和认识法律援助，又为媒体提供了一项有特色的内容，真正做到了民生报纸谈民生话题，同时也增加了报纸的阅读量，这就让媒体和法律援助中心一举两得，互利双赢。

针对新的设想，张永春积极地行动起来，与各家媒体反复进行接触和商谈、策划。很快，由多种媒体参与并采取不同的方式和手段，一个面向政府和社会公众的立体宣传网络建立起来了，并将有些宣传工作常态化：

2007年，海口市法律援助中心通过海口市电视台播放有关法律援助的专题片和法律援助进农村、进社区、进企业、进工地、进农户等一系列的活动情况，以扩大海口市法律援助工作的影响力。

2008年，海口市法律援助中心与海南省电视台《政法先锋》栏目，联合开展了送法律援助进社区、进农村的宣传活动，组织法律援助工作人员，先后进入本立村等地区进行了法律援助专项活动共计11场次，集中宣传法律援助的范围、标准、程序，等等，引导困难群众在遇到涉法纠纷时主动寻求法

2011年7月1日张永春（右二）与海口市司法局局长一同参加椰城纠风热线，解答观众咨询

律援助。

2009年，海口市法律援助中心与《海口晚报》联合组织了宣传主题为“进百家社区、办万件实事”的法律援助专项活动。从2009年8月至今，海口市法律援助中心与海口市广播电台策划了“依家与法”专题互动节目，每周四中午定期播出。

2010年，海口市法律援助中心与海南省电视台《生活帮帮帮》栏目合作，每周六走进海口市内各个社区，现场提供法律咨询和办理法律援助申请。

从2010年至今，海口市法律援助中心一直与海南新闻频道的《胖哥说法》栏目合作，开展法律宣传，关注并帮助和解答困难群众的各种法律问题。

另外，针对企业拖欠农民工工资的问题，海口市法律援助中心开展了一系列的专项援助活动，并组织媒体现场播报，扩大了法律援助在社会上的影响力。该项活动最终推动了海口市政府出台相关的文件，以妥善解决建设领域拖欠农民工工资的问题。

又针对在法律援助实际工作中普遍遇到的问题，海口市法律援助中心先后编写了《海口市外来务工人员学法用法读本》《农民法律知识手册》《驻海口地区部队军人军属学法用法读本》《法律援助指南》及《法律援助条例》等60余万字的图书和宣传资料，对外免费发放。

针对海南外来人口多的特点，从2005年开始，海口市法律援助中心开展了一系列“农民工法律援助宣传周”的活动。2006年又将“宣传周”改为“宣传月”，并持之以恒落在实处。该项活动，使众多农民工获得了法律援助服务和法律咨询服务。同时，又针对当地居民和农村的宣传特点，海口市法律援助中心在全市每个区的法律援助中心和基层法律援助工作站均设立了宣传长廊和专栏。这种有针对性的努力，取得了很好的宣传效果。

在此基础上，张永春带领中心的工作人员积极总结成功的经验，认为每年至少应开展三场大型宣传活动，不定期地开展法律援助进田野乡村、进城市社区、进部队营房、进企业工地等活动，以扩大法律援助的社会影响力。

通过多种媒体参与，多种形式宣传，海口市法律援助的宣传工作取得了巨大的成就。法律援助的知晓率得到大幅度的提升，城镇知晓率达到85%以上，农村知晓率也达到了70%。张永春的第一个目标实现了，她将法律援助的声音传遍了整个海口，把党和政府为民服务的阳光洒遍了海口的每一个角落，照耀着每一颗心灵。

开拓者之歌

我们脚下没有前人的足迹，我们面前只有荒原和大漠，高山和大河，沼泽和泥潭，雪域和冰川；我们身边荆棘遍野，这是史无前例的长途跋涉，这是开拓者的无所畏惧的风采……这是佚名人所作的开拓者之歌。

经过几年的努力，法律援助制度已经在海口市生根发芽、开花结果了。生活在海口的居民对法律援助制度已不再陌生，困难群众已经学会了如何维护自己的合法权益。“有法律问题，找法律援助”的承诺已深入人心。

作为海口市法律援助中心的领头人，张永春深知做好法律援助宣传仅仅是法律援助事业迈出的第一步，接下来的工作更为艰巨。如何将承诺落实到位，需要有周密的计划和具体的实施方略。经过反复思考，她认为必须从两大方面入手：一是尽快健全法律援助机构，完善系统的法律援助工作体系，让全市的法律援助机构都充分发挥各自的职能和作用。二是加大办理法律援助案件的力度，切实满足广大困难群众对法律援助服务的需求，并扩大法律援助的覆盖面，将党和政府对人民群众的关怀落到实处。为了实现这两个目标，必需两手同时抓，而且两手都要硬。

一、加强援助机构的系统工程建设，完善法律援助工作体系

其一，抓好法律援助的机构建设，构建无盲点、无遗漏的法律援助组织网络

要抓好法律援助的机构建设，首先在构建一个无盲点无遗漏的法律援助组织网络。为了更好地维护弱势群体的利益，促进社会的和谐稳定，海口市法律援助中心构建了以市（区）法律援助机构为主体、镇（街道）法律援助工作站为基础、机关单位及社团的法律援助组织为补充的三级法律援助机构网络体系，共形成5个市区两级法律援助机构，41个镇（街道）法律援助工作站，21个市区两级的工、青、妇、残、老法律援助工作部，在包括海南大学、市劳教所、罗牛山农场、《法制时报》报社、《南国都市报》报社、海口市社会福利院、海口市公共汽车公司、海南红塔卷烟有限责任公司、海南椰岛集团股份有限公司在内的众多企事业单位，设立法律援助工作站56个。

在此基础上，张永春又带领海口市法律援助中心不断地创新着工作思路。为了实现无盲点无遗漏的覆盖，在全市又建立了40个涉侨法律援助联络站，在全市19家律师事务所设立了法律援助联络站，在市交通事故处理大队设立了海口市交通事故法律援助工作站，在全市村（居）委会选聘了406名法律援助信息员，在社会上招募了250名法律援助志愿者，基本形成了上下成线、左右成片的服务网络，使法律援助的触角进一步向社会各领域广泛延伸。

早在2005年7月22日，海口市法律援助中心与媒体合作建立的第一家法律援助工作站，即《南国都市报》法律援助工作站便挂牌问世。同时，与该报的维权版面也协作开展了《法律援助在身边》的系列报道，关注残疾人和老年人、未成年人等弱势群体，并将结合八一建军节开展军人军属法律援助报道。张永春说："我本人就是《南国都市报》的忠实读者，以往经常在报

上看到一些有关法律问题的宣传和对于需要打官司的困难群众的报道。它还开设法律咨询栏目，宣传方向与法律援助类似。”如《南国都市报》在2009年1月20日，以“住院病人误入垃圾门从四楼坠下”为题报道一则新闻；在报道的同时，《南国都市报》的法律援助工作站就引导受害人，到海口市法律援助中心申请了法律援助。法律援助中心及时受理并为该住院病人提供了法律援助服务，指派律师介入，与发生事故的医院进行协商。通过海口市法律援助中心一年多的艰辛努力，事情最终得到圆满解决，法律援助中心为受援人成功索赔了502,485元，维护了伤者的合法权益。

为了进一步扩大法律援助的服务领域，考虑到海南岛作为侨乡的特殊地理和人文环境，海口市法律援助中心又在侨眷集中的社区建立联络点。2008年10月，海口首个涉侨法律援助联络站在富兴社区挂牌设立。为了更好地为归侨侨眷提供法律援助，海口市先后建立了40个涉侨法律援助联络站，主要分布在归侨侨眷集中的社区和农村。

2007年，结合海口市的实际情况，海口市法律援助中心还为外出务工人员的异地申请法律援助，搭建起了更便捷的平台：与全国23个城市签订了《城际间农民工法律援助工作协作协议》，为工作的深入开展奠定了良好基础。

随着海口市的城市化建设的推进，交通事故的数量也在逐年增多。而且事故中，受害方有很大一部分属于符合法律援助条件的经济困难群体。基于此，2009年元月，市法律援助中心在海口市交通事故处理大队，建立了该市交通事故法律援助工作站，安排执业律师到工作站值班，及时为交通事故中的当事人免费提供法律咨询，并接受符合法律援助条件的当事人的援助申请。该工作站自成立以来共解答法律咨询1,311人次，接受法律援助申请89件。

2009年3月31日，海口市法律援助中心的涉军维权法律援助工作站的揭牌仪式，在海南公安边防总队海警一支队隆重举行。该工作站成立后，将引导官兵正确利用法律知识和渠道来维护自身的合法权

2009年5月张永春（前排左二）在海警一支队出席涉军维权法律援助工作站成立揭牌仪式上

益，妥善解决耗费官兵精力并影响部队和官兵及其家属切身利益的涉法问题，在维护军人军属合法权益及创建和谐警营等方面，发挥重要的作用，使海警官兵减轻压力、放下包袱，而能将更多的精力投入到以海上执勤执法为中心的各项工作当中。

总之，法律援助机构的网络化建设，使得法律援助更加贴近困难群众，也更有力地维护了他们的合法权益。

其二，抓好法律援助的队伍建设

首先要组建一支由资深律师领衔、以执业律师为主导的法律援助专业律师队伍。在机构建设中，张永春十分看重法律援助的队伍建设。在机构内，她认为应当建立健全法律援助人员的准入标准。通过竞岗等方式，广泛网罗优秀的法律专业人才，以吸引更多的法律人才加入法律援助的队伍并提升法律援助队伍的专业素质。

为了确保法律援助的办案质量，张永春又根据海口市律师资源的实际情况，亲自挂帅，努力争取各律师事务所的资深律师办理一些法律援助案件。在她的感召下，一批大牌律师纷纷加入到法律援助志愿者的队伍，为办理法律援助的案件提供了质量上的保障。

此外，张永春还带领海口市法律援助中心，充分利用社会资源，积极组建和扩大法律援助志愿者的队伍。她想方设法地建立健全了激励机制，在结合各地实际情况的基础上规定辖区内的律师，每年必须完成一定的法律援助工作量，对表现突出的给予表彰。这壮大了法援队伍，也为扩大法律援助的服务对象和服务面，提供了保障。同时她又提出加大教育培训的力度，不断提高法律援助人员的素质和服务水平，为法律援助工作储备人才资源。

其三，加强法律援助工作的规范化、制度化建设

张永春认为，要不断提升海口市法律援助中心的规范化和制度化的管理及服务水平。规范化和制度化建设关系到法律援助工作快速而持久性的发展。为了深入进行法律援助工作规范化和制度化建设，张永春与海口市法律援助中心的同事们共同做了以下几方面的工作：

一是严格并切合实际地制定了《海口市法律援助机构办理法律援助申请、审查和受理程序》（以下简称《海口市法律援助程序规定》）、《法律援助专项经费管理使用暂行办法》等，建立了接待登记制度、援助机构服务承诺制度、案件指派制度、业务档案管理制度，等等，从而做到了从接待、受理、审批、指派到案件的办理、归档及发放补贴等各个工作环节，都有制度依据和操作规范。

二是加强法律援助网络管理的规范化建设，为此又制定了《海口市法律援助工作站管理办法》《法律援助联络员工作职责》《法律援助志愿者手册》《海口市法律援助志愿者队伍活动章程》，等等。此外，进一步规范了法律援助各类工作台账，完善了群众来信来访登记、工作研究部署登记、疑难案件讨论登记、法律援助志愿者名册及业务报表的分类汇总、建册建档等多项制度，促进了法律援助网络管理工作的规范化。

三是强化了案件质量管理方面的制度建设。张永春领导确立了“重大疑难案件集体讨论制度”和“重大疑难及典型案件请示汇报制度”，又建立了“援助案件质量监督制度”、“援助案件受理投诉制度”，等等。并把监督案件的种类和范围，详细地分为必须监督、重点监督、依申请监督等三种。通过强化监督，保障了办案质量。

四是建立了法律援助工作业绩的考核制。把法律援助服务人员的办案数量、工作质量、服务态度，列入其年度目标考核的内容，并落实奖惩措施，促进了法律援助工作考核制度的发展。通过对法律援助工作的规范管理、质量控制及业绩考核等各项制度的深入落实，海口市法律援助人员的责任心和服务能力得到进一步增强，在提高其服务质量的同时，亦形成了提升办案质量的良性循环。

二、抓办案质量及扩大覆盖面，扩大法律援助的覆盖面并提高服务质量，在于加大办理法律援助案件的力度，优化便民措施，切实满足困难群众的需求

张永春说：“近年来，海口市的法律援助工作在市委市政府的正确领导和省司法厅的关心指导下，以维护广大人民群众的根本利益为出发点和落脚点，以‘哪里有不公平，法律援助就出现在哪里’为目标，充分发挥法律援助在捍卫群众合法权益、维护社会公平正义、促进社会和谐稳定中的职能作用，积极帮助党委政府解决‘群众打官司难’的问题，取得了显著的工作成效。”

他山之石，可以攻玉，张永春在不断学习、交流中寻找法律援助事业的发展方向。图从左至右分别为其在杭州、扬州、新疆考察期间，利用工作间隙参观游览当地名胜民俗

其一，调整了法律援助经济困难标准，降低了法律援助的门槛，让更多的困难群众享受到法律援助服务

海口市法律援助中心，为了使法律援助事业能紧紧地随着经济社会的不断发展而发展，以满足困难群众对法律援助服务不断增加的需求，适时地扩大了覆盖面：

一是根据海口市经济社会的发展水平，及时调整了法律援助经济困难的标准，降低法律援助的门槛。海口市法律援助的经济困难标准，由2007年的城镇（农村）家庭人均月收入520元以下（城镇低保的2倍），放宽至2008年的城镇（农村）家庭人均月收入630元以下（海口市最低工资标准）。2010年，又印发了《海口市法律援助事项范围及经济困难标准的规定》，再次将法律援助条件的经济困难标准下调为830元，大大地降低了门槛，扩大了适援的群众面，能让更多困难群众享受到法律援助的实惠。

二是认真研究困难群众的法律需求，根据困难群众的法律需求而不断调整法律援助的事项，合理扩充法律援助的事项范围。在《海南省法律援助规定》和《海口市法律援助办法》的基础上，海口市法律援助中心将其法律援助的事项范围扩大了9项，包括宅基地纠纷；假种子、假化肥等坑农案件；在征地、拆迁中，侵害农民权益而产生的纠纷；在农村土地、林地的经济承包、流转中，农民权益受到侵害的案件等事项。并规定对五保户、低保户、残疾人及未成年人、归侨侨眷等5类群体，和工伤赔偿、拖欠劳动报酬、灾害救助等9类纠纷，凡其申请法律援助的无需进行经济状况审查，直接提供法律援助。

三是让来海口务工的困难群体享受到与本市市民同样待遇的法律援助，为外来农民工撑起法律的保护伞。农民工问题直接影响经济社会的发展全局，保障农民工的合法权益事关维护社会公平正义和促进社会的和谐稳定。为此海口市法律援助中心，根据海口市司法局《关于加强外来务工人员法律援助工作的意见》，始终将包括农民工在内的外来务工人员列入法律援助的范围。对在海口市务工的农民工在法律援助经济困难标准和受案范围等方面，给予海口市民的待遇。并且通过在农民工相对集中的企业中建立农民工法律援助工作站、开展农民工法律援助专项活动等措施，加大对农民工的法律援助力度。

其二，加大办理法律援助案件的力度，力求为更多的困难群众提供法律援助服务而多办案件、办好案件

自从2005年张永春上任以来，海口市法律援助中心通过加大宣传的力度，引导困难群众通过法律援助维护自身的合法权益，取得了很好的效果。受援人数和案件数量都节节攀升。统计数据表明，从2005年起，受援人数的迅速增长为：2005年为601人，2006年为1,628人，2007年为4,553人，2008年为5,959人，2009年为6,120人，2010年为6,269人。同时，办案数量也在大幅度提升，2009年办理各类法律援助案件4,672件，比前一年增长31%。2010年受理法律援助案件6,268件，同比增加34.16%。接待解答来电来访及法律咨询的人数也在增加，2009年为23,460人，2010年为24,120人。海口市法律援助中心，通过不断地加大法律援助案件的办理，卓有成效地解决了部分困难群体打不起官司的问题，有力维护了困难群众的根本利益。

其三，提高法律援助案件的服务质量，以积极奉献服务于民为宗旨，开展了“四个主动”的活动

张永春认为，服务质量，是检验法律援助工作成效的最终标准。“四个主动”，正是为了提升服务水平，海口市法律援助中心开展的活动：一是主动服务。要热情接待和解答群众的来访来电及法律咨询，对其中符合援助条件的要主动提供法律援

2011年张永春（右二）组织案例评查

2006年5月张永春（右一）到残疾人家里上门提供服务

助，做到应援必援、能援尽援。二是主动学习。集体学习与自觉学习、理论学习与业务学习相结合，主动学习相关知识，提高履行职责的能力。三是主动跟踪。要对分派的法援案件全程跟踪、全程监督，确保案件的质量。四是主动对接。要主动与相关的职能部门依法建立工作对接机制，联合各部门的力量，最大限度地维护当事人的合法权益。同时，努力探索法律援助与信访工作的衔接机制，在涉法涉访、重大的突发性、群体性事件和案件的处置过程中，充分发挥法律援助的重要作用。

其四，坚持以人为本、服务为民，完善了法律援助工作的便民利民措施，全面提升其服务能力和水平

一是从便民利民出发，缩短了法律援助的审核时间并简化了受理审查的程序。海口市法律援助中心为了方便受援对象申请法律援助，在人员往来较多的地点设置专门的接待场所，并在醒目位置设立指示牌、公告栏等，列明法律援助条件、申请程序、无偿服务原则及监督投诉电话等基本内容。此外，市中心又将法律援助的审核时间缩短为3个工作日。而对群体性案件、拖欠农民工工资和工伤赔偿及情况特殊的案件，务必在一个工作日内办结。对上述5类群体和9类纠纷，无需进行经济困难审查而直接提供法律援助。对群体性案件、行动不便的残疾人、老年人及重病卧床的申请人，则提供上门服务。

二是以信息化建设推行便民措施。张永春带领海口市法律援助中心按照《海口市法律援助程序规定》，修改完善了法律援助信息管理系统软件的流程管理和服务标准。依托信息化平台，优化法律援助事项办理流程，实现了网上完成受理、审批、指派等工作。

三是注重从源头做好维护困难群众权益的工作，全面提升法律援助服务能力和水平。张永春认为，为了从源头上将矛盾消解在萌芽状态，法律援助机构也应加强舆情分析与研判工作。为此，海口市法律援助中心继续提升舆情分析工作的时效性和成果质量，发挥其促进矛盾化解的实际作用。同时通过健全重大事项报告制度、集体研究讨论制度和突发性事件应急处置预案制度，妥善处理包括群体性事件在内的重大紧急事件。此外，海口市法律援助中心正在探索将法律援助融入维稳工作的新模式，加大法律援助参与信访工作的力度，以保障涉法涉访类案件中困难群众的合法权益，全面提升法律援助的服务能力和水平。

通过一系列具有开创性的工作，法律援助事业在海口市得到迅猛的发展。回顾脚下走过的开拓之路，张永春发自内心地感慨道："这些年来，我深深体会到，做好法律援助工作必须坚持党的领导，围绕中心，服务大局，致力于保障和促进经济社会又好又快地发展；必须坚持从国情出发，落实法律援助的政府责任，逐步提高法律援助工作的保障水平；必须着力解决群众最关心、最直接、最现实的利益问题；必须坚持把队伍建设作为根本，不断提高法律援助队伍的政治素质和业务素质。这些既是推进法律援助工作发展并取得显著成效的重要经验，也是今后进一步做好法律援助工作必须坚持的原则。同时也要看到，法律援助制度建立的时间还不长，还要不断地发展完善；法律援助工作还存在一些困难和问题，需要采取有效措施来切实地加以解决。我们脚下的道路还很漫长，需要我们付出更多的努力去开拓法律援助事业。"

海口市法律援助中心，在张永春的带领下，多年来先后被有关部门评为"全国老年人维权示范岗"、"海口市法律援助工作先进单位"、"全国法律援助规范与质量先进单位"、第三届"全国法律援助先进集体"、第一届和第二届"海南省法律援助先进单位"，并两次在市司法行政系统中荣立集体三等功。张永春也因为出众的领导能力和出色的

2011年张永春（右二）在接待室审查当事人的申请材料

工作业绩，获得了司法部授予的第三届“全国法律援助工作先进个人”的荣誉称号。

三载奔波六次援助 爱心之手解救危难

一个宁静的中午，张永春一如既往地在办公室里专心地读着报纸。这是她多年养成的习惯，每天大家都在午休的空当，正是她百忙之中的读报时间：将全省的各大报纸巨细无遗地浏览一遍，了解当天的大事。突然，《南国都市报》的一则新闻，跳入她的眼帘：《海口一农民工妻子欲从22层高楼跳下为夫讨医药费》。

“今天上午9点，因丈夫做工摔成下半身截瘫，老板不肯提供医疗费，让其继续治疗，妇女王某在多方寻求帮助无果的情况下，爬上海口珠江广场22楼楼顶，骑在楼顶的矮墙边，随时准备从楼上跳下去自杀……”

看到这里，她立刻起身拿起电话，给中心设在《南国都市报》的法律援助工作站打电话。电话很快通了，她又就报道的内容作了进一步了解，并指示工作站的人员尽快找到跳楼妇女的联络方式，对其进行法律援助。张永春很快便联系上了跳楼妇女，立即带领中心工作人员前往其夫杨某所在的医院探望，并就地办理了法律援助手续。回到援助中心，她马上指派了一名资深律师：海南海都律师事务所的周庄润律师承办此案。2006年5月30日，时间便定格在这天：从此，法律援助伸出温暖之手，在3年多的时间里反复6次为这个苦难的家庭，提供法律援助服务。

接到指派任务后，周律师便迅速地展开了复杂的案件调查取证工作。经过多次与杨某夫妇会见和交谈后，周律师便已大体掌握了案件的基本情况：

2006年4月12日，海口市天邦贸易有限公司（以下简称天邦公司）将拆除清理海口珠江广场旧装修的工程发包给不具有安全生产资质的倪某，倪某随后以每人每天60元的劳动报酬雇佣杨某等几位农民工施工。5月2日，杨某在施工过程中从高楼坠落严重受伤，被送往海口市人民医院进行急救。医院诊断为L1椎体爆裂性骨折伴脊髓损伤完全性截瘫及L2、L3左侧横突骨折，最终经海南医学院的法医鉴定中心鉴定为三级伤残。在杨某住院期间，倪某为杨某支付了医疗费32,800元和生活费1,300元。但毕竟治疗费用高昂，杨某仍欠医院治疗费19,504.97元。根据医嘱，杨某的后续手术治疗还需约1万元左右。由于尚欠医院巨大的医疗费用，院方对杨某已经停药。杨某对于一个生活窘迫的农民工家庭来说，可谓家之脊梁，可现在这根脊梁不仅毫无作用，反而成了一家人的累赘。躺在病床上呻吟的杨某因被停药而陷入绝境，杨某夫妇多次向倪某和天邦公司讨要后续治疗费用又均遭拒绝。于是导致走投无路的杨某之妻王某欲从珠江广场22楼上跳下自杀，幸好被及时赶到的市领导及公安消防干警、围观的群众，合力劝下。

听了当事人的详细讲述后，张永春和承办案件的周律师都感到此案十分复杂而困难重重。由于杨某与用工单位没有签订劳动合同，劳动关系不明确，仅仅是临时的雇佣关系，因此对杨某十分不利。经过缜密的研究，周律师制定了总体的追偿策略：第一，由于倪某作为包工头的赔偿能力十分有限，必须向劳动仲裁委员会申请仲裁，以确认杨某与天邦公司之间存在劳动关系，这样天邦公司就理应为杨某在工作期间的工伤损害承担赔偿责任；第二，如果劳动仲裁委员会不能确认二者之间的劳动关系，就只能通过诉讼手段解决纠纷，主张天邦公司与倪某承担连带赔偿责任，因为倪某没有相应的安全施工资质，天邦公司的发包行为存在过错。但案件的发展，远远超出了预想。

而海口市法律援助中心，连续6次的法援行动更是彰显了法律援助人坚忍不拔、为民请命的爱心和决心。

第一次法援：2006年7月3日，海口市劳动仲裁委员会驳回了当事人的仲裁请求，这也是预料中的挫折。

第二次法援：2006年7月9日，周律师在接到仲裁裁决书后便迅速向龙华区人民法院提起诉讼，要求倪某与天邦公司分别承担连带赔偿责任。可关键时刻，出现了意想不到的情况：2006年9月，天邦公司抓住杨某之妻王某急需医疗费和生活费的心理，使王某不顾律师的坚决反对而与天邦公司签下了协议：双方约定天邦公司向杨某一次性支付1.5万元，杨某向法院申请撤诉，并保证以后不再向天邦公司提出索赔主张。第二次法律援助就此结束。

第三次法援：当很快又陷入困境时，杨某夫妇只得再次向法律援助中心提起申请。2006年11月，海口市法律援助中心再次指派周律师代理此案，以天邦公司和倪某作为共同被告向海口市龙华区人民法院提起诉讼。龙华区法院于2007年2月8日作出一审判决：限被告倪某于本判决生效之日起十日内向原告支付后续治疗费、误工费、护理费及残疾赔偿金共计70,138.5元。但由于倪某并不富裕且无固定居所，执行难以落实，杨某一家又陷入绝望中。

第四次法援：2007年2月25日，承办此案的周律师认为并没有达到很好的诉讼效果，在征得当事人同意后向海口市中级人民法院提出上诉。2007年7月20日，海口市中级人民法院以原判决认定事实不清、证据不足为由，撤销海口市龙华区人民法院的一审判决，裁定发回原法院重新审理。2007年10月30日，龙华区人民法院再次作出一审判决：限被告倪某于判决生效之日起十日内向被告支付后续治疗费、医疗费、抚养费、精神抚慰金、误工费、护理费及残疾人赔偿金共计363,885.05元，同时判令被告天邦公司对上述债务承担连带责任。在周律师的努力下，此案总算争取到了最好的诉讼效果，最大限度地保护了当事人的合法权益。判决生效后，杨某便向法院申请执行。

但执行的艰难也远远超出了预想。经调查得知被执行人海口天邦公司开办单位的股东，为逃避判决所定其对杨某的赔偿责任，将公司原有的日用百货、床上用品等业务转由天茂名店继续经营。天茂名店是由天邦公司的股东所投资的海口天茂百货有限公司开办，并让天茂名店接收了天邦公司原有的营业场所与营业财产。杨家听说如此困难后便再次陷入绝望，杨某之妻又多次声称要跳楼自杀。

张永春得知此情后便耐心地去做工作，让软弱的夫妇俩树立信心，相信问题最终会解决。周律师也表示一定要竭尽全力帮其讨回赔偿款，以稳定绝望者的情绪。

第五次法援：原审被告倪某和天邦公司在接到判决书后分别向海口市中级人民法院提起上诉，为逃避其赔偿责任而作最后一搏。但在2008年5月5日，经过法律援助律师的据理力争，海口市中级人民法院最终采纳其意见而作出二审判决：驳回上诉，维持了原判。

第六次法援：2008年6月12日，周律师又及时向龙华区人民法院递交了追加被执行人的申请书：追加海口沃邦实业有限公司、海口五福实业有限公司、海口中泰联贸易有限公司及股东林爱花，为被执行人，执行四名被追加人的现金及存款或其他等值财产共363,885.05元，付给申请执行人；并查封、拍卖、执行已查明的被追加人林爱花名下的海口龙昆南路华兴商业大厦的C1201房。周律师又向龙华区人民法院提出申请，请求法院对天邦公司成立后至今的财务会计及营业进货销售情况、公司所有的财产进行审计。最终于2009年6月10日，被执行人天邦公司与杨某达成了执行和解协议：扣除前期已付的80,000元，经双方协商，再由被执行人一次性支付杨某220,000元，本案的全部执行程序终结。至此，历经3年，经过6次法律援助的杨某人身伤害赔偿案，终于画上了圆满的句号。

在六伏六起的办案过程中，张永春时刻关心并积极配合律师去解决办案中遇到的困难。又通过海口市司法局和其他渠道反映情况，调动多方力量，出谋献策并千方百计地寻找证据。为最终的圆满解决，付出了心血和努力。

更感人的不仅是法律援助本身：张永春在案件的审理期间和审结后均以为民服务的高度责任感和使命感，对杨某一家给予持续不断的扶助。她多次与丧失生活勇气的杨家夫妇谈心，鼓励他们不离不弃、勇敢地面对磨难。她

2007年在海口市法律援助中心接待室内，张永春（左一）接受农民工喻事昌赠送锦旗

竭尽全力为杨某一家人解决生活中的大小困难，送去他们急需的生活物品。在杨某夫妇为孩子读书之事苦恼时，她打电话向海口市广播电台椰城纠风热线栏目求助，正做客该栏目的市司法局局长伸出了援助之手：在李传芳局长与海口市教育局的协调下，杨家唯一的儿子得以在离家最近的市七中读书，并免除一切费用。在得知杨某夫妇的儿子外语成绩薄弱后，张永春再次伸出援助之手，主动为孩子联系英语辅导教师，给孩子做辅导。正是海口市法律援助中心用一双双爱心之手，为杨某一家扬起了生活的风帆。

在超出了法律援助的援助下，杨某一家终于走出了生活的阴霾，迎来光明的未来。他们衷心感谢党和政府对困难群众的关怀，感谢张主任、周律师和法律援助中心为他们提供的法律援助服务，感谢一切关心他们的人们。

永不放弃　为了社会和谐与公平正义

房屋拆迁遇不公，6年时间百余次上访终难解决；法律援助来帮忙，快速介入多方面协调彰显正义。

——锦旗旗语

2005年，一起长达6年的因拆迁补偿而引发的经济纠纷正愈演愈烈。村民与开发公司，就补偿问题始终无法达成一致意见。期间，村民共上访百余次，对当地社会秩序和村民自身生活都造成了诸多不利的影响。这一案件引起了海口市政府主要领导的高度重视，责令信访办工作人员要迅速妥善地处理纠纷，切实维护地方稳定；并指示信访办找海口市法律援助中心的张永春主任进行交流，希望海口市法律援助中心也来协调，齐心合力办理此事。

张永春接到协助办理该案的通知后，立即组织有关人员对案件进行了深入研究，很快决定由海南富安律师事务所承办此案。该律师事务所在了解案情后，认为迅速妥善地解决此次纠纷意义重大，并专门组织经验丰富的律师进行了认真的讨论分析，制定了相对合理的诉讼策略。

为了进一步了解案情，张永春带领富安律师事务所的4名律师驱车深入新埠岛西坡村进行实地调查。由于案件多年得不到解决，村民们对任何外人都十分抵触，调查遭到了冷遇。但张永春没有放弃努力，她十分理解村民们的感受，仍耐心做工作。待对方稍稍冷静下来，她便和几位律师给村民仔细分析了案情，讲解相关的法律条文，努力引导村民通过法律途径解决问题。紧张的空气在友善的劝导下完全和缓下来，村民便纷纷讲出内心的想法：他们起初认为法律援助中心是政府工作部门，这些年一直到政府上访都不起作用，法援也肯定没用，至多是来拖延时间以达到大事化小、小事化了。但经过交流后，大家被张永春的坦诚和耐心所打动，决定接受法律援助中心的援助。

不久村民就选出了两位代表，来到海口市法律援助中心办理相关手续。张永春热情地接待了他们，还不失时机地讲解法律援助制度的性质和责任，说明法律援助中心的立场和态度，请村民相信：法援中心一定会竭尽全力为他们讨来一个公道。并告知他们：在援助过程中遇到困难要跟中心坦诚交流，冷静处事，不要采取过激行为。张永春又当场向村民代表承诺：一定能维护他们的合法权益。

2005年6月，村民再次派代表，到法律援助中心反映案件的新情况。会谈结束后，张永春放心不下几位年事已高的村民行动不便，回家还要步行几十里路，便决定开车送他们。村民们一再拒绝，但她执意要送。可当时张永春的驾车时间不长，技术也不娴熟，开往村里的道路又崎岖不平多坑洼，稍不留意车子爆胎了。她下了车，看着轮胎束手无策干着急。村子远离市区，又没有维修站。村民们看着她来回踱步的娇小身影，不仅心疼，更被她的精神所感动，纷纷来帮她修车。其中一位村民对她说：“没想到能遇到你这么认真负责的共产党员。”村民谢大姐更代表村民握着她的手说：“你对我们真是没的话说。我们大家完全相信法律援助中心，以后我们就听你的。你怎么说我们就怎么做，不会给你添麻烦。你说得对，以前我们组织村民到政府部门上访闹事很不理智。不仅扰乱了正常的社会秩序，也给自己的生活、生产带来很多不便。我们以后决不擅自组织村民上访闹事。我们的事情就交给法律援助中心办了。照你说的，通过法律途径，来解决我们与开发公司之间的纠纷。”听到村民的保证，张永春十分感动并再次郑重承诺：一定竭尽全力维护他们的合法权益。

接下来为了顺利地解决纠纷，张永春又亲自到市拆迁办及开发公司、市规划局、城建局查阅相关资料，找主管领导了解情况并掌握了大量证据。但此案并不简单，开发商的强势让法律援助之路走得异常艰难。但一定要把老百姓的事情办好，是张永春心中的信念。她深知肩上的担子有多重：63户村民的翘首期待，市领导的殷切期望，让这个娇小而执著的女人变得更加坚强。在一年多的法律援助服务中，她多次亲临西坡村，讲解政策、分析案情。通过她工作的“耐心、细心、爱心”,村民的情绪稳定了，并相信党和政府最终能妥善地解决问题。村民的信任给了张永春无尽的力量，更决心运用法律武器将维权进行到底。

终于，案件得到了公平公正的解决。

晓之以理，动之以情，法律援助中心成功地缓解了纠纷双方的对抗情绪，并及时阻止了该事件引发的群体性过激行为。基于此，张永春说：“法律援助工作，具有独特的维稳促和的优势。发挥法律援助的维稳潜能，是新时期法律援助事业发展的必然趋势，也是促进社会和谐稳定的迫切需要。现阶段的工作，应从群体性上访纠纷、排查出的矛盾纠纷、劳动争议纠纷、征地拆迁纠纷等事件中寻找案源而拓宽阵地，引导那些影响社会稳定的事件走上依法解决的道路，成为减少社会不稳定因素的‘稳压器’。”

山重水复疑无路　柳暗花明又一村

2010年10月，海口市法律援助中心的接待室来了一位愁容满面的妇女。她一见到接待人员，眼泪就不由得扑簌簌地流了下来，断断续续哽咽着讲述了她的不幸遭遇。

这是一对可怜的农民工母子。儿子刘某从四川绵阳来海南省打工，2010年8月12日，在陵水县英州镇清水湾的工地上干活时不慎被机器绞伤左脚。事发后，雇主浙江省东阳吴淞机械设备有限公司将刘某送往英州镇医院，后又转到武警海南总队医院住院治疗。刘某只身异地，其打工在外的单身母亲闻讯后千里迢迢赶来照料。可雇主在刘某伤势还未痊愈时，就停止了支付医疗费。而医院眼看费用将尽就停止了用药，劝他们母子出院。母子俩在海南居无定所，举目无亲，儿子又重伤未愈，想想今后生活，更感到绝望无助，只能伤心落泪。就在这时，通过电视了解到了海口市法律援助中心的相关信息，这似乎又让母子俩看到了生的希望，便立即来找法律援助中心请求援助。

听了刘冬母亲的讲述，接待人员心里很难过，立即向张永春作了汇报。张永春感同身受，第一时间便安排中心的陈柏静律师为刘某提供法律援助，并亲自找到武警海南总队医院的领导做协调。在她晓之以理、动之以情的讲述和劝导下，院方同意了延长刘某的住院时间。2010年10月28日刘某在住院77天后出院。张永春又协调各方，为刘某母子解决了异地吃住等生活问题。并让刘某到海南省司法鉴定中心做了伤残鉴定，鉴定为七级伤残。

安排好刘某母子的生活后，张永春便亲自带领法援律师及其他工作人员等5人，不辞劳苦驱车200多公里赶往事发地陵水县进行调查取证。由于不知工地的位置，张永春又和陵水县法律援助中心取得联系，由他们找来工地上的一名职员为张永春领路。但该职员在得知情况后，担心自己的工作会因此受影响而不肯带路，张永春再三做其思想工作也未同意。她只能眼看着与刘某的雇主面对面进行沟通、和解的希望落了空。然张永春不甘心，她又想办法，通过其他渠道寻找。功夫不负有心人，她终于找到了工地负责人的电话。在与其进行了短暂的电话交流后，对方称：愿意坐下来进行和解。

虽说法律援助初战告捷，但经过多次商谈，该公司仍只愿支付受害人刘某极少部分的伤残赔偿款，而且语气极其强硬，态度蛮横，和解未能如愿。至此，似乎已无协商解决的可能性。经过讨论，陈律师认真地整理了搜集到的证据，准备通过诉讼，维护受害人的权益。但在搜集证据及诉讼程序的选择上仍是困难重重，主要有几个方面：

首先是诉讼主体。对方不愿提供公司注册地，使援助律师无法确定适合的被告。无奈下，张永春又发动各方力量并耗时将近一个月，最终找到该公司的详细信息。

其次是确认劳动关系、申请工伤认定。由于该公司既不愿意提供双方的劳动合同，也不愿在工伤认定申请书上盖章，此时申请工伤认定，就需要自己证明劳动关系的存在并可能要经过仲裁和一审、二审三个阶段，这就将在确认劳动关系上耗费大量时间，且造成律师取证困难。

最后，即使确认了劳动关系，律师在法律运用及诉讼程序的选择上也左

张永春在工作中

右为难。如果提起工伤赔偿诉讼，将工伤认定程序的三个阶段（申请工伤认定、劳动能力鉴定和工伤待遇索赔）完全走一遍，平均需要484天，这对身陷困境中的刘家来说将是漫长的煎熬。因此陈律师决定提起人身损害赔偿诉讼，并按照执业规则，将劳动仲裁周期及诉讼风险告知受害人：人身损害赔偿的诉讼时间短，如果处理得当，也能达到与工伤赔偿同等待遇的效果；但存在较大诉讼风险，一旦法官不予采纳，一切都要回到申请工伤认定的起点重新来过，案件的解决也将遥遥无期。

受害人刘某经过慎重考虑，在法援律师的帮助下最终按照工伤赔偿的金额标准，对浙江省东阳吴淞机械设备有限公司提起了人身损害赔偿诉讼，海南省陵水黎族自治县人民法院（以下简称陵水县人民法院）受理了此案。

该公司在提交答辩状期间，对陵水县人民法院的管辖权提出了异议，认为其注册地在浙江省东阳市，其在海南设立的办事处为非法人主体的办事机构，不能独立承担民事责任，侵权纠纷应适用被告所在地管辖，移送至东阳市人民法院审理。经审查，陵水县人民法院依照《中华人民共和国民事诉讼法》第29条之规定（因侵权行为提起的诉讼，由侵权行为地或被告住所地人民法院管辖）而裁定驳回了该公司对此案管辖权所提出的异议。

在庭审中该公司又拿出双方的劳动合同，称此案属劳动工伤赔偿纠纷，应提起劳动仲裁，申请工伤认定。法院一旦采纳其意见，受害人提起的诉讼将成控诉，案件将折回并重新走马拉松式的劳动仲裁程序，后果不堪设想。

关键时刻，又是法律援助中心出面。张永春代表海口市法律援助中心从切实维护受害人利益的角度，及时向陵水县人民法院的主办法官提出意见，认为该公司明显是在恶意规避法律，逃避责任。主办法官慎重考虑了海口市法律援助中心的意见，在审理过程中主持双方达成调解。

经过多方的共同努力，双方在陵水县人民法院的主持下达成了调解协议：该公司于2011年6月17日前一次性付清受害人刘某包括误工费、残疾赔偿金、精神损害抚慰金等赔偿费共计95,000元，受害人以后的治疗费用均由自己负担，案件受理费大部分由该公司承担。至此，这起看似已山穷水尽无路走的案件，通过张永春和海口市法律援助中心工作人员历经8个月锲而不舍的维权，终于有了柳暗花明的结果：最终以提起人身损害赔偿的诉讼方式调解结案，大大减少了成本和诉讼时间，受害人刘某获得了相当于工伤待遇的赔偿金额，法律援助取得圆满成功。

2011年6月22日，刘某的母亲为表达对海口市法律援助中心由衷的感激，送来一封感谢信，特别感谢张永春主任和陈柏静律师等工作人员严谨的工作态度，雷厉风行的工作作风，并赠一面“真诚相待，无私援助”的锦旗。

两地法援牵手 十年婚战告结

2010年12月22日，来自陕西省西安市的张女士在西安市法律援助中心刘副调研员的陪同下，向海口市法律援助中心主任张永春，送来一面写着“法律援助显真情”的锦旗，以感谢西安市和海口市两地的法律援助中心给她提供法律援助并通过法院，为她十年的婚姻讨回了公道。

西安市的张女士是下岗工人，现年50岁。1986年她与李某登记结婚，婚后有一子。1994年李某从西安调往海口工作后脱离原单位，自办公司，并抛家弃子，一直与一王姓女人非法同居。张女士从儿子的日记中得知其夫在海口与王姓女人同居的隐情后，于2001年独自来海口，在其夫居住地找到其夫并取得李某与王姓女人同居的证据。由于张女士不懂运用法律武器保护自己的合法权益，只要求李某回西安办理离婚手续，想通过“协议离婚”来解决夫妻关系和儿子的抚养问题。谁知李某回到西安，先是假装与张女士和好，然后乘她不备，逃离西安，并从此断绝任何联系，下落不明。此后十年间，张女士多次来海口并曾向海口市妇联、派出所等部门寻求帮助，都无功而返。身心疲惫又贫病交加的张女士，只好请求西安市法律援助中心指派律师帮她办“起诉离婚”。但西安的律师几番周折也无法找到李某，由此也就不能解决张女士的离婚诉讼中的财产分割和儿子扶养费的问题，法律援助因此搁浅。直拖延到2010年7月21日，西安市法律援助中心根据与海口共同签署的《全国城际间法律援助工作协议》，来函请求海口市法律援助中心，指派律师对张女士提供帮助。

2010年9月25日，张永春接到西安市法律援助中心的协助调查函后，立刻指派海南川海律师事务所的鲁志勋律师对张某实施法律援助，并立即展开调查。张永春和本案的承办律师反复分析了案情并一致认为：案件的关键就是要找到李某。从调查张某中了解到，其夫李某曾是钻井勘探工程师并在海口开办过一家名叫“海安”（化名）的桩基础公司对外承接打桩的工程业务。获得此信息后，律师立刻从蛛丝马迹中寻找到有用的线索。鲁志勋律师在张永春的配合下，以“海安公司”为突破口，走遍海口的各级工商行政管理局调查工商登记，终于在海南省工商行政管理局的档案室查到一家有“海安”字号的公司：海南海安基础工程公司。其档案显示，该公司成立于2001年4月并有两个投资者，正是李某和其情人王某。公司的登记住所地也正是10年前李某的住址，但目前早已人去楼空。一招扑空又上一招，鲁律师也未放弃寻找。最后在该公司的年审报表登记中找到一辆汽车车牌号，并由此顺藤摸瓜找到了最有价值的新线索，就是该车的车主及其住址。鲁律师沿着这条隐蔽的线，认为李某为了“反侦察”,把自己购买的房产和汽车都登记在其情人王某名下。综合分析以上的调查材料，可以推定李某仍在海口市，并正与王某同居在某小区。找到李某和他的居住地，也就解决了本案要确定被告住所地的最大难点，使案件有了重大突破。

海口市法律援助中心的会议室里，在张永春主持下正进行对张某婚姻案的讨论。鲁律师认为此案经过调查已经具备起诉的全部要件，并依据现有的证据情况为张某设计了两套解决方案：一是向公安机关报案，在追究李某和王某重婚罪的同时提起刑事附带民事诉讼，请求赔偿；二是直接向法院提起民事诉讼，请求判决离婚并按照过错原则分割夫妻的共有财产。最后张某采纳了第二套方案。

经过鲁律师的努力，将李某起诉到法院，并运用法律的手段对其施加压力。在法律和铁的事实面前，李某终于在2010年11月9日恳求张某进行“协议离婚”，而且同意一次性支付张某35万元、承担儿子今后成家立业的全部费用。2010年11月10日，张女士在收取35万元后立即与李某到海口市龙华区人民法院“调解离婚”。龙华区人民法院当天就作出了民事调解书，确认双方自愿离婚。

十年的“婚战”在西安和海口两地法律援助机构的牵手合作下终于水落石出，画上了句号。看到张女士迎来了自己的新生活，张永春也不禁感慨万分道：“俗话说宁拆十座庙，不拆一桩婚。但在这起不道德的婚姻面前，法律援助人不畏艰难，勇敢地承担起了维护妇女的合法权益并充分保障其经济利益的责任，不可谓不是一桩善事。”

尾声 这个女人不简单

采访就要结束了，我对张永春的第一印象，也圆满地充填了更丰富更真实的结论与内涵：这个女人不简单。

在工作上她一心为公、勿忘民情，恪尽职守地将任何事都做到极致。发挥手中的话语权，她将党和政府对广大困难群众的关怀传达到每个人的心里，让法律援助制度的阳光照耀到每个角落。她带领团队和律师承办的每个案件都尽可能做到精益求精，为困难群众谋求合法利益。

扎根在百姓中，她更是情真意切，用耐心、爱心和真心抚慰着一颗颗受伤的心灵，用永不放弃的执著精神赢得了百姓对党和政府及法律援助的信

美丽绽放，生活在阳光灿烂的日子里

任。她为让受援助人的孩子学习不掉队，主动联系教师为孩子补课；她为让年迈的求助者不顾旅途劳顿，不畏艰难亲自开车送其回家……

在团队里，她是一个女人带领一群青年男子冲锋陷阵在法律援助第一线。如母亲、大姐、朋友、导师，她循循善诱身体力行，引导团队齐心协力，在为人民服务的大道上前行。她用春天般的温暖，感动着每个年轻人，让团结奋斗的海口市法律援助中心，成为和谐的大家庭。

这一切不禁让我由衷地赞美，这个女人不简单：

从脉脉温情中，亦可生新时代的巾帼英雄；

禀赋着娇柔优雅，亦可在法律援助的战场上驰骋！

心游万仞 慎思笃行

——访原江苏省法律援助中心主任翟洁君

翟洁君 江苏海安人，1963 年7 月26日出生，大学本科学历，中国共产党党员。1985年7月毕业于江苏省司法学校法律专业，1994年7月南京大学法律系经济法专业本科函授毕业。1985年6月加入中国共产党。曾于1985年7月至2000年12月，任江苏省法学会秘书、研究部主任；2000年12 月至2002年12月，任江苏省司法厅宣传教育处副处长；2002年12月至2011年2月任江苏省法律援助中心主任、江苏省“148”协调指挥中心主任。现任江苏省司法厅计财装备处处长。

印象：记忆的落差

飞机缓缓地降落在南京禄口国际机场，高空中灿烂的阳光，瞬间便化作淅淅沥沥的春雨在浸润大地。走出机舱，一股湿润的空气沁人心脾，给我以久违的清新。顿时，旅途的疲惫一扫而光，大脑也随之活跃了起来。

我们到达南京的第一站就是参观南京市法律援助中心。它位于市政府大院的南面，这里交通便利，很容易找到。走进援助中心的大门，宽敞明亮的接待大厅、井然有序的工作环境、统一规范的标识、温馨体贴的服务，处处都体现出法律援助工作为民、利民、便民的服务理念，让我的眼前一亮。这一切，完全颠覆了我3年来对法律援助事业的初步认识和固有的记忆，与之形成了巨大的反差……

随着《大爱》系列丛书的陆续出版，我有幸结识了一批优秀的法律援助工作者。短短3年里我采访了30多位法援工作者，听了许许多多的创业故事。在我采访的记录和感知中总有这样一类场景：一人一桌、一部电话、一身信念、两袖清风……法律援助事业的开拓者们艰苦创业的画卷早已深深地烙印在我的脑海里，成为永久不能忘怀的记忆。

时过境迁。短短的十几年，中国的法律援助事业发生了巨大变化。江苏一行，更让我感到无比的振奋。“震撼”和“感动”，时时牵动我的心灵。而我带着这份情感和探究的心理，迫切希望走近那些让法律援助事业发生了巨大变化的人们。眼前，

2006年2月22日翟洁君（左二）参加法律援助业务座谈会

江苏省法律援助事业的领头羊、省法律援助中心的前主任翟洁君，正是我必须记录的一个人。

在江苏省法律援助中心的四楼会议室，我第一次见到了翟洁君。文质彬彬的他看上去更像个中学教师，充满朝气。采访之前，他带我参观了省法律援助中心的办公楼。在他曾经工作过的那间办公室，窗外数米处，有一面鲜艳的五星红旗迎风飘扬。翟洁君半开玩笑地说："这是整个大院中最有意义的一间办公室。每天一上班，我就在这面红旗的映衬下工作，光荣和使命感总是油然而生。"看得出，他是一个感情丰富的人。

溯源：爱的熏陶

"河水平如缎，绿树写意绝；垂柳轻拂面，青纱罩泽乡。"这幅水乡泽国的如诗如画的美景，就是江苏的里下河地区。我们的主人公就出生在南通西北部一个河道稠密、水网遍布、民风淳朴的苏中农村。20世纪60年代，这里的生活十分艰苦，能吃上一顿米饭是件很奢侈的事，农民们平常喝的稀饭，即使加了糁儿（元麦粉），依然能照清人脸。翟洁君兄妹三人，父亲在社办厂上班，母亲在生产队务农。虽然艰辛，日子还算过得去。母亲是地道的农民，只上过一年学，但通达明理、勤劳善良，富有同情心。翟洁君记得，小的时候，生产队里有个人称"三瘸子"的老地主，经常挨批斗，穷困潦倒，不时地拿一些籼米到翟家来换了糁儿回去煮粥喝，母亲总是尽可能地多给他些。在那个重成分、轻人权的年代，地主、富农、反革命、坏分子、右派，被统称为"黑五类"，人们对这类人普遍抱有仇视的态度，视为阶级敌人，对他们不是鄙夷，就是避之唯恐不及。而母亲却毫不在乎这些，坚持凭着她那颗善良的心，去做她认为应该做的事。孩子们对此很不理解，母亲便对孩子们说："虽说他家成分不好，但地主也是人，也要生活下去，能帮他一点就多帮他一点吧。"虽是一句朴素的话语，却充分体现出人性的光辉。

母亲的言传身教，影响着翟洁君的人生轨迹，使他从小就具有正义感和同情心。

有一次，生产队的粮仓被盗，大队领导仅仅凭着有人看见在当日凌晨有个小伙子挑着担子在村头走动过，就认定是其所为，并抓起来严加审讯。小伙子经受不住这种阵势，回去后就自杀了。对于小伙子自杀的原因，上级不仅没有深入调查，反而给他定了一个更可怕的“畏罪自杀”，便草草了结。一个鲜活的生命，就这样结束了。这件事对于人生刚刚起步的翟洁君冲击很大。小伙子真是“畏罪自杀”么？还是不堪羞辱而自杀？还是另有更复杂的隐情或内幕？这一个个大大的问号，成为他心中始终没有解开的谜。

这起不该发生而发生的悲剧，像一粒石子投入祥和的池水里，让尚处在懵懂期的翟洁君明白了一个大人们常说的道理：“读书可以明事理”。从此，这个无忧无虑、天性顽皮的少年，怀揣着求知的梦想，走进了高中时代。

由于受“文革”时期“读书无用论”的影响，翟洁君的文化底子打得并不坚实，这使一向喜欢运动和文学的他，出现了严重的偏科现象，数学成为他高考路上的一只拦路虎。最终他便选择了最接近自己理想的江苏省司法学校。学习法律，这是他少年时期就曾怀有的愿望，当希望的种子撒播在学校这片肥沃的土壤中，很快就迸发出了巨大的生命力。

进入司法学校的翟洁君，如鱼得水。新生入学不久，他就被校长找去。可惴惴不安的翟洁君一走进校长室，心就安静下来。原来校长找他，是要验证一下自己的判断。当初进行招生录取工作时，这个毛头小伙子就引起了校长的注意。交谈中，校长谈到了翟洁君在高考时的作文和书法，认定他是个可造之才，从此寄予了很高的期望，也给予他更多的教育和培养。翟洁君没有辜负领导的期望，不久他就被选为班长。学校是知识的海洋，也是培养和造就人才的大熔炉。在这里，翟洁君努力地学习各科理论知识，积极地参加并组织学校的各种课外活动。不论大事小事，他总是一马当先。他在理论学习中培养了自己的治学态度和学习能力，在实践活动中锻炼了自己的组织能力，连年被评为“三好学生”。

司法学校的学习和锻炼，让这个朝气蓬勃的年轻人，迅速地成长起来。

毕业前夕他光荣地加入了中国共产党。入党成为他人生路上一个重要的里程碑。

春华秋实。经历了春夏秋冬两个轮回后，翟洁君以优异的成绩毕业了。他被分配到江苏省法学会，如愿以偿地跨入了法律事业这座神圣的大门，成了一名法律工作者。

钻研：实践出真知

走进法学会，翟洁君如同进入了一座知识的宝库、一个新文化的殿堂。这里有全国各地公开发表的法学期刊和大量的法律书籍。从事秘书工作，翟洁君每天都要接触大量的法律文件和研究成果。他被深深地吸引着，并把自己变成一块海绵，努力地吸收着知识的养分。他利用法学会丰富的法律资源和前沿法学研究成果，不断地学习和更新着自己的知识层面，研究和探讨各种法律关系。随着知识的积累和认识的提高，翟洁君在看问题的方式方法上发生了很大的变化，他学会了全方位、多角度地观察和思考问题。

翟洁君记得，《民法通则》颁布后不久，学者方流芳写了一篇《〈民法通则〉评析》，几乎对该法的每一条都提出了质疑。这些质疑既有法学理论方面的，也有编制体例、逻辑结构和语法修辞方面的。看了之后，他深感法学理论博大精深，从事理论研究不仅要博览群书，还要有批判精神，正所谓“学而不思则罔，思而不学则殆”。为此，他不断地在理论研究的道路上探索，并公开发表了《简论我国企业法人制度下的交易安全》等论文。

随着法学理论水平的提高，翟洁君逐渐感到自己的事业中有个缺失：因为法学是一个实践性很强的学科，只有理论而没有实践是不完整的。当时，法学会正好有个可以做兼职律师的政策条件，他便决定参加律师资格考试，通过办理案件来实践、锻炼，提高自己的法律素养。1990年，他参加了全国律师资格统考并一举成功，取得了律师资格，成为一名兼职执业的律师。在此后的10年里，翟洁君办理了一批有相当难度的案件，积累了丰富的办案经验，并得出一个灼见：“在实战中锻炼，是法律工作者成长的必由之路。”

他第一次接触案件的经历便给他留下了深刻的记忆。

在80年代末，南京某电子研究所下属的三力公司，从香港进口了一批CAD计算机工作站，卖给长春的一家电力研究所。不久，买卖双方就产品质量、是否是原装进口等问题发生纠纷，电力研究所一纸诉状，将三力公司告上了法庭。三力公司请江苏省法学会法律咨询中心代理此案，并邀电子研究所的法律顾问周春山律师，一起商议对策。此前，翟洁君虽然做了不少案头工作，查阅了有关法律、法规，也罗列了一些法律条文，但是当公司方面把情况介绍过后，他却感到束手无策。初次接触案情，他如同一个从未经过实战的练拳人突然遇到了真正的对手，心中阵阵发虚，生怕有人突然点他的将。正在翟洁君忐忑不安之时，只听周律师慢条斯理地开腔了：从法院管辖、质量异议期限及后果等方面条分缕析且有根有据，令人信服。整个讨论过程，翟洁君几乎没有吭声。他在想：周律师的分析完全基于民事诉讼法等法律和有关司法解释，对于这些条文，自己以前也是了解的，为什么临阵了就不敢肯定、未能应用，甚至想不到、说不出呢？

他的这次经历，正应了陆游的诗句："纸上得来终觉浅，绝知此事要躬行"。

此后他便更积极地投入到办理案件的实践中去。无论对大案小案，哪怕是对普通的来访咨询他都一丝不苟，认真对待，努力保持法律服务的专业水准。自己一时记不清或是说不准的，绝不信口敷衍，非弄得水落石出不可。他说："'以其昏昏，使人昭昭'，非但不能为当事人解决问题，反而会将人引入歧途，后患无穷。"因此，他把知识的储备确定为人生的目标，孜孜以求。而且在办案中，形成了一套积累知识的方法：当他就某个问题查阅相关的资料时，又会对资料中有价值的其他内容，进一步查究下去，这样就能由一个问题的解决而掌握了一大批知识点。

随着知识的积累和认识的提高，翟洁君在思想方法上也发生了很大变化，逐渐养成了多角度地分析问题的习惯。他说："一个人的思维方式很重要。多角度地思考，能让你更准确地抓住问题的关键，明确自己的目标，并更有效地应对可能出现的复杂局面。作为律师必须具备双向思维的能力，决不能一根筋地考虑问题，只看对本方有利的理由，而看不到于己不利的东西。律师只有站在对方当事人和代理律师的角度提出问题，才能把握对方的思路；只有站在法官的角度对双方的观点进行客观的评判，才能得出理性的结论。在此基础上制定的辩护策略和代理方案，才是实现当事人利益最大化的保证。"

翟洁君告诉我，他也曾想过"下海"，专职从事社会律师工作。1992

年，全国实行律师制度改革，国办律师事务所转制为合伙制律师事务所。这对于律师而言是个机会。然而在20世纪90年代，社会律师的执业环境并不理想，法律服务市场也很混乱。为了争取案源和提高胜诉率，许多律师在潜规则下，热衷于请客送礼，疏通关系，并把这些活动的成本转嫁到当事人头上。对这些做法翟洁君非常反感。他的人生信仰是堂堂正正做人、光明磊落行事。虽然学会领导都认为他是做律师的好苗子，不做专职律师有些可惜，但他还是认为自己不适合社会律师的执业氛围，因而放弃了做专职律师的想法。谈到这里，他颇有意味地笑了："或许是我的思想太保守了吧。我司法厅的一个同学，在当律师之前没有办过一起案件，可是他'扑通'一声就'下海'了，现在干得很好，在业界颇有声望。"

可这正是人各有志。翟洁君就是一个执著而又率性的人。

他有自己的原则，从不随波逐流。在律师工作中也是如此。比如他认为，提供法律咨询意见的服务只付出口舌之劳，因而做法律咨询从来都是免费的；又认为解决婚姻纠纷应当遵行"劝和不劝离"的传统道德，因而从来不代理当事人提起离婚诉讼。

勤勉：态度决定一切

没有良好的工作态度，纵然是才高八斗、智慧超人，也必将一事无成。

——翟洁君

翟洁君在法学会一干就是16年。从内勤做起，不管是誊写、校对、打字、文件管理和卷宗整理，还是文稿写作等等，都是脚踏实地，精益求精。他在不断地学习和实践中逐渐成长，由刚来时的一名普通秘书做到研究部主任。他所涉猎的领域越来越宽，眼界越来越开阔，思维也更加活跃而深邃。20世纪90年代后，计算机的应用逐渐普及，一般文职人员能够熟练地使用WPS和Word等文字处理软件就很不错了，但一向喜欢研究问题的他，绝不满足于一般性的计算机操作，他在向更为广阔的领域拓展。

有一次，在办理一起海关稽查人员放纵走私案件的过程中，翟洁君接触到了一个法律法规的电子信息库。在此之前，他对于海关的职能和相关制度知之甚少。为此他特意到处查找文件、购买书籍，恶补海关监管方面的知识，但仍然难以找到他所需要的资料。然一个偶然的机会，他接触到了全国人大信息中心开发的法律法规系统，通过输入关键词、发布的单位及时间等字段，相关的法律条文便跃然于银屏，检索之快、效率之高，让他感到十分惊讶。这个法规系统中，不仅有国家法律、行政法规、司法解释、部委规章，还有全国各省区市的地方性法规，以及国际条约、协定等等，这为他办案提供了重要的依据。于是翟洁君得以在庭审中，针对检察机关以放纵走私罪对被告人提起的诉讼，提出了有理有据的辩护意见："首先，根据海关的工作流程，本案被告人不具备实施犯罪的条件……因为被告人介入此案时，走私行为已经完成。其次，公诉人要求比照走私罪而从重处罚的意见混淆了此罪与彼罪的界线。放纵走私罪属于渎职犯罪，而走私罪属于破坏社会主义经济秩序犯罪，两者侵犯的客体不同、矛盾的性质也不同，在量刑上差异极大……"庭审取得了良好的效果，法院最终对被告人进行了从轻处理。翟洁君告诉我们，走私罪和放纵走私罪仅有两字之差，区别却很大。走私罪的法定刑期是10年以上、无期徒刑甚至死刑，而放纵走私罪的刑期一般为5年以下，情节严重的才判5年以上。如果当年法院采纳了公诉人的意见而比照走私罪的"情节特别严重"者来量刑，后果可想而知。

翟洁君（右三）与江苏省法院刑事法庭负责人会商工作对接事宜

翟洁君进而又强调道：这起案件的收获，对他而言并不止于案件的结果，还更让他通过法规数据库的应用而体验到了信息技术的巨大作用。一个小小的芯片或光盘，竟能承载如此大的数据量，这些数据又与自己从事的工作有着密切的关系，这的确有些神奇而又令人不禁神往。翟洁君对自己感兴趣的事物，是从来不言放弃的。他开始投入大量的精力研究计算机的编程技术。而这对于从小就不喜欢数学的他，是个不小的挑战。从微积分到计算机的编程语言，一切都要重新学起。但他认为：作为一个现代人，应该而且必须了解这方面的科学知识。他确信：这会对自己未来的工作有很大的帮助。

常言道：厚积薄发，水到渠成。10多年的努力和积累，日渐将一个青涩的年轻人锤炼成了理论功底扎实、实践经验丰富、逻辑思维严谨、工作作风干练的法律人。江苏省司法厅在2000年12月试行竞争上岗、双向选择的用人机制，翟洁君自然就被选拔到司法厅宣传教育处副处长的岗位，负责全省司法行政系统的思想政治、表彰奖励、国家司法考试以及新闻宣传工作。而从此，行政机关注重规范、行事严谨的作风，让他收益颇多，与新闻媒体打交道的经历也锻炼了他的一个策划和协调的能力。这一切便为他日后在法律援助工作中的才能发挥和突出的贡献，打下了坚实的基础。

拓展：人生就是一场考试

人生就是一场考试。每一项工作都是一个展示个人才华的舞台，每一项工作成果都是向社会交出的答卷。是优是良，及格与不及格，全在于个人的付出和努力。

——翟洁君

在经历了法学会16年的锤炼和积累、宣教处2年的提高和拓展之后，翟洁君的人生和事业发生了重大转变，迎来了他大显身手的黄金时机。2002年12月，江苏省司法厅进行人事调整，组织上考虑到翟洁君熟悉律师业务，具有较强的组织和管理能力，便将他调到江苏省法律援助中心，担任主任一职。

翟洁君欣然地接受了这次调任。他丝毫不在乎从行政机关转到事业单位，也没有因为法律援助事业还处在艰难的起步阶段而心存顾虑，反倒有一种面对挑战的振奋感。

他一向认为，有困难才有挑战，人生有挑战才会精彩。

他说："我自认为是一个有革命情怀的人，不乏理想与激情。从事法律援助工作恰恰是我的岗位与兴趣及专业，三者的高度统一，可以用'人生定位的回归'来描述这次岗位调动。感谢组织的信任，给我一个发挥作用、展示能力的平台，让我终生引以为豪。"

正是抱着探索与开拓的情怀，他愉快地走上了刚刚起步的法律援助之路，

虽然翟洁君很清楚：前面的路上充满了困难和艰辛、阻力与坎坷，但他决心将一块块阻碍前进的石头铺成一条宽阔的大道。俗话说"新官上任三把火"，但翟洁君上任后并没有急于点火。他先潜下心来，了解情况，分析研究全省法律援助工作的基础及特点和未来的走向。经过一段时间的调查研究，他才胸有成竹，开始制定、实行自己的计划。

翟洁君告诉我们，他的前任能力很强，基础打得很好，也让江苏省的法律援助工作在全国名列前茅。但当时的困难也很多，财政对法律援助的投入很少，社会各界对法律援助的性质也尚未达成共识。而且省法律援助中心，仍是个参照公务员管理的事业单位，乃至造成在2000年省级机关机构改革时，厅机关许多优秀干部并没有选择来这里。所以省法律援助中心的人员配备少，力量较薄弱。总体说来，全省的状况有些不温不火。

翟洁君认为，法律援助是一项保障公民权利、实现在法律面前人人平等并充分体现政府公共服务的事业。做好这项工作，首先须理清法律援助的一系列基本问题。法律援助机构在法律援助工作体制中应当扮演何种角色？法律援助工作如何体现政府责任？法律援助服务应当达到什么样的标准？目前工作中存在哪些需要立即着手解决的问题？这一个个关键的问题不断地呈现在他的脑海里，他开始了一连串的思索与求解。

其一，要明确法律援助机构的性质和定位

翟洁君认识到，全省各级法律援助机构的初建工作虽已完成，但法律援助制度的宏观发展尚处于初级阶段，法律援助机构的职能和作用必须明确。

经过一段时间的研究，他对法律援助机构的定位给出了答案：审查受理法律援助申请，组织提供法援服务，是法律援助机构的基本职能，也是政府法律援助责任的体现，与通常意义上的法律服务行为有着本质的区别。为降低行政成本，实现行政管理的扁平化，法律援助机构应同时承担法律援助的宣传、案件指导、监督、检查、培训等工作任务，将服务与管理实行有机的结合。为此要努力争取让政府部门将各级法律援助机构明确为司法行政机关的直属单位，按行政机构的编制来设置。他又认为，法律援助机构，应成为法律援助工作体系的中心环节。

其二，要确立省法律援助中心的工作重点

他又根据江苏省法律援助工作的实际，确立了三项工作重点：①积极争取将法律援助纳入党和政府的重点工作，从根本上改善法律援助工作的政策环境，促进政府增加对法律援助事业的投入；②加强社会宣传，提升法律援助的社会知晓度；③扩大办理案件的规模，注重办案质量，提高法律援助的社会影响力。后来的事实证明，三项重点工作的推进，对于全省法律援助工作的快速发展起到了关键性的作用。

其三，要建立法律援助经费保障机制

江苏省法律援助工作开展的前5年，主要是建机构、打基础。虽然全省每年办理的法律援助案件有六七千件，但法律援助工作在维护社会稳定等方面的巨大作用还没有充分地发挥和显现出来。因此，政府对于法律援助事业的重视程度，也还不够。在翟洁君走上省法律援助中心的主任岗位的时候，省财政拨付的法律援助专项资金仅有每年30万元。虽然这个数字与全国其他省份作横向比较并不算低，但对于全省性的法律援助组织工作的需求而言只能算是杯水车薪。当年全省的法律援助经费，总共也不过767万元。

2003年9月，国务院颁布了《法律援助条例》，确立了“法律援助政府责任”的基本原则，这是凝聚社会共识，解决法律援助经费问题的重要依据。翟洁君便抓住机遇，将法律援助经费短缺的问题通过司法厅简报的形式，向有关部门作了反映，简报还上链接了周边各省份的相关数据。新华社江苏记者站的负责人了解到有关情况后，与翟洁君进行了电话交谈，表示要帮助呼吁一下。翟洁君认为，江苏是经济文化大省，社会事业发达，但在法律援助方面的投入却相对比较少，与江苏省在全国所处的地位不相称。他担心由于经费保障不到位而使法律援助机构面临无钱可支而又不得不支的尴尬局面。因为根据《法律援助条例》规定，公民申请法律援助只要符合条件，法律援助机构就必须指派律师向其提供援助；律师履行法律援助义务之后，法律援助机构又必须按标准向律师支付补贴。新华社内刊对翟洁君的担心和分析作了反映，在一定范围内引起了震动，司法厅领导为此还专门向省里做了情况说明。终于在2004年，省司法厅与省财政厅联合制订了法律援助办案经费补贴标准，并在全省开始执行。江苏成了全国较早出台此项标准的省份之一。

2005年，翟洁君的主要精力又放在《江苏省法律援助条例》的修订工作方面。从调研论证到提出了建议稿，到政府审查、确定草案，再到上交人大内司委、法工委审查和常委会审议，这其间，草案写了一稿又一稿，说明准备了一套又一套。围绕修改的内容，他经历了无数次的争论和反复，新条例终于在2005年的9月获得通过。这部地方立法突出的亮点在于，降低了法律援助门槛，扩大了援助范围，严格了受理程序，强化了政府责任，使江苏的法律援助工作体制趋于完备。在经费保障方面，条例明确规定："县级以上地方人民政府应当将法律援助经费列入同级财政预算，逐步增加财政投入。"

其四，推动将法律援助列入党委政府重点工作项目

2006年10月，翟洁君陪同省政协社会法制委员会的委员们对全省法律援助工作的现状进行了广泛调查。在此基础上形成的调查报告，成了江苏省法律援助工作快速发展的助推器。省政协针对全省法律援助工作面临的困难和问题，提出了建议：①各级党委及政府应当把法律援助工作纳入本地区的经济和社会发展的总体规划，列入政府为民办实事的工程，加大投入和推进的力度。②建立一支稳定的高素质的法律援助队伍。③加强经费保障，推动法律援助工作深入开展，完善法律援助经费的拨付制度。根据当地的居住总人口及财政收入等因素，确定经费数量，并随着经济社会的发展，逐步增加投入。建立省级法律援助专项转移资金，每年向省级扶贫重点县等经济欠发达地区，给予专项的经费补贴。④将法律援助工作开展情况列入"法治江苏合

格县（市、区）”考核范畴，加大考核力度，督促各级政府及有关部门做好法律援助机构的人员编制和经费保障，切实履行法律援助的政府责任。

这份报告很快引起了时任江苏省委书记李源潮的高度重视，并在调查报告上面作了重要的批示。一个月后，法律援助被载入省委第十一次党代会的报告之中，成为全省民生工作的“五个确保”的目标之一：“确保诉讼困难的群众得到及时有效的法律援助。”这可谓是一个历史性的跨越：在江苏省司法行政发展史上，还从未有一项工作被省委上升到这样的高度来加以强调。

上图为翟洁君（左一）在海安县法律援助中心检查案卷；下图为翟洁君（右三）陪同司法部部法律援助中心贾午光（右二）主任视察劳务市场

江苏省的法律援助事业大发展的春天到来了。在完成了一系列法律援助事业的基础性建设之后，江苏各地法律援助的环境得到了根本性的改变。全省先后有九个省辖市和24个县（市、区）将法律援助列入党委、政府为民办实事的项目或重点工程。法律援助经费列入了各级政府财政预算，省法律援助中心的专项经费由30万增加到200万，全省法律援助经费由2003年的700多万增加到2006年的2087万，有效地缓解了法律援助办案经费不足的问题。不久，全省又建立法律援助专项资金转移支付制度，省里和部分市又建立了法律援助基金会。全省的法律援助工作迈上新台阶，开始由初级阶段向更高阶段迈进。

超越：打造法律援助第一品牌

2007年，江苏省的法律援助事业进入了崭新的发展阶段，省司法厅在全省的司法行政工作会议上提出了“江苏省法律援助工作要全国领先”的新目标。面对新的挑战，翟洁君和他带领的团队，吹响了江苏省法律援助事业的集结号，他们要将江苏省的法律援助事业打造成为“全国法律援助的第一品牌。”

一、机构建设规范化

机构的规范化建设是争创“第一品牌”的前哨战。在完成了全省法律援助工作从初级向高级阶段的跃迁之后，翟洁君认识到，整合机构的规范化体系是法律援助品牌建设尤为重要的一环。有了好的基础，才能有更大的发展。

（一）机构均衡化发展

江苏是中国经济最为发达的省份之一，但其苏南、苏中、苏北三个区域的经济发展并不均衡，政府对法律援助的投入也不尽相同。为了使全省法援工作一盘棋、快步走，省司法厅制定了法律援助机构规范化建设的指导标准，开展全省的规范化法律援助机构的创建活动。翟洁君说：从2004年开始，他们只要有机会，就会提出法律援助机构建设均衡化发展的问题，在省委、省政府及省政法委的文件中加以强调。2005年12月，法律援助工作被省政府列为建立全省社会救助体系十大重点工作之一， 2008年7月，《中共江苏省委江苏省人民政府关于切实加强民生工作若干问题的决定》出台，法律援助成为司法行政工作中唯一被列入民生工作的项目。机构建设在这些文件中也都得到强调。翟洁君和他的团队便借助这个东风，迈上了让江苏法律援助工作均衡化、科学化发展的新路程。

（二）窗口规范化建设

窗口建设始终是江苏省法律援助工作的重点。近年来，省司法厅本着“以人为本”的施政理念，开展了大规模的窗口建设达标活动。2010年出台的《江苏省法律援助机构窗口建设和工作规范》，对法律援助机构的窗口的工作职责及场所设置、人员配备、时间进度等等均作了详细规定，有很强的可操作性。他们力争用三到四年的时间，使全省所有的法律援助机构通通达到规范化的要求。

当我通读了《江苏省法律援助机构窗口建设和工作规范》后，不免有些疑虑：这么细致的规定是否能真正实现？翟洁君立刻察觉，忙问：“有什么问题吗？”我便如实讲出了我的疑惑。他说：“你多虑啦。规定得越详细，越不会走样。江苏法律援助系统有一个很好的特点：下级的执行力很强，只要是文件上规定的他们就会遵照执行。当然，我们在作出这些规定之前，都会认真听取各级法律援助人员的意见。”我不禁又问：“整个的窗口建设达标后，会是怎样呢？”翟洁君微微一笑：“答案就在明天，你们的行程里。”

不错，参观了省中心和南京市中心，我们还要采访扬州市法律援助中心。

正是阳春三月水暖花开的时节，我们前往扬州采访，一路上感受着诗仙的诗句“烟花三月下扬州”所蕴涵的意境。不久汽车就驶入繁华的市中心，我们老远就看到了“扬州市法律援助中心”那蓝底白字的醒目标牌。门前视野开阔，大大的落地窗，将整个接待大厅映得透亮。走进大厅，迎面就是前台接待处，巨大的蓝色玻璃墙上赫然写着“扬州市法律援助中心”九个白色大字，下面居中位置，悬挂的是“中国法律援助”的徽标。大厅分陈列区、等待区、咨询区、自助区。陈列区墙上挂着申请和受理流程、岗位公示栏和各楼层的引导标志，其下陈列着宣传品，还有供残疾人用的轮椅。等待区摆着几排座椅，足以供来访者等待休息。咨询区内有“12348”热线值班室、残疾人接待室、小型会议室、心理疏导室、私密会谈室等。自助区设有四台可以上网的电脑，供来访人自行查询有关的法律法规及网上信息等等。市法援处负责人介绍道：办公面积有1,200平方米，市中心和法援处都在此办公。办公场所的布局完全按照《江苏省法律援助机构窗口建设和工作规范》及《江苏省法律援助机构视觉识别系统》的要求来设置。办公场所有共五层，层层职能明确、标识明晰。一层为接待服务区，二层为群体性案件调处区和会议室，三层和四层为办公区和档案室，五层为志愿者之家。参观完整个办公场所，我印象最深的有几点：

其一，独特的法律援助文化。①统一的视觉识别系统，能让来访者能充分感受到法律援助机构的规范、严整，给人以信任感、安全感。在这里，来访者能静下心来表达自己的真实意愿，与法律援助人员进行良好的沟通。②充分利用走廊、楼梯、会议室的墙壁等处进行法律援助的宣传，文化气氛浓厚。他们将扬州当地的美景与各级领导对法律援助的讲话巧妙地组合起来，起到极佳的宣传效果又增加了文化气息。会议室的墙壁上挂满了微缩后的锦旗，既增加了中心工作人员的荣誉感，又激励了法律人的进取心。

其二，现代化、规范化的档案管理。中心档案室的设施让我惊叹不已，在国家档案局档案库里使用的档案柜在这里也拥有一席之地，办案卷宗整齐规范地摆放其中。我打开一本案卷，仔细地查阅，发现从当事人咨询、提出申请到案件的受理、办理直至办结的过程都有记录，案件的所有材料都规范整齐地装订在一起，目录清晰，案卷完整。

其三，场所设置科学合理，处处体现了“以人为本”的工作理念。一楼设有公共卫生间和专门的残疾人卫生间，心理疏导室和私密会谈室放置了花草，室内环境都是按照当事人的心理需求而设置的，处处体现了人性关怀。

扬州市的法律援助中心在硬件环境和软件服务上，都走在全国的前列，而他们迈出的这一大步也曾很艰难。该市在2005年第一次窗口建设达标考核中并没有合格。为此，翟洁君多次与市局领导进行了沟通。他强调，扬州是江总书记的故乡，是国家历史文化名城并曾获得联合国人居奖。扬州的两个文明建设、特别是在法律援助的建设方面理应走在全省的前列。虽说在城市用地贵重如金的大环境下，想选择一处面积较大又地处繁华街区的临街业务用房实属不易，但在省中心的积极推动和扬州市委市政府的高度重视下，市司法局完成了具有全国先进水平的法律援助窗口建设。为了给法律援助中心选择办公场所，扬州市副市长和司法局长亲自上阵选址。谈到窗口建设，扬州的同志告诉我们：“扬州工作中取得的成绩，离不开省中心的精心规划、设计。我们完全是依照省中心下发的《江苏省法律援助机构窗口建设和工作规范》的蓝图，进行窗口建设的。”

结束了一天的采访，我们回到南京。当再次见到翟洁君主任时，他问我们扬州一行的感想如何？我以“震撼”二字作答。他笑了，笑容里带着自豪，带着一丝丝欣慰。谈到让我感触最深的视觉识别标识的设计时，他讲了一段经历。省法律援助中心接待室进行外装修时就曾为门牌的底色和字体煞费苦心。就谈字体吧，参与意见的同志们各执己见。有的认为新魏体有力，有的认为颜体庄重，有的认为黑体时尚；还有的觉得省内已故著名书法家武中奇的字最适合，但从其传世作品中一时又凑不齐需要的字。最后还是司法厅的主要领导拍板定夺：标牌用颜真卿的字体，楼顶的霓虹灯用新魏体。对这场讨论，翟洁君的总结是：在平面设计方面我们都不是专家，争论的结果必然是以关键领导的审美为准。所以后来在编制全省的法律援助视觉系统

左图为2009年9月27日，翟洁君（后排左二）与江苏省各市法律援助中心主任们一同参加江、浙、沪法律援助协作会议后游览黄浦江。右图为2009年11月27日在全国法律援助宣传工作座谈会期间，翟洁君（左三）陪同司法部法律援助中心的领导参观如皋市法律援助中心

时，他提出："首先我们要有自己的想法，涉及专业领域的事应交给专业人员去做。"为此他找来了广告设计人员，并让援助中心的同志一起来商量。为了选择机构标牌的基本色，他还专门买来了色谱图书，从网上下载了许多介绍色彩知识的资料。尽管如此，提出来的方案都不理想，很难做决定。这时有人提出：既然决定不了，就让各地自己定好了。但翟洁君说：正因为每个人都有各自的看法，所以更不能放弃统一的要求；五花八门的式样，会让老百姓很难识别和记住法律援助机构。于是他格外留心大街上的广告。有一天乘公交车时，早已习惯成自然的他，无意中看到了一处房地产的广告牌，蓝底白字；那蓝色十分纯正，正是他心目中的基本色。回到单位后他立即让工作人员带上照相机前往拍摄。可那位同志找了半天，还是没找准，只拍了附近的一些广告回来。无奈，他只好又亲自前往，将照片拍回来，与大家一起讨论。

在翟洁君和同事们的共同努力下，江苏省法律援助终于有了自己的统一形象。《江苏省法律援助机构窗口建设和工作规范》和《江苏省法律援助机构视觉识别系统》如同两本厚厚的教科书，在江苏省法律援助的窗口建设中发挥着重要的作用。

（三）文书标准化

为了规范全省法律援助的受理、审查、指派工作，省司法厅和省中心对法律援助工作中使用的格式文本也进行了规范，制发了《法律援助申请表》《法律援助申请人经济状况证明表》《法律援助申请人经济状况申报表》《法律援助提示书》《法律援助服务协议》《法律援助接待咨询服务问卷调查表》《法律援助公示示范文本》等一系列表格和标准文本。翟洁君讲，他们在确定这些表格和文本时，也很费了一番心思，对于表格中的项目及其表达的方式已经考虑到了计算机处理的需要。至于标准化的《法律援助服务协议》，则是委托社会律师起草。他认为：这样更可以集思广益，更有针对性地来处理法律援助律师与受援人在援助过程中的相互关系。

二、信息管理一体化

江苏省法律援助的信息一体化建设，始于2006年。翟洁君说：这是法律援助工作精细化管理的需要，也是江苏司法行政工作争当全国排头兵的重要措施。主要目标是，实现法律援助门户网站、信息系统（LAMIS）、专线电话服务系统的三位一体，不仅要满足数据处理、质量监管、业务考核等管理工作的需要，而且要突出社会服务功能，提供政务公开和网上服务，使群众更加方便地了解法律援助知识，了解有关法律援助的受理条件和程序等等事项。并在必要时，与法律援助工作机构建立相应的联系和互动。

（一）开发全省统一的法律援助咨询电话呼叫系统“12348”

“12348”是文明城市考核体系中的一项重要指标。此前，江苏的“12348”电话服务平台基本是以市为单位分散建立的，群众通过拨打“12348”特服电话提出的法律咨询都由市法律援助中心处理。2008年，省委、省政府要求“建立全省统一的‘12348’法律援助服务平台，提高业务处理能力”。2009年，江苏省法律援助中心开始启动这一工作。省司法厅与中国联合网络通信有限公司江苏省分公司，签订了合作协议，对全省“12348”法律咨询电话进行系统整合，运用呼叫中心技术，开发全省统一的“12348”法律援助电话专线服务系统。

翟洁君告诉我们，“12348”法律援助电话服务系统的启用，实现了全省法律援助机构的服务资源的统一调配，提高了工作效率和服务水平。在工作时间和人工设定的其他任意时段只要有电话打入，就会有法律援助律师负责接听、解答。我对此感到十分惊讶，不禁问道："全省这么大范围，这么长时间，需要多少人在线服务呢？"翟洁君笑道："你的问题也是许多人提出过的。当初，司法部要求各地开通'148'法律咨询热线时，大家都感到是件好事，但操作起来却困难重重。法律援助机构人员编制有限，电话咨询对工作人员专业知识和实践经验的要求很高，要分出专门的人接听电话很困难。因此，有的地区存在着'空巢'现象，'148'热线如同虚设。现在系统建立起来了，有效地弥补咨询人员不足的问题。江苏全省121个法律援助机构，只要有一半安排人员接听处理，就可以基本满足社会需求了。目前，全省已经有57个市、县（市、区）设立了值班坐席。归纳起来，该系统的功能：一是接通率高。全省以市为群组，'12348'坐席统一排序、循环接听，提高了电话的接通率，减少了百姓的电话等待时间。二是有利于工作的监督检查。系统拥有全省'12348'网上监控平台，随时可以监控各地机构'12348'的工作情况，包括接听电话的响应速度、次数和频率等等。三是便于对此项工作进行考核和评估。改变了以往数据无法核实、难以评考核的问题，增强了科学性和合理性。四是方便了记忆。群众只要记住'12348'并拨打该号码，就可以与全省任何一个法律援助机构进行联系了，而毋需记住各个法律援助中心的电话。近年来，我们坚持将'12348'与'法律援助'作为关键词捆绑起来进行宣传，不仅强化了宣传的效果，也节约了宣传费用。"说到这里，翟洁君自豪地笑道："这种模式的'12348'咨询热线，是我们管理工作上的一项创新，目前在全国也独此一家。当然，这只是一个技术方案，关键还在于我们的服务必须跟上去。"

2010年下半年，全省接听解答"12348"电话咨询29,177件，通话总时间长达12,3029分钟，为群众提供了方便及时的法律援助咨询服务。

（二）开发全省统一的业务信息系统：江苏省法律援助信息管理系统（LAMIS）

从上任起，翟洁君就从法律援助工作的实际出发，潜心研究全省法律援助机构的案件办理情况。但是从掌握的数据看，很不理想，有的部门上报的数据前后矛盾，统计工作效率极低，市县两级约119个司法局，只要有一个单位的数据报不上来，全省的报表就做不出来。往往一次数据统计，就要用好几个星期的时间，业务分析常常滞后，严重地影响了工作进度。

翟洁君说："信息化时代，许多传统的手工作业方式，注定是要被抛弃的。全省法律援助的业务数据必须联网管理，并通过开发相应的业务管理系统来实现。这个系统有四个目标：一是为各级法律援助工作机构及其人员搭建一个工作平台，方便他们处理法律援助业务；二是实现管理的扁平化，使省中心直接了解到全省的业务数据，而不必通过地市司法局层层上报；三是规范业务流程，使各级法律援助机构按规范行事；四是保证数据的可获得性和准确性，所有案件的数据报表都应当由计算机从个案信息中提取并生成，杜绝人为篡改的可能。而开发法律援助管理信息系统，是件十分艰巨的工作，它要求策划者熟悉法律援助机构的职能、各项业务流程和工作规范，还要具备一定的计算机程序管理方面的知识，两者缺一不可。"说到这里，他会心地笑了："知识的储备很重要。我以前所学的计算机知识，这时派上了大用处。"

那段日子，翟洁君一心扑在软件开发上。先是理清思路，确定软件所要解决的主要问题，并提出相应的方案以及软件功能的基本框架。然后，会同有关部门准备招标文件，按政府的招标程序确定中标单位，接着提出详细的软件需求说明书，并组织市、县两级法律援助中心的负责人参与论证。在开发工作进行了一段时间后，他觉得软件程序员在其公司的研发基地做封闭式的开发，双方互不见面，鞭长莫及，难以进行讨论。为此他要求软件公司开发人员进驻省法律援助中心进行开发工作，以便随时掌握开发进度，直接进行沟通。那段时间，他白天在中心处理公务，晚上留下来与开发人员一起商量方案，调试、修正软件程序，每天都到夜里很迟才离开。他准备了好几个笔记本，随时将自己的想法和意见写在上面，轮流交给软件程序员，让他们按要求及时调整并优化设计。看了那些笔记本，我不禁为之动容：上面到处是编号、问题和解决方案，还有许多图表。看似信手涂写，字里行间却透射出了严谨和执著，是真情与智慧的流淌。

方案不断地推翻又重建，数据不断地修改又补充，经过近一年的努力，该系统终于在2007年之初达到了预期的目的，开始在全省联网运行。元旦一过，省法律援助中心就组织全省各级法律援助机构的负责人进行了培训，并

2010年3月13日翟洁君（前排右一）在检查信息管理系统运行情况

决定从元旦开始，全省所有案件数据都要纳入系统软件的管理，确保系统全面有效运行。

系统开发出来了，但是推行之初还是遇到了一些阻力。由于长期以来大家没有网上办公的观念和习惯，登录信息成了每天必做的事，很多人不适应、怕麻烦，有时会漏登。针对这种情况，省中心建立了定期通报制度，并将系统里的案件数据与省级财政转移支付资金的拨付挂钩。这一策略的施行，及时扭转了局面。我看了江苏省法律援助中心制订的转移支付专项资金分配方案，全省所有法律援助机构的案件量、结案率、接待量等数据一目了然，经费的计算方法十分科学。翟洁君解释说：正因为有了信息管理系统，我们才能做得如此细致，并敢于在全省公开，否则难以想像。

此后，他们又根据各地反馈来的意见和要求，进行了多次局部的修改，使系统日趋完善。由此，江苏全省的法律援助工作进入了一个信息化发展的崭新阶段。

在我们采访时，翟洁君特地让工作人员给我们进行了演示，凭有限的数据库知识和EMBI的学习经历，我认为该系统功能齐全、数据完整、可操作性强，十分注重实际的需求，使用快捷、便利，总之一个词：“好用”。

在一旁操作计算机的小伙子告诉我们，中国法律援助信息管理系统也是委托江苏省开发的，基础就是我们这套系统。翟洁君接过话头说道：“显然，我们的理念得到了司法部的认可。不过，有什么样的需求才会有什么样的软件。我们必须不断地提出新的需求才能使这一系统趋于完善。去年我们已经做了一个系统升级的计划，目前正在实施之中。”

（三）开发门户网站——江苏省法律援助网

江苏法律援助网建立于2006年，设有法律援助动态、援务公开、法律援助指南、理论研究、提案议案、资料下载、法律咨询等栏目，是国内法律援助信息比较全面的专业网站。通过访问这个网站，公众可以了解到法律援助的相关政策、专业知识以及其他法律援助信息。更为重要的是可以通过该站提交申请法律援助申请，查阅申请处理情况，获得法律咨询服务。

江苏省法律援助网与信息管理系统是共生网络关系。网站是前台，负责接收法律咨询和法律援助申请、回应公众需求；管理系统是后台，对网站自动转入的法律援助申请等信息进行处理并通过网站加以发布。负责处理这些申请和咨询的是全省各级法律援助机构。省法律援助中心对各地法律援助机构规定了明确的职责，建立了相应的考核机制，有效地进行监督管理。翟洁君告诉我们："当初进行培训时，有人提出：让法律援助人员48小时内对网上咨询进行解答并实名发布，压力太大。我反问他们：如果当事人到你们法律援助中心去当面咨询，你会让他先等48小时然后再解答吗？我们通过系统处理在网上自动显示解答人的名字也是出于明确责任主体、维护法律援助公信力的需要，这些都是必需的。"

三、便民服务常态化

贴近群众，方便群众，为群众服务是法律援助坚持为人民服务宗旨的体现。翟洁君提出要把服务体现在法律援助的一切工作之中，真正地为困难群众纾困解忧。他们从江苏法律援助工作的实际和可能出发，组织开展了一系列便民服务活动，并努力将这些活动中成熟的做法上升为制度，建立长效服务机制。近年来，出台的政策措施主要有：

其一，设置法律援助代办点。县（市、区）法律援助机构在辖区内选择

左图为2005年11月16日翟洁君（左二）在指导群众申请法律援助；右图为翟洁君（右二）在解答群众的法律咨询

并公布2~3个专业力量强、信誉度高的律师事务所，作为法律援助代办点，无偿提供法律援助咨询服务并代为受理法律援助申请，转交法律援助机构审查，扩大了受理工作的覆盖范围。

其二，推行预约上门服务。对行动不便的老年人、残疾人、正在接受住院治疗的病人等特殊对象，实行电话和网上预约，法律援助人员上门服务。

其三，让受援人选择援助律师。在律师资源丰富的地方，建立法律援助志愿律师专业分类名录，载明律师的专业方向、执业年限、办案经历等，在法律援助机构确定法律援助案件承办人时，供受援人选择。

其四，让服务对象评价法律援助服务。法律援助机构在受理、审查法律援助申请、提供法律咨询服务，及时向服务对象发放测评表，请服务对象评价法律援助工作。对申请类案件的受援人，在告知相关权利义务时提供信封、邮票，以便服务对象及时地对法律援助服务进行评价。各地法律援助机构采取服务与评价分开管理等措施，保证服务评价工作的客观性和公正性。

其五，开展回访受援人活动。通过上门、座谈、电话、信函等方式对本地法律援助机构上一年度援助的受援人进行回访，征求受援人对法律援助工作的意见和建议。为每位回访对象建立联系卡，建表造册，记录回访的具体时间、具体事项、收集到的意见等等。

其六，设立法律援助投诉电话。省和省辖市分别设立投诉电话，向社会公布，广泛接受群众的监督。

四、队伍建设专业化

普遍认为人财物是全国各地法律援助工作普遍遇到的难题，而翟洁君似乎对人的因素看得更重。他说："品牌建设是一项系统工程，硬件、管理和人才缺一不可。长期以来大家都把经费问题列为法律援助最主要的制约因素。其实，对于我们而言，经费问题应该是相对好解决的，解决的效果也容易显现。将来影响我省法律援助工作发展的关键难题还是人才保障问题。除非我们能在用人机制和财政支出政策上有重大突破。法律援助机构应该首先是个专业性的机构，具有很强的实战能力，这是法律援助机构不同于其他司法行政部门的显著特征。法律援助机构人员必须实现专业化。"

为此，江苏省司法厅和法律援助中心，鼓励法律援助工作者参加国家司法考试，要求新进入法律援助工作岗位的人员应当具备通过司法考试，获取法律和律师执业资格，并要在实践中经受锻炼、得到提高。他们坚持只向法律援助机构中具有法律和律师执业资格的人员发放律师工作证，强调只有具备执业资质的人员才能代理法律援助案件。他们制定了一项人才培养计划：建立法律援助的专家队伍，并纳入全省高级人才培训发展规划；推动实施西部志愿服务计划，采取省外境外学习、异地挂职等措施，拓宽法律援助机构人员的视野，提高其业务素质；有针对性地定期开展法律援助管理工作培训和业务培训，实现法律援助业务培训的制度化、经常化，培养一批具备较强的政治素养和较高的政策水平并充分掌握法律援助的业务知识、拥有较强管理能力的法律援助管理人才。

五、服务资源社会化

在加强法律援助机构和法律援助专职队伍建设的同时，翟洁君十分重视社会组织和法律服务人员的作用。他在任期间，省法律援助中心与省律师协会和工青妇残等人民团体和高等院校的法律系建立了良好的协作关系。他说：“在法律援助的机构建设尚未取得突破性的发展、法律援助专职律师队伍尚未形成规模的情况下，我们必须充分依靠社会力量特别是社会律师来发展法律援助事业。10多年来，社会律师承担法律援助义务，为法律援助事业做出了巨大的贡献。可以说，是他们支撑了法律援助制度。”

为此，江苏省建立了政府主导、社会组织广泛参与的多层次法律援助服务体系。鼓励和支持诸多律师事务所、基层法律服务所及广大法律服务人员，发挥专业特长和专职队伍的优势而自愿开展面向困难群众的免费法律服务。支持各级工会、共青团、妇联、残联及高等院校等团体和事业单位利用自身资源，规范有序地开展法律援助服务。通过全省法律援助服务资源的整合，增强了供给能力，扩大了法律援助的覆盖面。

为了保证服务质量，他们从四个方面规范社会组织的法律援助工作。一是推行了协助申请制。律师事务所和社会法律援助服务组织，应根据当事人的意愿，协助他们向当地的法律援助机构提出法律援助申请。二是明确了服务范围。社会法律援助组织可根据其工作的性质、对象的不同和自身资源的情况，按照法律援助的基本要求和一般规定，自行确定其法律援助的条件及法律援助的范围、对象、程序等事项，报司法行政机关备案，并在其接待场所公示。三是增强服务能力。社会法律援助组织应有专项经费，有接待服务的场所并配备法律专业人员，保证法律援助工作的有效开展，保证援助对象获得符合标准的法律服务。四是坚持无偿服务。任何组织和个人开展法援工作，都不得从事有偿服务，不得向法律援助申请人和援助对象收取任何财物。

又为了提高社会组织法律援助工作的效率，建立了法律援助工作协作机制。一是建立联席会议制度。由司法行政机关牵头，定期通报法援工作的开展情况，研究解决工作中遇到的问题。二是建立申请互转机制。社会组织受理的法律援助申请，如果属于政府法律援助机构的受理范围，可征求当事人意见，及时转交处理；有条件的也可通过法律援助信息管理系统提交；法律援助机构受理的申请中不符合《法律援助条例》及其他法规规定的条件但属于社会组织受理范围的，应及时转交相关社会法律援助组织处理。三是建立办案协作制度。对于社会组织办理的重大疑难案件，法律援助机构应尽可能地提供必要的专业帮助与支持。四是建立业务统计制度。社会法律援助组织应及时统计有关其接待、咨询及转接等工作和办案的情况，按要求填写上报。

为了更加广泛地调动社会资源开展法律援助工作，江苏省于2004年建立了江苏省志愿者协会法律援助分会，省司法厅与团省委联合制订了《江苏省法律援助志愿服务活动管理办法》，全省建立了约一万人的法律援助注册志愿者队伍，分布在社会各条战线。作为分会常务副会长，翟洁君注意总结、推广各地的经验和典型，积极推动志愿者们开展社区法律援助的咨询、宣传、社会调查等服务，从而实现了法律援助服务的多样性。2006年他荣获了团中央颁发的“中国青年志愿者行动贡献奖”。

打造“全国第一品牌”工作的开展，推进了法律援助事业的长足发展，强化了法律援助工作机构和人员的主动意识，推动了江苏省法律援助工作走在全国的前列，受到了中央领导和司法部的充分肯定。

2010年11月26日，中央政治局常委周永康同志，在视察扬州市法律援助中心的时候曾经言简意赅地指出：法律援助帮助困难群众，既解开了“法结”，又能通过心理的疏导工作解开“心结”，化解了大量的社会矛盾和纠纷。而且充分发挥律师的作用，引导律师们切实围绕社会稳定的大局开展法律援助工作，做得很好。

司法部副部长赵大程也说："无论是在接待场所的选址、残疾人通道等等硬件设施的建设上，还是法律援助工作人员的精神风貌和服务规范，都说明江苏法律援助工作与人民群众贴得近，真正做到了把法律援助的服务送到困难群众的身边，把党和政府的关爱与温暖送到困难群众的心坎上。"

采访告一段落，翟洁君意犹未尽地说："领导的表扬，既是对我们的鼓励，也是对我们的鞭策。我们有自知之明。请相信，我们还会做得更好。"

宣传：为法律援助事业造势

宣传，一直被认为是开展一切工作的发动机，对于法律援助事业更是如此。

翟洁君说："法律援助制度的建立，是中国法制史上的一个里程碑。由政府出钱来帮穷人打官司、争权益，是中国老百姓，以前连想都不敢想的事。直到现在还有许多人会表示怀疑：天下哪有这等好事？我们必须用铿锵的声音、实际的行动，来作出回答。"

翟洁君认为，通过宣传工作，可以让更多的人了解、关心法律援助，让贫困群众可以通过法律援助来维护自己的权利。为了保持法律援助宣传的效果，应该坚持走常态化宣传之路，根据不同的群体采取不同的策略，打"组合拳"。他说："2007年省法律援助中心与江苏广电总局合作开播法律援助节目时，就经过了认真考量，选定了交通广播网和新闻频率两个电台进行宣传和连线服务。目标群体分别锁定为汽车驾乘人员，年老、体弱及残疾的人员。实践证明，这一策略是十分有效的。两个频率的法律援助节目都成了广电总台的优质节目，社会反映相当好。"

说到广播宣传，翟洁君讲了一段趣闻。2007年6月的一个中午，他在办公室接到一名男子打来的求助电话。来电人称，自己正在二附院骨科住院治疗，同病房里有一名从湖北农村来南京打工的妇女，上班第一天在工地拆房时，就被砸断小腿，老板在付了一部分医疗费后就迟迟不肯再出面，现在还欠医院4,000多元。由于骨折需要人照顾，该妇女在昆山打工的丈夫只好赶来陪护，家中还有两个孩子要上学，困难重重。来电男子觉得这家人太可怜，希望法律援助中心能帮助他们。翟洁君当即表示：下午就安排人员主动去医院了解情况。如情况属实，很快就会提供援助。那名男子非常感动，接着又套近乎地说，“其实我跟你们翟主任很熟，是老朋友了。”最后那人又追问：“您贵姓？”当翟洁君表明身份之后，电话那头非常吃惊：“啊！你就是翟主任呀。不好意思，实在不好意思。我经常在电台里听你讲法律援助，说真的，你讲得太好了。”说到这里，翟洁君像个孩子似的哈哈大笑道：“这人太有意思了，热心，还真敢吹！不过也说明，我们的宣传是成功的。”

为了保证宣传工作具备优质的充沛的资源，江苏省法律援助中心又与省法律援助基金会合作，以案件宣传为重点，建立了两个稳定的激励机制：一是优秀案件评选机制。全省每年举办一次十大法律援助案件的评选活动，动用省内各类主要的新闻媒体进行集中的宣传报道。二是案件资助机制。由省法律援助基金会，对各地正在办理的有影响的法律援助案件进行资助。通过这两大机制，省法律援助中心掌握了大量的已经办结和正在办理的重大法律援助案件，牢牢地控制了宣传工作的主动权。

近年来，江苏省在法律援助宣传方面的举动是一波连着一波。

——制作和发布法律援助公益广告

省法律援助中心和省法律援助基金会在高速公路和报纸上发布了平面公益广告，制作了法律援助视频公益广告，在江苏电视台和南京公交《江苏动视》频道滚动播出。省法律援助中心制作了民事、刑事法律援助动漫宣传短片，拍摄了介绍法援制度的专题片《您身边的法律援助》。扬州市在市区九条

左图为2005年5月22日翟洁君在中国江苏网回答网友咨询；中图、右图为2006年6月10日翟洁君参加江苏省人民广播电台法律援助节目现场互动

公交线路上发布了车体法律援助公益广告。江苏广电总台根据省法律援助中心的要求制作了近20段法律援助专题宣传飞标和宣传片花，每天在交广网和新闻频率涉法类节目及资讯类节目中穿插播出。在2009年在司法部法律援助中心和法制日报社组织的全国法律援助宣传作品评选中，江苏有6件作品获奖，是全国获奖数量最多的省份，显示了法援宣传有实效、有特色、有创意。

——举办法律援助大型活动

2008年以来，省司法厅和省法律援助基金会先后联合举办了“公平与正义”法律援助大型文艺晚会、“公平与正义”法律援助报告会，邀请省领导和社会各界人士观看。文艺晚会以江苏省法律援助的成功案例为基础，进行原始创作，讴歌了“法治江苏”建设的新成就，宣传了法律援助服务民生、维护社会公平正义的宗旨。报告会邀请受援人和法律援助工作者讲述自己亲身的维权经历和工作体会，引起了广泛的社会反响。李源潮、回良玉等中央领导和吴爱英部长对报告会作了批示，给予了充分肯定。2009年，省法律援助基金会还和省文联举行了有300多名江苏名家参与的书画作品义捐活动，将法律援助的影响扩展到了文化艺术界。

——与媒体合作开辟法律援助专栏和专题节目

2010年江苏电视总台在城市频道《法制集结号》开设了 “法援进行时”栏目，栏目开播以来共播出法援节目104档。省法律援助中心和法律援助基金会在《新华日报》连续推出了专版，不仅扩大了法律援助的影响，而且弘扬了法律援助所追求的价值和精神。

——组织法律援助有奖征文评选活动

省法律援助中心与江苏法制报社、新华报业网站、省法律援助基金会，组织了“我心中的法律援助”有奖征文评选活动，得到了各市法律援助中心和高校法学院（系）师生的热烈响应，参赛稿件达236篇。大学生们以参与全省大学生法律援助志愿服务活动的亲身经历抒写了进社区、进乡村、进工地，开展法律援助服务的真情实感。

——编印法律援助系列宣传彩页

省法律援助中心组织编印了一系列的宣传资料如《法律援助机构的服

务》《怎样申请民事法律援助》《怎样进行民事诉讼》《怎样维护您的劳动权利》《怎样维护婚姻家庭权利》《怎样追索人身损害赔偿》《怎样追索工伤赔偿》等20多万份，面向社会广大公众免费发放。

如此丰富多彩、形式多样的宣传活动，不仅提升了法律援助的群众知晓度，而且扩大了法律援助的社会影响力，为江苏省法律援助事业的腾飞而呐喊、造势，为全省的社会稳定与和谐发展做出了重要的贡献。

援助：做困难群众的后盾

翟洁君始终以自己是一个法律援助人而自豪。法律援助是为穷人服务的事业，每当看到困难群众无奈的表情，他总是希望自己能为他们做点什么。法律援助给他提供了一个帮助弱势群体的平台，只要有时间，他总会亲自接待来访群众和处理一些案件。

难忘的教训

2005年的一天，翟洁君正在接听《政风热线》，有个电话打来，电话里传来了一个女孩子的哭泣声。他连忙劝慰对方说："别哭，别哭，有什么事，慢慢讲给我听，我帮你想想办法好吗？"姑娘听了他亲切温暖的话语，渐渐收住哭声，讲述起自己不幸的遭遇。

姑娘名叫周莉，22岁，沛县人。2000年，17岁的周莉因家贫而辍学，后经人介绍到淮安市清江制药厂食堂打工。2000年7月13日，在升炉火烧开水时，突然遭遇了酒精壶爆炸，她躲闪不及遂成火人。此次事故，造成她全身面积85%的2～3度烧伤，住院治疗近两个月。住院期间，厂方与周莉的父母进行协商，声言是周莉违规操作，事故责任不在厂方，厂方送其到医院治疗完全是出于人道主义，同时拿出一份事先拟好的协议书要求周莉的父亲签字，如果不签，一分钱不给。周父在厂方的威逼利诱下，考虑到自己身上仅带了几百元，无法给女儿交医疗费用，便在协议书上签了字，同意厂方一次性支付1.3万元便了结此事。周莉出院后，指甲层坏死，手指不能伸直，左腿疤痕增长，膝关节后面流血流脓，必须施行植皮手术，手术费需要数万元。周莉家庭本来就困难重重，根本无法承担手术开支。后来，周某找到了徐州市妇联，妇联的刘律师陪她到淮安做了一次调查取证的工作，并找劳动局等部门申请工伤认定，但劳动局声称已过时效，无法认定为工伤。

听完周莉的叙述，翟洁君简要地帮她做了分析与指导。回到援助中心后，他又与周莉进行了联系，详细了解了案情的始末。鉴于此案进行工伤认定和提起人身损害赔偿诉讼的时效均已超过，他觉得有些爱莫能助。作为有经验的法律援助律师，他心里很明白，该案想要通过诉讼途径得到赔偿的可能性微乎其微。他只好告诉周莉，这个案件按诉讼方式很难得到法院的支持，只能通过其他非诉讼的方式解决，而且难度很大。后来，淮安知源律师事务所的杨秀梅律师接受此案，为周莉提供了法律援助。在淮安市妇联等方面的协调呼吁下，此案进入了诉讼程序，经淮安市中级法院调解，厂方支付了11万元人民币。周莉完成了植皮手术，病情很快好转，最终手指不仅能屈伸，而且能学习电脑了。

翟洁君说："这个案件的成功办理，给了我一个深刻的教训。杨律师的赤诚和执著是成功的关键。在办理此案的过程中，杨律师与周莉之间进行了大量的通信，每一封信都让人感动，没有真感情是写不成这样的文字的。"由此他又总结道："看来，拘泥于法律条文是法律援助人员容易产生而又必须克服的问题。贫困者由于经济条件差，一般情况下受教育的程度较低，当他们受到侵害时，往往不知道如何维护自己的权利，更没有保全证据的意识，有些则是在责任主体的拖延策略下错失了诉讼时效或其他时效，从而造成了法律上的被动。"为此，他要求全省法律援助机构受理此类援助申请时，都要从受害人的利益

2007年4月11日翟洁君（右一）接受"政风热线"采访

着想，看其是否受到了实质性的损害，以及这些损害所涉及的因果关系，而不能纠缠于诉讼时效或证据缺陷等因素。办案人员要根据案件的具体情况灵活地通过诉讼、调解、谈判等多种手段解决问题，努力实现受援人利益的最大化。

一封学子的求助信

2006年5月，翟洁君在电子邮箱里看到了“一个无助的女儿”发来的求助信：

“我父亲是农民也是个手艺精湛的泥瓦工，平日在家种地也帮人建房。老板顾某在浙江承建三座高架桥，急需人手，便委托施工队长下乡招人。因父亲手艺不错，施工队长就说服父亲前往浙江打工，工资每日60元。在施工队长劝说下，父亲于2005年9月28日随本村务工人员周某等人前往浙江省台州市诸永高速公路的仙居段某高架桥工地施工。

“2006年1月的一天，父亲在完工后清理拌和机。就在快结束时，料斗突然上升并随即扫向父亲，将父亲夹着倒挂在空中。由于工地当时机械设施不完备，没有吊车在场及时抢救，使父亲倒挂空中两个小时左右，全身血液倒流，从眼睛、鼻子、嘴巴流尽，整个人已经肿得像个怪物，没有了人样，所有人都以为他的生命结束了。后来在交警、消防人员、民工等协作下送当地医院抢救。在昏迷8天后，父亲终于苏醒了。随即，父亲被老板带回家乡东台某中医院，老板预付7,000元医药费给中医院。第二天，老板派施工队长夫妇将我妈妈带到东台并告之这一受伤情况。说事情已经发生，不必担心他一定会办好，并让我妈留下继续照料。正是年关时间，我还在学校，弟弟在上高三，学习时间很紧张，没放寒假。妈妈虽然惦记着我们姐弟，但是看着父亲重伤在身需要人照顾，就答应留下来继续照料。老板离开时，给了母亲500元生活费。

“之后，老板和施工队长以各种理由说服母亲继续照料父亲，谁知，母亲这一去竟脱不了身，没人再去换她。年初，施工队长在去工地前，来医院给了600元生活费，并口头承诺生活费用完了就打老板的电话，只要打了就会有人送生活费过来。但是事与愿违，打了很多次电话却不接，继续打了好多次，终于接了电话，派手下的人送了200元过来。这在医院根本就没用几天，后来多次打电话不接，打施工队长电话却遭到一顿训斥，再打老板电话也是一顿辱骂，我妈妈真的是满眶眼水，满腔委屈，满脸苦楚，而我看着更是满腔愤慨。我们是在不得已的情况下打电话，我妈妈爸爸早已断了伙了……”

看罢求助信，翟洁君又进一步联系，得知那边的情况又雪上加霜：

医院的催款单一张接一张，他们连生活都成了问题，哪里还有钱付给医院？医院眼看着赚不到钱，就以其“医疗设备和水平均不具备，急需转到上海大医院治疗”为由，试图将伤者骗出院。一招不行又生一招：停药，放弃治疗，让伤者忍受着巨大的痛苦。女孩的母亲承受不了压力，欲寻短见，被其姨妈发现，来找院长论理，院长以他们妨碍办公为由报了“110”。“110”来人进行调解，并达成协议。医院答应他们：第二天送伤者去上海的华山医院治疗，但又是一句空话。在其姨妈的坚持下，老板终于出现了，答应他们先去东台人民医院做高压氧，却又是一个谎言，目的是骗他们出了医院后，就撒手不管了。

女孩的无助牵动着翟洁君的心，老板的不仁让他愤愤不平，他要帮女孩维护权益并找回公道。他立刻与浙江省法律援助中心主任潘岳松取得了联系，潘主任接到翟洁君的协作请求后，马上打电话给台州市法律援助中心，电话一级级地传递着信息和爱心。当地的法律援助机构立刻行动起来，为伤者提供了法律援助。在他们的不懈努力下，周家终于拿到了赔偿款10万余元。

翟洁君告诉我，江浙沪同属经济发达的长三角经济带，经济上交往频繁，在许多方面都互相合作，正在形成一个长三角一体化区域。法律援助事业发展的水平基本一致，为此三地建立了长三角地区法律援助协作机制，并于2008年11月25 日签订了《江浙沪省际法律援助交流协作协议》。协议除了明确异地协作办理法律援助案件、代为调查取证和协助查找证据线索等事项之外，还强调各方致力于扩大法律援助的范围，推进三省（市）法律援助的受案范围趋于一致，建立更加规范和科学的法律援助经济困难审查机制，逐步清除在法律援助条件设置和审查方面存在的地区性障碍，为经济困难的公民申请法律援助提供更多、更便捷的服务。周某的人身损害案件，就是这一协作的成果。

2007年3月，又一封热情洋溢的感谢信寄到了省法律援助中心，信中写道："尊敬的省司法厅领导：今天，我们一家人无法表达感激之情，只是呈上感谢信一封，感谢省法律援助中心在我家最困难的时候给予了无私的帮助和关爱。没有法律援助，就没有我们一家的今天！"落款是：盐城师范学院文学院学生周小月。

谈到这里，翟洁君的脸上洋溢着欣慰的笑容。他说："这一生，最让我感到自豪和荣耀的事就是我曾是一名法律援助工作者。每当一个生活困难的人得到援助，我能对他们有所帮助的时候，那种情感是无法用语言来表达的。"

探索：法律援助是一个永恒的课题

法律援助是一个新生事物，也是一个正在成长中的学科，在经历了十多年实践的"摸石头"的过程之后，应该加以总结。

——翟洁君

作为一个喜欢探究问题的人，翟洁君可谓是法律援助的"理论家"。在他近十年的法律援助工作的历史上，他撰写了大量的研究文章，也参与过很多有关法律援助课题的理论研究。他认为，一项事业如果没有研究就没有深度，没有理论就没有活力。为此，他始终关注和研究法律援助及其相关领域的理论课题。

一、关于《德国法律援助制度的演变对于我国法律援助制度发展的借鉴作用》

2004年，翟洁君赴德国北莱因·威斯特法伦州进行短期培训，利用培训和考察的机会对德国的法律援助发展历史和法律援助制度进行了初步的研究。他认为："德国法律援助制度经历了一个较长时期的演变过程，并形成了自身的特色，研究其历史和现实对于进一步完善我国的法律援助制度，促进法律援助事业的发展，具有一定的借鉴意义。”

考察回来后，翟洁君将自己的考察和培训进行了深入细致的研究分析，并形成了近万字的研究性论文。文章从德国法律援助的创建、形成、发展等方面展开论述，将法律援助在德国的发展和演变过程，与我国法律援助的发展状况进行比较，找出了我们发展中的经验和不足，为今后法律援助工作提供了有针对性的借鉴和学习资料。其论述核心是关于完善中国法律援助制度的几点思考。

其一，中国法律援助制度的创立和性质

中国的法律援助事业，起步于上个世纪的90年代初期，至今才不过十年的时间，虽然历史短暂，但其发展迅猛。这主要得益于党和各级政府的重视。2003年8月，国务院颁布的《法律援助条例》明确规定了“法律援助是政府的责任”，进一步巩固了法律援助在社会主义民主法制建设中的地位，对于这项事业的发展具有十分重要的意义。

其二，重视发挥法律援助工作在保障司法公正、调整社会关系、维护社会稳定中的重要作用

在法律援助制度的实施中，德国十分重视发挥法律援助制度在保障司法公正、调整社会关系及维护社会稳定中的作用。德国对刑事法律援助是重点保证的，法律规定了被告人获得法律援助的权利，这表明他们对保护刑事被告人的司法人权、维护国家的司法公正是极其重视的。中国由于市场经济体制尚在构建调整之中，各种矛盾相互交织，贫富差距拉大，困难群众多，多数公民的法律素养不

2009年6月30日翟洁君（左一）参加江苏省政协组织的提案调研工作

高，许多人不愿意也不习惯通过诉讼途径来解决矛盾，而是期望政府解决一切问题，有的甚至以非理性的方式将事态扩大，从而为社会不稳定埋下隐患。国家和政府加强法律援助工作，帮助引导那些经济困难的公民通过法律手段解决矛盾，进一步发挥法律援助在维护社会稳定、保障司法人权方面的重要作用。

其三，深化对法律援助是政府责任的认识，从立法、提供经费等方面加大对法律援助工作的支持力度

在德国，法律援助作为政府责任和公民权利的观念，早已深入人心，在法律援助的实践中也得到了非常充分的体现。在我国，法律援助起步较晚，保证公民不论贫富都能享有法律服务的平等权利是政府责任的原则，尚未引起足够的重视，法律援助的立法还不是很健全，经费也非常紧张。这就需要我们借鉴德国和其他法律援助制度比较完备的国家的经验，提高认识，使各级政府尽快在力所能及的范围内承担起应尽的责任，使更多的经济困难的公民能切实享有其应得的法律援助的权利。

其四，扩大法律援助的覆盖范围，使更多的经济困难的公民能通过法律援助维护自己的合法权益

德国所有类型的民事纠纷程序、无争议的裁决程序以及有关劳动、行政、社会和财政的诉讼程序都符合法律援助范围。中国的法律援助制度自建立以来，社会影响不断扩大，办理法律援助案件的数量逐年上升，得到法律援助的困难群众不断增加，但覆盖面仍然很低。为此，要加强各项保障机制的建设，以围绕解决困难群众切身利益的突出问题为重点，进一步扩大法律援助的事项范围，并适当降低法律援助申请人的经济困难的审查标准，尽可能将确实付不起法律服务费用而又真正需要法律服务的困难群众纳入法律援助的受援范围，扩大法律援助的覆盖面，为更多的困难群众提供优质高效的免费服务。

其五，选择适合的管理实施模式，并不断改革完善，以保证法律援助制度能够发挥其最佳的效能

德国没有专门的法律援助机构，申请人一般是通过法院申请法律援助；也没有专门的法律援助人员，完全依赖社会律师。从实践来看，此种模式弊多利少，不利于法律援助制度的发展。一是私人模式容易被滥用；二是没有专门的机构监督律师，法律援助的办案质量难以得到保证。中国一般采取专职律师和社会律师结合的模式，从实践看，这种模式是适合我国国情的，但还需进一步改善，明确其职能定位。

其六，在政府财力及人力有限的情况下，积极开发、利用社会资源，发挥社会力量在法律援助中的作用

在德国法律援助制度的起始阶段，贸易组织和社会团体设立的法律咨询局仍在发挥着作用。在我国，法律援助工作得到了社会团体、组织的大力支持，在有关的各领域发挥了积极的作用，但是，在社会资源的参与、支持法律援助工作的方面还留有很大的空间。可以通过基金会等各种方式，吸收社会财力资源，捐助法律援助事业。

二、关于《关于法律援助管理工作信息化的思考》

《关于法律援助管理工作信息化的思考》一文，是翟洁君在法律援助工作管理上实践与探索的一个新的贡献，是促进法律援助事业深入发展的创新之举。他认为："经历了十多年的探索和实践之后，我国的法律援助事业已经达到了一个新的高度。政府法律援助机构如何提高服务和管理水平，发挥职能作用，推动法律援助事业的持续发展是一个十分重要的课题。实现法律援助管理工作的信息化，是其中重要的一环。"就此，他对法律援助管理的信息化论述如下：

其一，实施法律援助信息化管理的必要性

法律援助信息化管理的基本目标是提升管理的有效性和改善公共服务。法律援助工作机构在其业务活动中除了要处理大量案件及咨询信息外，还涉及本区域的法律援助机构和其他法律援助服务的参与主体及经费等等大量的业务信息，具有实施信息化管理的客观需要和现实基础。

法律援助信息化管理的优势是：①与传统业务处理方式相比，信息化管理简化了业务流程，加快了业务处理速度，提高了工作效率，使一切都变得方便、快捷。②极大地方便了业务数据的存储、查找和分析。③信息化管理改善了服务，方便了信息的发布和宣传，使公众可以方便地获得法律援助信息并参与到法律援助机制之中。④信息化管理还减少了纸张的消耗，节约了邮资和印刷、通讯等费用，降低了办公行政开支，有效地推进了节约型机关、节约型社会的建设。

其二，法律援助管理工作信息化的规划重点

实现法律援助工作信息化管理，应当实现四个方面的需求：①统一规范。信息化管理必须以相应的业务规范为前提。当前，应以《法律援助条例》和相关法律、法规和司法解释为依据，建立一套全国统一的法律援助管理信息标准。各地所统计的项目、开发的业务管理软件都按照这一标准执行。反之，会造成各地采用的信息不规范、不完整，且互不兼容，难以进行统计分析。②实现共享。按照政务公开的要求，许多地方的法律援助信息通过网站向社会发布，浏览该网站人都可以共享这些信息，信息共享是法律援助信息化管理最显著的特征之一。③动态反映。法律援助机构向社会公开的信息以及需要供上级或其他机构掌握的信息，应当通过有关平台及时提供，有些信息应通过法律援助业务管理软件实时地反映出来，在信息提供者和查询者之间实现即输即见。④便于管理。现代行政管理的趋势是减少管理层次，实行扁平化管理模式。

上图为2008年7月10日翟洁君在中加项目贵州会议发言；中图为2008年7月10日翟洁君（右二）与中加项目贵州会议与加方人员合影；下图为2007年4月27日翟洁君（左一）与中加项目南京培训班与戴安等合影

法律援助信息化管理必须借助一定的工具。当前应当重点建立三个法律援助的业务管理平台：①法律援助公众信息网站。通过建立网站，面向公众提供信息服务，接收和处理来自系统外部的请求。②案件信息管理软件。在统一法律援助技术规范的基础上将法律援助业务流程与信息管理系统进行紧密结合，并实现法律援助业务数据的转换、传输和共享。③“12348”法律援助语音服务系统。主要处理公众通过电话提出的法律咨询。

其三，提高法律援助机构信息化管理能力的措施选择

由于我国各地区之间的经济发展水平差异较大，各地区要在同一时间实现信息化管理几乎是不可能的。但法律援助管理工作的信息化，不能坐等各地站在同一条起跑线上之后再起步，而应本着尊重实际、缩小差异、统筹规划、积极推进的指导方针进行。①培养法律援助机构人员的信息化意识。②改进工作机制和管理方式。③研究制订统一的技术规范。④开发法律援助业务管理软件。⑤加快建设法律援助信息资源网站。⑥消除数字鸿沟。首先，要加大信息化方面的投入，解决困难地区法律援助信息化管理的基础条件问题。其次，要加强基础培训，使法律援助机构的所有人员都能熟练地对法律援助业务进行信息化管理。

翟洁君认为，法律援助制度的理论研究，是关系到法律援助规范化、系统化、科学化发展的重要环节和生命线。在他的研究课题中，不仅有法律援助制度和管理方面的直接的研究项目，还包括许多与法律援助业务等相关的项目，如《吉迪恩——催生美国刑事法律援助制度的囚犯》《法律援助数据收集和分析机制研究》《浅谈社会组织参与和提供法律援助的组织行为规范》等等。他的大量的多角度的研究和论述，为法律援助工作的改革提供了理论依据，将法律援助事业推向了更高的发展阶段，达到了实践——理论——再实践——再理论，循环往复、螺旋上升的新境界。

情趣：书中自有真乐趣

在采访中的休息间隙，大家谈着轻松的话题，我便仔细观察着眼前这个书卷气很浓的法援人，脑海里又闪出个问题：从外形看，翟洁君是个典型的

2004年11月24日翟洁君在杜塞尔多夫

江南书生形象，而从内在的气质上看，他似乎更像个军人，坚定、乐观、直爽，乃至让我的问题也脱口而出。

翟洁君笑了笑，答道："的确，人的性格具有两重性。也许可以用'静如处子，动如脱兔'来描写我的性格。有时我像个书生，喜欢安静和独处；有时又像个军人，更渴望着去战斗，去体验那种冲锋陷阵、所向披靡的畅快淋漓。"

他接着说："我的性格的养成，也许与我的成长环境和喜欢读书有关吧。"

是的。据我所知，江苏南通是一个人杰地灵的地方，素来有"江海明珠"和"扬子第一窗口"之美誉。从古到今，人文荟萃，名贤辈出。范仲淹、王安石、米芾、文天祥等诸多名家，在南通留下传世之作和轶事。三国名臣吕岱、宋代杰出教育家胡瑗、明代名医陈实功、清代"扬州八怪"之一的李方膺、清末状元张謇等名人，为南通历史增色添彩。而在中国近代文化科教史上，南通以创办第一所师范学校、第一座民间博物苑、第一所中国人办的盲哑学校、第一所纺织学校、第一所刺绣学校、第一所戏剧学校、第一所气象站等等“七个第一”而占有重要的地位。南通又是著名的教育之乡，每年向大学输送的人才在全国名列前茅。江海大地还孕育了当代表演艺术家赵丹、国画大师王个簃、著名数学家杨乐及20多位中国科学院和工程院院士。生长在这样的环境中，自然会受到熏陶。

翟洁君自然喜欢读书。他说：“除了法律专业的书，我也很喜欢看历史和自然科学方面的书籍。我读过许多儒家的经典和历史人物专著，特别是毛泽东文集及军事论著。我更觉得毛主席的文章有着独特的思想内涵，充满了战略思维、智慧与勇气。他的诗词把革命的浪漫主义和坚定的斗争信念融合在一起，读后让人荡气回肠，心潮澎湃。而多读自然科学方面的书籍也可以帮我们了解身边的世界，探索和发现无数的奥秘。在书中有漫步徜徉的逸致，也有发现新事物的惊奇。所以我的大部分业余时间，都消耗在读书上。”

古语的“书中自有黄金屋”，被翟洁君实践成了“书中自有真乐趣”。或许古语早已被现代列车飞奔的铁轮所碾碎，在这个“快餐时代”，读书早成为一种奢侈品。而翟洁君依然坚持着读书的习惯，在读书中，感受着人生，感受着快乐。

尾声：小小的遗憾

时间飞逝，三天的采访已近尾声。翟洁君告诉我们，他最大的遗憾，是未能在自己热爱的法律援助事业中战斗到底。只因八年后服从工作需要，他离开了法律援助岗位……

看着他怅然若失的神情，我心里不禁在问：法律援助何以有如此大的魅力，让这么多人为之竞折腰？窗外的红旗让我蓦然明了：因为法援事业闪耀着公平正义的光辉，因为法律援助人的心中始终有一面鲜艳的五星红旗在高高飘扬！

淡泊含远程　宁静吐雷霆

——访北京市法律援助中心主任王学法

王学法　中国共产党党员，北京市法律援助中心主任。1956年8月出生，1974年12月参加工作，大学本科学历。曾荣获首都防治非典先进个人，北京市清理积案先进个人，北京市优秀思想政治工作者，北京市政法系统群众心目中的好党员，全国政法系统优秀党员干警等荣誉称号，并两次荣立三等功。

印象：兄弟

我们约见北京市法律援助中心主任王学法，实属不易。在几次改期后，才终于确定了采访时间。但初次与他见面，却是在采访的前一天傍晚。那天，在对上海市法律援助中心主任关明泉的采访即将结束时，主办人突然告知：让我们等一等，等一会儿王学法主任就会赶到这里来，希望我们事先相互认识一下，为明天的采访预预热。于是我们等了一会儿又一会儿。采访早已结束，大家漫无目的地聊着天，等待着真人到来。而最忙碌的是不时急响促响的电话铃声，传来堵车的方位：昌平区，北六环……堵车！堵车……

两个小时候过去了，风尘仆仆的王学法来了。他身着笔挺的西服，一脸笑容，却难以掩饰浑身的倦意。他一边向大家打招呼，一边连声道抱歉。可当他将目光定格在关明泉身上时却蓦然张开臂膀，迎着关主任做了个拥抱的动作，嘴里还喊着："兄弟！"对这一切我们外人似懂非懂，只被他十分夸张的动作逗笑了。从事先零星的介绍看，王学法主任应该是个比较含蓄、内敛的人，而眼前的第一印象，却大大出乎我的意料。

正在我诧异之际，王学法转过身来，向我解释道："我们法律援助人见面的第一个动作就是拥抱，第一句话就是'兄弟'，这是从被称之为'黄埔一期'、也就是第一届全国法律援助培训班时开始的。近20年啦，我们每次见面，都是这样行礼的。"

接下来他向大家解释晚到的原因，却又像在认真地谈工作："这三天，北京市正在昌平举办全市性的"148"热线培训班。今天下午的心理辅导课，刚好由我来主讲。心理辅导是北京市法律援助工作中，一个独特性的重头工作，也是我这些年主要研究的课题。随着法律援助事业的发展，这项工作可越来越重要。我是刚刚下了课，特意从昌平的培训基地赶回来的。要不是非赶来和关主任见个面不可，晚上还有培训班的活动呢。"

说到此他再次将目光转向关主任："兄弟！你来了，我说什么也要赶来啊！”

是啊。对他们这一批法律援助人而言，创业时同甘共苦，逆境时相互勉励，工作上更遥相呼应共同进取；而重逢时，有什么能表达战友情谊？一个拥抱，一声兄弟，抒写了法律援助大家庭的一段奋斗历程、一份血浓于水的兄弟姊妹情。

我为之感动，更希望记录下这历程、这情感的台前幕后一切美好的故事。

磨砺：千锤百炼出好钢

1956年，王学法出生在河南省南阳市的社旗县近郊的小乡村里。而说起家乡社旗县他不禁每每感到十分自豪：有两千多年的历史、数百年的繁华，足以让世人称道。

社旗县位于河南省西南部、南阳盆地东沿。县城所在地叫社旗镇，史称赊旗店又简称赊店镇。据说是因东汉始主刘秀，赊酒幌子为帅旗而得名。它是与景德镇、佛山镇、朱仙镇齐名的全国之四大商业重镇之一。赊店因潘、赵两河环绕而兴盛，两河交于唐河又入汉水汇长江，“南船北马”在此相会，造就了数百年繁华。赊店开埠于明末万历年间，至清乾嘉年间已发展成长五里、阔四里的繁华巨镇。全镇城周开九门，相传为皇帝亲封，也是历代皇城外唯一的九门城墙。城内商号林立，水陆交织；车如潮涌，船似游龙；聚居与流动人口达13万之多。72条街道分行划市，500多家商号铺面相连；储运、转运的各种物资汇集于此，集药材、三粉（粉面、粉条、粉皮）、布匹、煤炭、茶叶、食盐等贸易。清代裕州贡生李栋有诗云：“房舍重重依岸开，舟船日日顺河来。马帮铃响丹霞绕，钟灵毓秀惹人爱。”再现了赊店的红火热闹的特色景观，和其临河设店、方便客商的楚楚风采。

流金岁月，沧海桑田。历史名镇的繁华，随着铁路公路等现代交通的兴起及河道的枯竭而不可避免地衰落。抗战时期，古镇又遭到毁灭性的打击，从此更是雪上加霜而一蹶不振。解放后，随着计划经济及重农工、轻商业政策的实施，使原来见长于商业集散地和水陆交通枢纽的赊店镇更失去发展优

王学法故乡河南社旗县赊店古镇风貌

势。农业基础差，又几乎无工业，昔日全国之四大商业重镇之一的商埠便一落千丈，一改而成河南省的省级贫困县。

童年时的王学法便在赊店古镇的农村长大，生活自然十分艰苦。而最让他难忘的是三年困难时期。1958年大炼钢铁，村民们全体动员，将自己家的包括吃饭用的铁锅在内的所有铁器通通拿去炼钢。搞理想化的三面红旗、扩大农业合作化，更是将全体村民集中起来同吃、同住、同劳动。在小学法的印象里，记忆最深刻的就是村里的大食堂。刚开始时村民们的积极性很强，大食堂的食品也还丰富。但很快，随着灾情的扩大，大食堂的粮食越来越困乏，吃饭越来越艰难。中原大地，深受饥荒困扰，最终靠挖野菜、吃树根才度过了灾害。在这场灾害中，学法也险些失去生命，但他坚强地活了下来。度过了灾难的人们才更懂得生存的意义。学法到了上小学的年龄，父母省吃俭用，把他送进学校，希望儿子能成为一个有文化的人。他也十分懂得父母的心情，学习起来很上进。

可没上几年学又赶上“文化大革命”。1966年，还在小学读书的王学法，不得不和全国的孩子们一样暂时休学回家。一年后学校复课，他才又回到课堂。但这个时期的教育已掺杂了太多的政治因素，文化学习不再是学校的主课，更多的宝贵时间已被学工学农学军所占据。在这样的大环境中，王学法读完了小学、初中。原打算继续读高中，但在那个特殊时代要读高中必需有人推荐，而他的家庭找不到推荐人。无奈，他只能回乡务农。

1972年王学法初中毕业，回到贫困的家乡。等待他的，却是一个文化青年的精彩人生所必备的冶炼和阅历。由于有文化，他进步很快，也很受重视。在农活上他是村里的一把好手，而且自学农业技术，改造土壤，促进粮食增产。宣传队里更有他活跃的身影，唱戏唱歌可样样都行。他带着文艺宣传队，宣传毛泽东思想，丰富村民的生活，几乎走遍了社旗县的大部分村镇。他还被任命为民兵排长，模仿《地雷战》自制地雷、炸药。他又积极参加部队搞的基干民兵培训，组织村民开展打靶、拉练等战备训练。

在古老与现代交织的农村广阔天地里，王学法充分发挥着才能。可正当他在这片自由的田野中沉浸于大有作为之时，一个改变命运的机会，又悄悄向他靠拢……

参军：改变了人生轨迹

1974年，18岁的王学法光荣入伍，成为军委某装甲兵院校的一名士兵。“我的人生轨迹从当兵的那天开始，就被彻底改变了。”军队这所大学校锻炼了他、改造了他。他也更怀揣着一个“当兵就要当个好兵”的思想理念，一步步地朝着更高的目标攀登。

新兵连对于新兵而言，是道难过的关。隆冬季节的京郊，新兵训练营地，厚厚的积雪覆盖了大地，新兵们站在雪地里做着各种动作。在训练的队列中，王学法正在用标准的军姿和队列动作做着示范，一个个准确、规范的动作，受到了领导和战友们的赞扬。

说到这里他发出个俏皮的笑。我忙问：“站军姿还有秘诀吗？”他又笑道：“秘诀倒也没有。但是干活要带着脑子去干，做军姿和队列也要动脑子，否则动作就会变形。另外也靠我的基础好，过去宣传队练形体的经历，也帮了大忙。”

在新兵连里，王学法的个人能力得到充分的发挥，特长也得到展示的机会。清秀的模样加上清亮的嗓音，让他成为拉歌能手。训练之余，他带领全班的战士排练小节目、搞业余联欢会。他的表现从全连160个新兵中脱颖而出，引起了新兵连连长的注意。

3个月的新兵集训结束了，王学法以优异的成绩，赢得了普遍的认可。在新兵分配时，汽车排成为全连160个战友共同的选择，但只有在新兵连各方面表现都优秀的战士才能去。王学法以优异的成绩和良好表现，顺利地得到这个机会，与11名战友一起被分配到了汽车排，参加为期半年的汽车驾驶员培训。汽车驾驶员的培训对于军队而言是个要求十分严格的技术兵种，不仅要学习驾驶技术和道路交通标识，更重要的是驾驶员还必须掌握野战情况下汽车的维护维修及保养、自救方面的知识和操作实务，这就要求驾驶员必须熟悉汽车结构和机械原理等等相关知识，同时要进行拆装、维修训练。经过半年的培训，王学法的考试成绩为5个优秀之一，而且根据总的表现，他被直接提升为汽车一班班长。在班长岗位上，他又开动脑筋，积极主动地有作为，将整个班打造成了军事过硬、业务领先、内务整洁、争先创优的优秀班。特别是在内务评比上，他所带的一班几乎包揽了连里全部的流动红旗，被评为警卫、通信、汽车排中的内务标兵班。

1977年5月，王学法光荣地加入了中国共产党，成为1975年入伍的新兵中最先入党的战士。这是最后一批没有预备期、直接入党的党员。1979年，由于表现突出，他又由班长被直接提升为排长。这也是改革开放后，军队最后一批由战士直接提干的干部。从此以后军队的所有干部都是来自部队院校。王学法谦虚地说：他很幸运，总是能赶上最后一批的末班车。但众所周知：任何机会都只是留给有准备的人。他的进步和提升，主要是自己扎实努力的结果。而勤奋、钻研、善于运用思想和智慧，是他必然取得成绩的基础。

从此以后，王学法更是顺风顺水，一路前行。不仅在职务上节节进取：1981年晋升为副连长，1983年晋升正连长，等等；他在学习上也不断攀登：1985年就读于部队的汽车管理中专班，1990年攻读了装甲兵工程学院的技术管理大专班，1991年考取了复旦大学成人继续教育的经济管理专业。1994年本科毕业，取得了过硬的学历。

作为一名新时代的军人，王学法不断地迎接着挑战，在每个岗位上，都能尽情地发光发热并增光添彩。1997年，又是一个春天，有一批军人将脱下军装，返回地方工作。已是团级干部的王学法又面临一次选择：留在部队继续干，可以发挥的空间越来越小；离开部队而转业，却又面临着重新择业、从头开始的困难。最终，喜欢迎难而上并挑战自我的王学法选择了离开部队、就地转业、从头再来——这条有艰难也有乐趣的路。

转折：从当兵的人到法律援助人

1997年6月，王学法带着一颗奉献社会的赤子之心，离开战斗了23年的部队，转业到了北京市司法局正在组建的北京市法律援助中心。而在法律援助事业正艰难起步的那个百端待定的时期，他暂时只能以帮忙的方式，做个中心的普通工作人员。

从一个号令千军的团长到一名普通工作人员，而且只是来帮忙的编外干部，两者的落差何其之大。但王学法没有急、没有恼、更没有责怪命运的不公平。当时作为军队的转业干部要想被地方认可，就必须凭实力干出个名堂来。而如何才能干出名堂，这才是个关键的转折点。但任凭千回百转，他只深信扎扎实实的“为者常成，行者常至”的道理。

为了尽快完成从当兵的人向法律援助人的转型，他又对新从事的法律援助事业与自己以往的军旅经历做了一次深刻的剖析和研究。他认为，首先，从法律援助事业来看，这是个前无古人的宏大新兴的事业，大家的起点都一致：都是从零起步，都没有经验，都是在摸索中前行。只要加倍地努力学习、认真研究、敢于探索，他相信自己一定可以实现从军人到法援人的华丽转身。其次，从自身优势和长处来看，作为一名军队的领导干部，他擅长做人的政治思想工作和队伍建设。而对一个新组建的单位，思想工作和队伍建设这两项都至关重要。思想工作可让大家消除畏难情绪，努力去开拓新的工作领域；队伍建设可以加强人员的素质，提高竞争力。而且他是经济管理学的本科生，更擅长搞管理；而从法律援助中心的定位和发展来看，未来的工作重点，也应该放在管理方面。

经过理性的分析和研究，他对法律援助工作有了初步的概念，对自己未来的事业拓展也有了一份信心。根据法律援助的性质和特点，他又设计了一个可以让自己尽快而且顺利进入实际工作的切入点。与其他刚进入法援机构的人不同，他善于避其短，扬其长，脚踏实地地从自身有优势的管理工作入手，逐步向法律专业靠拢。他坦诚地讲了他的三位一体的想法：一是尽快地展开工作，打破地方同志对军转干部的看法。从这个角度出发，他要充分发挥在管理方面的专业素质和才能，为中心建章立制，建立起一整套的规范化的章程和制度，为未来法律援助事业的发展打下坚实的基础。二是发挥军队的优良传统，进而用思想政治工作主导法律援助中心的团队建设，使队伍更具有凝聚力和向心力。三是学习和掌握法律援助工作的业务与实质，尽快完成由门外汉向法律人的过度。

心里有了明确的目标，没了不必要的负担，工作起来反而轻松了。王学法说："那段时间工作虽然很艰苦，但思想上很丰富、很充实。法律援助的舞台很大，你无论做什么都能从自己为困难群众的法律服务中找到乐趣，为他们实实在在的解决问题之后就可获得满足感和成就感。这就使我更珍惜这个岗位，全身心地投入到法援事业中去。我敢说，任何人一旦把自己融入到法律援助的工作中，都会有忘我的感觉，也都会乐此不疲。"

是的，法律援助事业的魅力就在于：它能使一个人从为困难百姓提供的法律服务中找到自己恰如其分的人生价值和幸福感受。有个哲人曾说："人的一生最大的幸福正来自他人对你的需要，尤其是社会和人民的需要。"法律援助事业正是人民群众、特别是困难群众和弱势群体所需要所渴望的，这就是法援人热爱它、愿意为它无私奉献的根基。王学法作为法律援助事业的开拓者和领航人，也经历了创业时的艰难、低潮时的迷茫，但他始终坚信着法律援助事业是一项远大的阳光事业，如同一轮冉冉上升的朝阳，可让公平正义的曙光照亮每一个困难群众，把党的关怀送到每一个百姓的心里。王学法也正是随着法律援助事业的发展而不断地成长，完成了一个军人向法律援助人的华丽转身。

创业：从零点起飞

1997年5月30日，北京市法律援助基金会及北京市法律援助中心正式成立。在轰轰烈烈的成立大会结束后，中心便在厂桥一个不起眼的小胡同里，暂时落了脚。三间小平房便是中心的办公场所，王学法是进入中心的第四个成员。

当时中心的状况可用一个成语来形容："一无所有"。没有专职的主任（当时的主任身兼数职），没有工作目标，没有工作计划，没有经费。四个人呆在办公室里应付着不多的事务。一段时间之后，王学法有点坐不住了。于是，他们四处搜寻涉及法律援助的文件和相关书籍，仔细地研究法律援助制度，探讨开展工作的思路。并根据每个人过去的工作经历又结合法律援助的特点，尝试着做点儿实事。王学法毫不掩饰地说：这段日子正是北京市的法律援助工作最低靡最困惑的时期，他们在无所作为中消耗着时间和生命。

所幸的是这种状况并没有持续很长时间。1998年4月，新主任到任，法律援助中心也随即搬迁新址，办公场地有所扩大，局面稍有起色，各项工作逐步地开展起来。但由于经费不足等等普遍存在的问题，而仅停留在完成一些日常性的工作，或是落实司法部法律援助中心和市司法局交办的工作而已。真正的援助案件很少受理，1年也只有几十件，而且多是法院指派的刑事案件。但在此期间，王学法已担任办公室主任和党支部书记。为了使法律援助工作能有一个突破性的开端，他利用自己的文字特长，编写和制作了一批宣传法律援助制度的宣传品；又利用多年的管理经验，开始为中心建章立制。

2000年9月，北京市司法局建立法律援助处，中心主任调任处长，王学法被聘任为中心的副主任并代理行使主任一职。为了确保北京市法律援助工作，能彻底从彷徨低迷的状态转向快速有效的发展，王学法决定再次搬迁。然选择新办公地却让他颇费心机。临街的建筑虽然租金高，但便于接待来申请法律援助的困难群众，体现了为民服务的工作理念。同时考虑到法律援助的外事交往和业内交流的需要，必需增加办公面积。经过再三选择，终于选定了前门西大街一座临街的办公楼，面积900平方米，还拥有了接待室、会议室、档案室等等。此外，为了解决大家的吃饭问题，还办了个小食堂，一是便于内部工作人员和值班律师能就近吃午餐，二是节约午餐成本。由于扩大了办公面积，增加了成本，中心的经费更加窘迫了。由于中心属于事业编制，法律服务皆为免费，又没有创收的渠道，也还没有纳入政府的财政预算，中心的经费主要来自司法局内部的调剂，每月全部的费用仅有25,000

元，支付完工作人员的工资后，大约还剩不足4,000元。由于经费紧张，本来该由中心免费提供给工作人员和律师的午餐取消了。尤其是值班律师，每天义务地接待困难群众的咨询，不仅补贴难以给付，还得搭上午餐费。虽然律师们干工作还是兢兢业业，但是王学法的心里难以迈过这个坎。为此他不断地向司法局反映：日子过得再艰难，中心也希望能给大家一份可口又免费的午餐。在他的努力下，终于实现了这个愿望。

为了走出法援工作的困境，王学法不断地探索，利用媒体和各种机会，树立法律援助事业的形象，发出法律援助的声音，引起领导和公众的关注。2002年6月，他利用北京市法律援助中心成立5周年和中心乔迁新址的机会，组织策划了一系列的大型活动。

2002年6月7日，北京市法律援助中心成立5周年庆典，在中心新址隆重举行。司法部副部长段正坤、市委副书记及政法委书记强卫，以及市司法局局长吴玉华、副局长周信等等有关领导出席了庆典，并作了重要讲话。他们对市中心5年来所取得的成绩表示了肯定，又对今后的工作提出了要求，极大地鼓舞了中心工作人员。抓住这个契机，王学法还邀请了18家新闻单位的30多名记者参加了此次盛会，进一步宣传法律援助事业，贯彻落实江泽民同志“三个代表”的思想，帮助弱势群体依法维护自己的合法权益。中心的全体工作人员又利用本月的两次休息日，现场为广大百姓进行了免费法律咨询活动。

王学法（左二）在接受受援人的感谢信和锦旗

通过一系列的法律援助宣传活动，强化了人们对法律援助制度的认识，保障了广大困难群众能实实在在地受益于法律援助政策。为法援事业大发展，吹响了进军的号角。

2002年9月，王学法被正式任命为北京市法律援助中心主任。北京市的法律援助工作从此便开足了马力，大踏步地前进，并逐渐成为维护困难群众的合法权利、确保在法律面前人人平等的法律精神的实现，以及维护北京社会稳定、化解各种矛盾的生力军。

发展：征途上没有路标

随着宏观的法律援助事业不断地深入发展，北京市的法律援助工作所急待解决的问题自然也越来越多。为了使这项工作具有发展后劲，王学法在日夜思考，寻找一条全面而彻底地打破瓶颈之路，来解决法律援助发展缓慢的问题。经过反复的分析研究，对比并针对北京作为首都的特殊地位和发展优势，制定出了一整套符合北京特点的发展思路来。

一、从落实经费入手，扫清法律援助工作中的障碍

王学法说：巧妇难为无米之炊。要干事业，就必须有优良武器和充足的弹药，这就是经费。从以往北京市法律援助发展缓慢的情况看，最主要的问题就是经费不足。

它首先决定了办案的数量和质量。由于经费不足，承办案件的数量难以保证，而仅能以承办法院指派的刑事案件为主，大量的民事案件被挡在了法律援助大门之外，违背了为困难群众恪尽法律服务的法律援助制度的原则。还是因为经费原因，办案补贴低，连承办案件的成本所需也远远不够。仅以刑事案件为例：每次的补贴为500元。而刑事案件的法律援助程序比起民事案件来要相对固定，成本也大致可以推算出来。比如在法院审判阶段的法律援助一般包括到市援助中心办理手续、会见被告人、出庭应诉、领取判决书、到市援助中心结案等等。仅会见当事人一项，往往一次会见的交通费用，就几乎用尽补贴；如果案情比较复杂，会见次数必然增加，显然律师还得倒贴。无疑，这就严重影响了法律援助的办案质量。有的律师为节省开支、降低成本，开庭前才到法院会见当事人，质量自然完全无保证。虽然，绝大部分律师都能履行义务，但总是贴本赚吆喝，也不是长久之事。

目前，经费问题虽已基本解决，但还不够坚实。有的远郊县，仍然存在

着投入不够和经费紧张的现象。从全市整体情况看，发展势头很好。2008年年底，市人大代表联名提案呼吁解决法律援助的经费问题，尤其针对律师办案补贴、接待大厅和办公用房费用。并提出警示："法律援助一天不开门就会出事。"在人大代表的声援下，北京市法律援助的办案补贴有了大幅度的提高：民事案件补贴2,000元，刑事案件补贴800元~2,000元。日渐有了经费保障，法律援助案件的办案数量和质量，也在显著地提高。

其次是宣传不到位，公众知晓率低。王学法说："法律援助的宗旨，是为广大的困难群众提供法律服务。如果老百姓连法律援助这项制度都不知晓，那么又何谈法律援助工作为民服务呢？只有让他们知道这项制度，他们才能来求助、来申请，法律援助制度才能发挥其作用。否则，这项制度就只是个摆设。而经费不足，或者应该说是匮乏，就失去了宣传工作的保障。单凭媒体的免费宣传，往往起不到实质性的作用。"

再其次是服务设施不能满足服务的需要。虽然现有设施，已在逐步扩大，但比起日益增长的需求来仍是显然不足。王学法认为，法律援助制度的主导思想是解决困难群众依法维权的问题，使其能运用法律来维护自身的权益。而法律援助中心的使命就是为民众提供法律服务。既然是一种服务，那么服务的场所必不可少，而且应该做到便民利民。

综上所述，王学法认为：解决经费不足的问题是北京市法律援助工作向前发展的关键环节而必须摆在重心之重。经过不断的呼吁，这个问题引起了各级领导的重视，并逐步得到缓解和解决。从2003年开始，北京市法律援助中心被纳入北京市财政预算，当年的经费就迅速增长到500万元，后来又略有增加，基本上满足了法律援助经费的需要。

王学法告诉我们，现在法律援助发展的势头很好，各方面工作推进很快，可唯一让他感到不足的是法律援助中心没有自己的领地，不断的搬迁让许多工作难以实施下去。例如他们急于建立一个法律援助门诊，为一些潜在的纠纷矛盾，采取预防措施。另外，由于北京市的城市规模大，交通条件差，给困难群众了解和咨询带来不便。为了便民利民，中心有意开通个网上视频，在线解答法律咨询，尤其可帮助符合法律援助条件的困难群众通过视频完成预先申请、资料准备等等，然后在约定的时间内，到中心办理正式的申请和受理手续。如果这两项措施能够实施，既可方便群众，避免多跑路、跑冤枉路，也可解决因办公场地不足而造成拥挤乃至意外现象的发生。同时又基本上完成了市中心的基础建设。

二、着眼于法律援助机构建设，落实人员编制和确立公务员身份问题

王学法认为：人是一切工作的核心。法律援助事业要发展，建立一支强有力的队伍是保障一切工作能顺利开展的基础。正如战场上只有武器不行，还要有善于使用武器而且精诚团结英勇善战的战士。而队伍建设是一个综合项目，它包括两大方面：

首先是落实人员编制。他认为，从工作实际出发，法律援助的队伍必须具备很高的业务素质及综合管理能力。而人员编制是促进其快速、稳定发展的关键，必须从根本上解决人员不足的局面。为了得到司法局人事处的支持，他时常找他们交心聊天。讲案例，讲困难群众由于得不到法律援助而走向极端，最后又讲法律援助制度的伟大。他的讲述调动起了广泛的同情心，引起大家的共鸣，也得到了实力部门的支持。从此，凡是法律援助中心需要的人，人事处就给送来。市中心的人员编制，由4人逐步增加到了27人。

叙述到这儿，王学法欣慰地说："大家有了感情，一切事情就好办了。比如刚开始时我们要20人，人事处给了22人，主动给我们增加编制。后来，司法局机关用人往往都要到法律援助中心来挑选，机关与市中心人员互相交流，并形成一种良性的循环机制。"

其次是确立中心人员的公务员身份。王学法认为，既然法律援助是政府的责任，法律援助制度的内涵是政府为困难百姓提供的一项法律服务，那

左、右图为王学法（右一）与国外同行进行法律援助工作经验交流

么，其工作人员也理应享受国家公务员的待遇。然而从法律援助中心建制开始，由于对其认识不明确，指导思想上出现了偏差，着眼于慈善机构，忽视了“法律援助是政府的责任”这一基本原则，乃至长期被定性为事业单位，给工作带来不小的麻烦；多年来，也成了大发展的障碍。

为了落实法律援助人的公务员待遇，王学法做了大量的工作，最终在各级领导的大力支持下攻克了这一难关。目前，法律援助人已被列入公务员的编制序列，由此基本上完成了北京市法律援助中心的机构建设，为日后的工作奠定了良好的基础。

三、利用北京丰富的律师资源优势，打造法律援助专业化队伍

王学法认为，北京的律师资源十分丰富，为法律援助工作提供了很好的储备。而如何用好这一资源，是衡量管理者的管理水平和管理艺术的标尺，同时也是检验法律援助的便民利民服务目标之实施状况的标尺。为此，他提出了“让不花钱的法律服务，享受专业律师的专业法律服务”的目标，努力实现法援律师的服务专业化。

首先，利用地缘优势，实现法律援助专业化服务。

北京律师资源丰富，为法律援助服务专业化分工奠定了基础。王学法认为：一个人的能力是有限的，人有所长，律师更是这样，由于法律门类繁多，不同法律科目又有许多的关联法律，一个好律师，其必有自己的专攻领域，这样才能保证服务质量，全才律师必有所短，而短就在其不专，就无法保证服务质量。因此，为了确保法律援助服务的质量，就必须走专业化之路。他们根据律师登记的资料，再根据多年来律师

王学法（右二）在向北京市司法局局长于泓源（右一）做法律援助工作汇报

的办案情况，将律师按照其专业分为：劳动争议（主要针对农民工维权、讨薪等方面的案件）、医疗事故、交通事故、工伤事故等若干个专业组，遇到与之相关的问题，可以直接指派专业律师办理。

其次，开通“148”法律服务专线，为困难群众提供24小时热线服务。

王学法告诉我们，“148”热线最初是由司法部及各地司法局主办的一条法律咨询专项服务热线，后与法律援助中心合并，交由法律援助中心管理。利用“148”这一现代化的信息平台，实现了24小时语音解答，和律师的全天候在线服务，值班人员由北京市40多家律师事务所的近千名律师组成，年接听电话和咨询为20多万人次，约有2万人次通过登录北京市法律援助网进行在线咨询、申请及审查。通过这两个信息平台，即方便了困难群众的咨询及其他需求，又提供了专业化的法律服务。

从2006年起，北京市法律援助中心完善了全市18个区县的“148”法律援助服务专线电话或是专业网成员单位的律师事务所的服务电话。对于疑难问题，群众还可以直接到各区县专设的“148”接待室面谈。他们还根据“148”法律服务热线的工作特点，对全市的“148”热线负责人做定期的培训；从业务、思想和心理等方面，对其进行全方位的培训和辅导，并取得了很好的效果。

四、通过多种形式和途径开展宣传教育活动，提升法律援助的知晓率

法律援助制度是政府为了实现在法律面前人人平等，而为广大困难群众提供的一项法律救助服务，是政府为实现执政为民理念的一项新举措、新制度。然而，这项重要的制度在实施过程中却遇到了很大的阻力。主要原因之一，就是目前人们对这项制度的认识水平还比较低。不仅普通群众尚未深入了解，即对领导干部而言，也是个陌生的新事物。因此王学法认为，对于法律援助的宣传要有针对性，要注重两个人群、两个侧面：

首先，是针对各级党政领导的宣传，这是法律援助制度能否大发展的关键。法律援助事业没有他们的支持就只是一个口号。为此，要进一步加强对各级党政领导的宣传。使他们认识到建立和实施法律援助制度对于保障公民的司法人权、维护社会稳定和促进社会文明进步的重要作用，认识到政府对

于建立和实施法律援助制度的职责，从而切实解决法律援助工作中的困难和问题。

其次，是大力开展对受援人群的宣传，提高法律援助的社会知晓率。让群众深入了解法律援助的内容及服务对象和范围，使具备条件的公民，能切实享有法律援助的权利，这是法律援助制度的存在基础。广大困难群众是法援工作的服务对象，如果法律援助不能为他们所普遍地知晓，就失去了服务对象，同时也降低了服务主体存在的意义。

当然，对广大法律服务人员也要深入教育，使大家明确：承担好法律援助工作是我们义不容辞的责任，必须为之竭尽全力。总之，王学法认为：要针对法律援助制度的特点和相关群体，采取有针对性的宣传方式，引起各方的共鸣，才能达到最佳的宣传效果。

针对各级领导，要着眼于重大的群体性案件和有影响力的案件，通过这些案件的解决使各级党政领导确实地认识到法律援助在维护社会的安定和谐中的重大作用和意义。在方式上主要采用工作汇报、案件通报、内部刊物、会议交流、庆典活动、媒体宣传等方式进行宣传。如2008年5月8日，市中心

2010年在中央电视台举办的《法律援助在行动》发布会，王学法（右一）与孙剑英（中）司长合影

为22名农民工现场发放被拖欠工资，北京电视台作了现场采访，节目于5月31日在BTV《北京您早》栏目播出，效果很好。

针对广大受援对象的需求，主要通过各种媒介和开展大型活动来做宣传。比如根据北京市的特点，2011年7月23日，由司法部法律援助工作司、北京市司法局、中央电视台社会与法频道主办，北京市法律援助中心、中央电视台《法律讲堂》栏目组承办的《法律援助在行动》正式开播，成为人民群众了解和认识法律援助制度的一个重要平台。

通过多样性的宣传活动，使法律援助制度得以家喻户晓，真正实现法律援助工作为广大困难群众提供完美服务的宗旨，是王学法和他的团队，孜孜以求的目标。

价值：做好人民的马前卒

> 作为法律援助中心的一把手，要有公仆意识。每个人都有其专长，充分发挥每个人的所长，将他们的能力最大化，让他们在愉快的工作环境中将自己的才能充分地释放出来，这就是我的价值所在，我的工作就是做好大家的后勤，做好人民的马前卒。
>
> ——王学法

王学法认为：管理之道，就是用人之道。作为一名领头人，应该放权于下属，能充分发挥出全体人员的才能；用人所长，而不是大权独揽、误人子弟。他说："一个人的能力是有限的，领导也不例外。因此，我给自己的定位，是做好大家的后勤和公仆。"

王学法在北京市法律援助中心，主抓整体规划，和党支部、办公室及财务工作。在业务上他只抓政策的制定和把握发展方向，除非遇到突发事件等大事，日常的业务开展一概放手让分管业务的副主任去抓，从不插手。他认为：只有放权给下属，才能做到人尽其才而发挥人人的主观能动性，把工作做得更好，有利于法律援助事业的发展。为此他把主要精力放在抓党建和后勤保障的关键环节上，脚踏实地又高屋建瓴。

一、抓党建，发挥党员的先锋模范的带头作用

王学法作为法律援助中心的党支部书记，深刻地认识到党在领导中的巨大作用。他利用自身多年来搞管理的经验，采取多样化的形式，创新党建工作，根据市中心队伍的变化而扎扎实实地做引导，使党员在各项工作中，充分发挥了先锋模范的作用。

首先，他是把党建工作与开展业务融合为一体。例如将党小组活动与回访当事人的事务结合起来，让党员与新上岗的年轻人一同走访，让青年在党员的带领下更亲身感受了法律援助给困难群众带来实实在在的实惠，从中受教育，体现自身的价值，更珍惜自己的岗位和法律援助工作者的荣誉，也与党组织更靠近了。同时，党员的境界也提高了。

其次，是以老带新，发挥优秀党员的传帮带作用。王学法认为，一个战斗的集体必需树立正气和先锋模范的带头作用，使整个团队有积极向上的动力。他说："北京市法律援助中心拥有一批优秀的共产党员，他们是整个中心的业务骨干，在各个岗位上发挥着不可替代的作用。例如丁科长，在接待一线已工作10年了，面对形形色色的服务对象，她任劳任怨又始终如一地坚守着平凡的岗位。无论问题怎么棘手、当事人如何难缠，她总是用自己的爱心去耐心地服务于百姓。一个人做一件好事不难，难的是10年都在做好事。这对年轻人更具有楷模的说服力和教育意义。我作为党支部书记，就是要树立这样以身作则的传帮带的党员典型。2011年，在中心党支部的积极推动下，丁科长被推选为市劳模。"

2009年6月23日王学法（左二）带领党员对受援人进行回访慰问

在党员的先锋模范及带头作用的引导激励下，全中心精诚团结，

形成了积极向上思想先进而弘扬正气的团队氛围，有力地促进了各项工作，推动了北京市法律援助事业扎实快速的发展。为此，北京市法律援助中心党支部，多次被局党委评为“先进党支部”。

二、创建心理辅导机制，并将其纳入党建工作之中

王学法认为，在现代社会里，随着竞争的日益加剧，人的心态越来越浮躁，稍有不顺就会着急上火或是抑郁粗暴。这妨害了以提供服务为主的法律援助工作，尤其对于每天都工作在极恶劣的环境下的接待人员极为不利。一般而言，困难群众的经济状况不好，由于生活环境差而患疾病的人比较多，如传染病、精神病等等；还有一些老上访户和性格急躁的当事人十分难缠，辱骂工作人员的事也常发生。面对这样的状况，王学法的心里很不是滋味。但这正是法律援助工作的需要。为此，从2009年开始，他将心理辅导纳入到党支部的工作范畴，并主动承担起心理辅导员的角色。他说：“心理辅导，讲通俗点，就是我们党的优良传统之一的政治思想工作。这对我来说，正是专业和老本行。”虽然在实际工作上早已是轻车熟路，但为了更科学地实施心理辅导，他还是买了很多心理学的书籍和影像资料再做深入的学习和研究，以寻找更适合当代人特点的心理辅导之路。

党支部书记王学法（右一）与年轻的法律援助工作者谈话

通过对工作人员心理的调整和辅导，效果很好，普遍提高了幸福感，工作起来心平气和也更加愉快。王学法也实现了价值所在：做好大家的后勤，做好人民的马前卒。

三、关心同志生活，创造和谐的工作环境

王学法说：“主动作为，保障到位，是整个队伍建设的关键。”他十分

关心每个中心工作人员的个人生活和所思所想，积极为大家排忧解难；经常坦诚谈心，不厌其烦地了解他们的家长里短。他说：“干法律援助工作很辛苦，为工作人员创造一个轻松和谐的环境更重要。让人人在良性循环的氛围中，身心健康，愉快地工作，也提高工作效率。”

为了营造一个宽松的工作环境，杜绝常见的内耗，王学法从不偏听偏信，而将中心所有的工作都能做到公开透明。大家相互有意见，或个别交换，或求助于他，经过他的从中调解并做思想工作，总能很快得到解决。他说：“任何矛盾的产生，都是因为交流不畅通而引起的。只要保持交流渠道的畅通，就没有了猜忌，矛盾也就很自然地化解了。”他更深知作为一名管理者，必需杜绝内耗性矛盾的产生。如果大家每天都生活在你争我斗的环境里，哪儿还谈得上工作效能？他说：“法律援助机构，是困难百姓的指望。如果连我们都苦着脸面对他们，势必妨碍工作，最终受影响的还是百姓的事情。”

作为中心主任，王学法在年轻人心目中是个老大哥，他不仅关心他们的心理健康，还关心他们的个人生活。年轻人找对象请他当参谋，没对象的他帮助找，有了好归宿了他为他们高兴。他常对年轻人讲：“法律援助工作是一件积德行善的事情。中心的工作人员能个个家庭幸福，都有很好的归属，这是实实在在发生在身边、摆在眼前的事情。”

通过有针对性的教育和启发，增强了工作人员的心理调适能力，遇到不顺的事情也都可以正确对待。在王学法的引导和带动下，中心全体工作人员相处融洽，对法律援助工作也都更加热爱。为此，王学法也获得了很多荣誉：如“群众心中的好党员”、“优秀思想政治工作者”，荣立司法局的“三等功”，等等。

突变：76个农民工止步于法援

2006年国庆节之前的一天，全国上下正沉浸在国庆的喜悦之中。上午，王学法正在市中心忙碌着。突然，电话铃声响起，里面传来急促的声音；

听着听着，王学法的眉头越锁越紧，面色越来越凝重。放下电话，他立刻找到分管业务的副主任，沉静地说："你立即带几位律师到我的办公室来开会，有紧急情况，需要处理。"

2009年3月王学法（左一）组织研究案情

原来，电话是市信访办打来的，告诉王学法，有70多个农民工早上从燕郊出发，打着横幅徒步到市信访办要求政府为他们讨回工资，信访办已经将他们指派到市中心，希望他组织律师接待。事情紧急，不容多想，必须把这件事处理好，否则会影响国庆庆典。王学法立即开会，紧急动员，并制定了应对策略。他要求律师，工作尽可能细致，务必要将农民们工留下来，把他们的问题处理好，不能让他们再上街。

中午时分，浩浩荡荡的农民工队伍抵达了市法律援助中心，看着他们个个满身大汗又疲惫不堪的样子，王学法心里有说不出的难过。他马上让工作人员为他们倒水，让他们坐下来歇歇，还让厨房为他们做点简单的饭，给他们充充饥。喝了水，吃了点东西，农民兄弟们开始时的激动情绪也缓解了下来。原来，这些农民工来自全国的7个城市，都在通州区某建筑公司打工。公司欠了他们好几个月的工资，不仅不发工资，还派人打他们，万般无奈之下他们才出此下策，来市里寻求帮助，要讨回他们的血汗钱。

听了民工们的讲述，一向稳重的王学法也激动地说："你们到这里来，就对了。这件事情我们法律援助中心管定了。大家放心吧。你们先派代表，把你们的身份证件、相关的证据和资料准备好。过几天我就派律师，去你们那里，给你们办手续。"

农民工们听了王学法的话，激动地掉下了眼泪。

但有的农民工仍很担心地说："你们不能去工地，他们会打人的。"

王学法肃然道："你们不要怕。我们是个法治的国家，不能容他们无法无天。"

农民工们说："他们不敢打你们，等你们走了，他们会打我们。"

正在左右为难之际，这群民工的工头说："就到大家住的地方去办手续吧。"这位工头是个通州当地人，心地善良。正是他，帮助这些农民工在一个偏僻的小村庄里租了几间简陋的房子，每天还备点白菜面条让大家裹腹，为此他还被建筑公司的人打伤了头。

几天后王学法带着中心的律师赶往通州。到村里时，农民工们夹道相迎。他和几个律师等人就趴在工棚里，办了整整一天，才把76名农民工申请法律援助的手续办完。到中午该吃饭时，民工说，就是面条我们也得给你们做一碗。但为了节省民工有限的粮食，王学法他们没有吃，而是在村里找个小店，和民工代表、工头一起吃了顿便饭。随即又投入工作而一直忙到天色发暗，王学法他们才带着民工们的期盼，离开村庄，回到中心。

经过调查才得知这家建筑公司是一个香港籍的通州人开办的，据说法人是个很有上层背景的老太太，经常带着保镖往来于工地，十分蛮横。她的公司将此事委托给通州的一家司法所代理。王学法了解清楚，马上汇报给市司法局局长，局长又立即打电话给通州司法局的局长，亲自过问这件事。但由于地方保护主义作怪，连神圣庄严的法律援助也不免显得十分苍白无力。几经调停仍无起色，他们便一纸诉状，将该建筑公司诉诸法院。

2009年4月24日王学法（中）在首都之窗网站参加首都老年事业系列在线访谈

时间一点点的流失，眼见春节快到了，大家十分着急。官司开庭后便没了音信，判决书也迟迟没有下来。2006年12月25日，美国《华尔街日报》国际版的头版头条刊登了题目为《北京城市建设的幕后英雄》的文章，报道了北京市法律援助中心为76名农民工讨薪的过程。报道引起一位香港女士的同情，向农民工捐赠了1万元港币。她还带着孩子来到北京法律援助中心，为了教育孩子做善事，现场捐给农民工。一位美国人看到报道，也用邮寄的方式捐赠了1200元美金。在捐赠现场，76个农民工都跪倒在地上，爆发出一片感激之声。有了这笔钱，他们可以回家了！看到农民工朴实真挚的举动，在场的人们心里都十分难过。可叹农民工的不幸：背井离乡，辛苦一年，省吃俭用，最后却两手空空，险些回不了家过年。王学法越发下定决心：千难万险，也要帮农民工讨回血汗钱！

春节后一审判决书下达了，农民工胜诉了。对方不服上诉，二审又起波澜。由于某些人一再作梗，二审法院也有看法。王学法再次找相关领导，反复交涉，最终使二审的法院判决维持一审判决，农民工终于胜诉了。但有了判决书，还是拿不到钱。中心曾多次派律师去要钱，均无果而返。无奈又申请执行，但对方早转移了财产，无财产可执行。

2009年4月中央政法委下达指示，要求各地清理积压案件。北京市政法委要求市法律援助中心上报未执行的案件，此案被列为重点之一。终于，案件涉及的农民工工资25万多元全部执行到位。这起农民工讨薪案件，终于结束了，王学法总算是松了口气。农民工和他们的代表十分感激王学法和法律援助中心的律师，每年都带着一些土特产又不远千里地来中心表示谢意。王学法说："人民群众的肯定，是我们工作的最大动力。"

而当时市法律援助中心与该案一同上报的积压案件，共计25件，至今已全部清理并执行到位，总金额达300余万元。王学法也因清理积压案件得力，被评为先进个人。

暖流：千里送薪到河南

2009年的1月21日，是个阳光灿烂的日子。春节即将到来，空气中弥漫着洋洋的春意和兴高采烈的过年味儿。这天，河南省南召县的49名农民工，格外感到温暖：北京市法律援助中心的负责人，为他们送来了被拖欠一年多的工资！

当日下午2点，在河南省法律援助中心的主持下，王学法代表北京市法律援助中心将摆在面前桌上的一大摞装着工资的信封一个个发给农民工。看着历尽艰辛才讨回的工资安全递到农民兄弟手中，王学法的心也踏实了。但一年多追讨工资的曲折，仍历历在目。

2007年6月，刘某带领49名农民工到北京大兴某工地打工，3个月后他们被告知工程已完工并被全体辞退，却未能拿到一分钱。2007年10月，刘某等49个农民工第一次走进北京市法律援助中心，揣着惴惴不安的心，来到接待人员面前，要求申请法律援助。当接待人员了解了他们的情况后，立即请示中心领导，王学法一得知，立刻指示接待人员启动法律援助绿色通道，特事快办，当天就指派了京鼎律师事务所的陈律师，承办此案。

却万万没想到，2008年2月4日，由法援中心代理的刘某等49人诉新兴保信公司及三神公司支付劳务费一案，因未能提供与其存在劳务关系的证据，证据不足，被一审法院驳回了诉讼请求。判决后刘某等人不服，提起上诉，并于2008年2月14日再次来到市中心申请法律援助。对于农民工案件，市中心一直都很重视，更何况此时离奥运会开幕仅有几个月的时间了。王学法得知后十分不解，他找到接待审核科科长常明传律师问："听说那个案件一审败诉了，怎么会呢？你把办案的律师找来问问，到底是为什么？"

王学法告诉我们：起初以为是律师办案不认真，才导致案件败诉，所以他难以置信又十分气愤。经过与律师交流，才得知原委。原来一审时，对方向法庭提供了一份施工劳务费已全部付清的单子，单上有刘某等人的签字和指印，这是导致案件败诉的根本原因。

在了解了案件败诉的原因后，王学法立刻找到刘某等人询问。刘某告诉王学法，他们确实是曾在一张纸上签过名字、盖过指印，但是他们并不知道那是干什么用的。签字那天公司雇了好几个保镖，让49名农民工一个个进去签字、盖指印，不照着做的就挨打。直到王学法问起他们时，49人才明白自己为什么被逼签字。听到这里，王学法和律师们都不禁气愤填膺。他说："这不是光天化日之下抢劫吗？绝对不能让他们得逞！"

他转身对中心公职律师常明传说："加派力量，由你与陈律师共同办理此案，一定在二审中将此案翻过来。不翻过案件，唯你是问。"

话虽然说的够狠，但王学法知道常律师的能力和敬业精神，他相信她们一定会尽最大的努力完成任务。为了将案件做得更加扎实，他组织市中心的公职律师们集体分析、研究案情。经过认真研究，两位律师认为此案的关键在于证据。在进一步的调查中，她们再次询问刘某事情发生的经过，并让他仔细回忆，不要落下一个细节。在律师的启发下，刘某等人终于想起来，被迫签名后，受到惊吓的他们马上报了案。听到此，两位律师想，既然报了案，也出警了，那就一定会有记录。两位律师决定要找到这份证据，这份证据的取得将对案件的突破起到很大作用。为取得这一证据，两位律师先后找到了刑警大队、检察院及公安分局、法院等单位，几经周折，终于在第二次开庭前拿到了这份证据

2009年1月21日王学法（中）携带着执行到的农民工工资款赶往河南省南召县，图为农民工代表向王学法敬献锦旗

2008年7月11日，在奥运会召开的前夕，经北京市二审法院审理，48个农民工终于胜诉了。这个案件从2007年10月份受理到2008年7月份胜诉，前后历经9个月。官司赢了，但执行时又出了问题。对方是江苏的一个劳务派遣公司，王学法让常律师去找当地法院执行，但这家公司是个皮包公司，没有财产可执行。眼见着执行就要终结了，王学法却急中生智：正赶上清理积案，他急忙先找市政法委领导，由领导找法院做工作，争取到了暂缓终结此案。他又让律师抓紧时机，去找开发商做工作，要他们承担这笔工资。在两位律师多次做工作后，终于讨要到了农民工的全部工资，共计7万余元。

2009年1月，历经一年的周折，终于拿到了执行款。但如何将工资款送到48名农民工的手中又成了新的难题。这些农民工有的已回老家，有的又到异地打工；如果用邮寄的方式，多数人地址不详；如果通知他们自己来领取，临近春节，一票难求，还会增加他们的额外开支；交给诉讼代表人又恐怕出意外，工资如不能发到农民工手里，还有可能形成新的纠纷。怎么办？“送款！我们宁可增添自己的麻烦，付出代价，也决不能再增加农民兄弟的负担了。”按照上级领导的要求，市中心经过慎重研究，最终决定由市中心主任王学法和办公室主任陆华宝二人到河南给48名农民工送工资。元月21日，他们行程千余公里，终于赶到了河南省南召县，把欠款安全地送到了农民工的手中。

北京专程来人给河南的农民工，千里迢迢送工资这一行动，在当地群众中引起了极大的轰动。发放现场，人头攒动，上千人围在县政府门口观看了发放过程。《河南法制报》、河南《大河报》《东方今报》、河南电视台等多家新闻媒体，进行了现场报道。

50多岁的崔某是48名农民工中年纪最长的人。在发放现场，当他用颤抖的手签下自己的名字并接过自己辛苦挣来的1,700多元钱，一连数了四遍，脸上洋溢着幸福，眼睛里却含满了泪水："谢谢，谢谢北京的领导！"这是发放现场听到的最多的话语。

"我们一度几乎绝望了。因迫于武力，我们在一张纸上按了手印，一审又败诉，当时我想跳楼的心都有了。"高中毕业、带领农民工外出的刘某，一谈及此事，一想到这一年多追讨工资的艰辛，这个一直努力不让自己哭的40出头的汉子，泪水再也含不住了。

任家三兄弟总计得到工资款近6,000余元，领到钱时任大哥操着一口河南话说："俺农村人不会说话。钱儿不太多，但事儿办的心里可得劲儿。"

"谢谢你们。对我们这些平均年收入只有2,000多元的农民来讲，你们送来的欠款可太及时了。在这个寒冷的冬日里，谢谢你们给我们南召县的农民工送来了一抹温暖。"南召县的政法委书记也紧紧握着王学法主任的手，一再表示感谢。

看着冬日的阳光打在48名农民工一张张挂着幸福笑容的脸上，法律援助的温暖也一定留在了他们的心中。行程千里的劳累也一扫而光，王学法更深刻地感受到了做好法律援助工作的重要。阳光总在风雨后。只要坚信内心的那道彩虹，他也相信北京市法律援助中心还会把涌流不止的温暖，和法援事业的神圣，送给更多的受援者……

点子：一席话救了一家人

一谈起法律援助，王学法总是有着说不完的话题。但是，在他承办或领导办理的无数案子中有一起案件十分特殊，让他至今仍记忆犹新。

某一天王学法正在办公室工作，突然从中心的接待大厅里传来一阵嘈杂声和一个女人的哭泣声。他不知发生了什么事，忙去大厅察看。只见一个40多岁女人，坐在接待大厅里放声大哭。王学法上前问她有什么委屈，女人哽咽着向他讲述了自己不幸的遭遇。

女人家住东北齐齐哈尔，有一个儿子长的高大英俊，在北京一所大学读书。有一次儿子在网吧上网时，与当地孩子发生口角，演变成一场恶斗，儿子被砍伤了头。经过治疗后落下了外伤性癫痫后遗症。为了给儿子治病，女人辞去工作，在北京租了房子。但儿子的病情随着时间的推移，始终没见好转，家里的储蓄已花完。而伤人一方被判刑入狱，虽然判了刑事附带民事赔偿，但其没有赔偿能力，至今未能执行到位。母亲眼看着再也没有钱给儿子治病了，正走投无路，听说法律援助中心能帮她要钱，她就找来了。

听完女人的讲述，王学法安慰她不要急，法律援助中心会帮助她。王学法当即让中心的工作人员为她办理了申请手续，还指派了律师，帮助她到法院申请执行。但是当援助律师和执行法官找到被告的家里时，发现其家只有一个年老的女人和3间平房，房间里一贫如洗，没有可以执行的东西。于是，法院终结了执行。

当律师将执行的情况告诉女人时，女人感到万念俱灰了。偏偏在案件审理期间，女人的丈夫又被查出患上了癌症。这一消息如同晴天霹雳，让女人彻底没了主心骨。女人哭着对王学法说：“我没有活路了。要么我丢下孩子一走了之，要么我就一死了之。”

王学法劝慰她说：“不要走绝路。病重的孩子，怎能没有母亲照顾呢？如果孩子有个三长两短，作为母亲你会一辈子不得安宁的。再想想，如果你死了，留下残疾的儿子会多么凄惨。人总有兴盛的时候，也有困难的时候，这个时候就需要坚强，勇敢地面对生活才是最佳的选择。要知道风雨过后，就是彩虹……”

经过王学法一段时间的劝说和开导，女人渐渐有所振作，并告诉王学法：在出事前她的家庭生活很幸福，丈夫事业有成，自己也是个芭蕾舞演员，路走得一直很顺利。

王学法便想：要让女人振作起来，就必须改变她的处境，解决其生存问题。但是从案件的执行情况上看，要想从赔偿中得到资金，可能性几乎为零。如何让这个濒临毁灭的家庭重新找到希望？王学法想到：女人是学舞蹈的，开个舞蹈班，赚钱并不难。于是王学法给女人出了个点子。他说：“目前，执行中遇到了麻烦，执行不下去，但我们会千方百计继续做工作。你现在最迫切的，是解决钱的问题，没有钱，儿子和老公的病治不好。我现在给你出个点子，你听吗？”女人点点头，她早就把王学法当做自己的救星了。

王学法又说：“你搞舞蹈，可以办个舞蹈班。这是你的专业，应该不成问题。”

女人说：“我在这里人生地不熟，由谁来报名啊。”

王学法说：“回去。带着儿子回家去，那里熟悉你的人多，办个班应该能养家。法院不是救助了你几万元钱吗？拿着它回去正好做启动资金。有了钱，治好儿子的病，老公说不定也没事了。到时候，不是一切都好了，又回到从前了吗？眼前的困难，只是你人生中的一个小小的插曲，很快就会过去的。如果你相信我，就这样去做做看。”

王学法看女人有些犹豫，忙又鼓励她说：“你行的。只要努力，一定行。这里的案子交给我们，一旦有转机，我会马上通知你。”

王学法（左一）在北京市法律援助中心接受受援人赠送的锦旗

女人听了王学法的劝解，很信服，最终回家了。2010年，她再次来到北京，精神面貌发生了很大的变化：穿着得体，动作优雅，脸上带着笑意，眼里有了光彩。女人告诉王学法说：“我回去后，按您的建议，在家乡办了个舞蹈班。收入虽说不算太多，但维持家庭生活和儿子丈夫的治疗也足够了。现在，孩子的病有好转，已经开始学习计算机，还可以帮我做点小事。丈夫的病也慢慢好了。我现在什么都不想，只想好好地活着。为自己、为儿子、为丈夫，好好地活着。这还得感谢您，是您的一席话，挽救了我们一家人。”

听了女人的话，王学法心里的石头落下了。他说：“任何奖励都不及人民群众的一句感激的话，更让人感到幸福、满足、欣慰。”说到此他开心地笑了，又道：“通过这些事也让我对自己的修养有很直观的认识。这不是大道理，大道理来自小道理。”

震慑：激动不能解决问题

什么是领导？领导就是别人解决不了的事情，领导能解决；别人畏惧的事情领导能无所畏惧，迎难而上，这就是领导。

——王学法

有一天，北京市法律援助中心来了个人，一进门就嚷嚷着找主任。接待人员问来者有什么事情，他气势汹汹地对接待人员说：“跟你讲没有用，去把你们的主任找来。”看到来人的架势，接待人员显得无可奈何，只好去找主任求援。

王学法让工作人员将来人叫到自己的办公室，由他来谈。这人来者不善，一进门就想给王学法一个下马威。开口就嚷，满口的胡言乱语，脏话连篇。对于这样的人，王学法自有制服的办法。正当对方想继续骂下去，王学法一声呵斥，将来人吓了个激灵。

“你是来办事的，还是来骂街的？如果是办事，你就坐下来好好说。如果是来骂街的就请你出去！离开法律援助中心，到大街上去骂。”王学法一身正气，将来人震慑住了。

来人怯生生地说：“我是来办事的。我的事总是得不到解决，我急呀。”

见来人的嚣张气焰已被打了下去，王学法也心软了，又耐着性子对来人说：“既然你是来办事情的，让别人帮助你解决问题，就不能那么凶，那么激动，还随口骂人就更不应该了。你要知道，激动是魔鬼，不但不能解决问题，还有可能发生争端。你一激动了满嘴胡言乱语，问题说不清楚，我怎么给你解决问题？你先坐下，慢慢说。声音不能大，大了你就出去。”听了王学法严肃的一席话，来人的情绪渐渐稳定下来，仔细地向王学法讲述了自己不顺的遭遇。原来，他是顺义区一家企业的员工。在改制时，工厂倒闭，他也下岗无业了。由于下岗前，企业没有给工人办理社保，这些年来，他一直没有办法续交社会保障金。他多次找相关单位解决问题，但关键都因手续不全，没有得到落实。

王学法听完了来人的叙述，有些同情这个下岗工人。像他这样的事情，法律援助中心办理过一些。由于各种原因，他们的社保问题得不到解决，生活上遭遇了困境。王学法便给他想了一个点子。王学法说：“听你说，你以前工作的企业还有留守，并且还愿意给你出钱补办社保，主要是因为社保中心不给你补办，对吗?”一提起社保中心，来人不自觉地又激动起来，提高了声音，乃至破口大骂。王学法立刻站起身来，要离开。来人马上知道自己又越界了，忙压低声音说：“是的。”

王学法接着问：“你应该了解，社保中心为什么不给你补办？听你说，你把时间和精力全都放到了找人大、找市法院、找检察院，到处乱找。你要知道，你这件事应该由谁来办理？找能办理这件事的地方，谁能给你解决问题就找谁，不能瞎找乱撞。我建议你可以先去找社保局，问清楚，为什么不能补办。”

来人说：“我找了。他没说为什么，就是不给办。”

王学法又问：“那你为什么，不去找他们的主管领导反映?”

来人说：“我找了，领导没在，我就走啦。”

听到这里王学法笑了。他说：“那你就等人在的时候，再去找。不过，找人家办事情不能再骂人啦。凭你现在的性格，别人不给你办事，倒是正常的。你要态度好，求人办事情嘛，要多说好话、恭维话。如果有人找你办事，先骂你几句，你会帮人家办吗？人家要什么资料、证件，你都要配合人家。千万别再骂人了。”

听了王学法深入浅出、苦口婆心的一席话，来人终于明白了。

他回去后找了社保局，向人家讲了自己的遭遇和困难，很快问题就解决

2011年4月14日，王学法在北京市第十届思想政治工作优秀单位、优秀思想政治工作者表彰会上荣获“优秀思想政治工作者”称号，并作为政法系统唯一代表做了题为《用责任与大爱浇铸法律援助事业》的典型发言

了。他的社保上上了，每月还有2,000多元的工资。他也没再来找市法律援助中心闹事儿。

一个久未解决的老大难问题，终于在王学法的引导和劝说中，迎刃而解了。

王学法对我们说：“有时候，看似很难解决的问题，只要方法得当，其实并没有想象的那么难以解决。对这类案件，你首先不要怕，要保证有一个谈话交流的环境，也可以采用软硬兼施的方法。对浑不讲理的人，必须用高压手段，将其气焰打压下去，否则就无法了解事情的真实情况，不利于彻底解决问题。其次，在接待来访者时，要耐心地听，仔细地分辨和理清楚问题的关键，然后再帮他提出可以解决问题的办法。这个办法也许根本就与法律无关，可能就是一句话、一个点子，问题就解决了。但只要是能为老百姓解决实际的困难和问题，你的援助目的就达到了。”

生活：无欲则刚

对于什么是幸福，王学法的看法是：“不要欲望太高，无欲则刚。财富与幸福也不能成正比，财富多了不一定幸福，幸福就在平平常常的日子里。只有健康、快乐、家庭和谐才是幸福。”

对于事业，王学法这样说：“法律援助是我此生最热爱的事业，我个人的幸福就存在于为广大困难群众解决困难、维护他们的合法权益之中。我也有很多机会，可以离开法律援助工作，但我没离开。只要组织上不是硬性要

不断开拓法律援助工作的新思路，王学发在工作中

求我离开，我就会一直干下去。我还有许多的目标没有实现，实现了我也就可以安心地退下来了。”

对于家庭，王学法这样做：“我在家主要的事，就是陪岳父聊天。岳母去世后，岳父就十分的孤单。我们将老人接到北京来住，一年的时间，老人由来时的情绪低迷，到离开时的豁达乐观，这都是为他做心理辅导的结果。妻子说这是我对她最好的关爱，解除了她多年来不能守在老父亲身边尽孝的愧疚。”

对于未来，王学法这样想：“最近我看了央视的名为‘时代先锋’的系列电视，其中有关信访干部张云泉的事迹最让我感动。我亲自参观过他的事迹展，回来讲给全中心的工作人员听，大家都很感动。我的目标是向他学习，在法律援助的岗位上发光发热。”

对于生活，王学法的格言是：“无欲则刚！”

在这些朴素真诚的言行中，我们看到了一个真实的王学法：没有高谈阔论，没有过高的目标，有的只是一个平凡人的高尚、坚定、执著、快乐……

放歌天山颂法援

——访新疆维吾尔自治区法律援助中心主任亚合甫·肉斯坦木

亚合甫·肉斯坦木　维吾尔族，1952年11月出生于新疆策勒县，1985年10月加入中国共产党。1974年5月毕业于同济大学路桥工程专业，大学本科学历；1998年9月至2001年6月期间就读于西北政法大学法律系大专班。1974年5月至1980年7月任职于新疆维吾尔自治区公路勘测设计院助理工程师；1980年7月至今任职于新疆维吾尔自治区司法厅，期间先后担任司法厅办公室翻译科科长；公证工作管理处副处长、处长；司法厅基层工作处处长；自2001年10月至今，担任自治区法律援助中心主任。

多年来，他一直致力于新疆的社会与法律建设，并取得了优异的成绩和杰出的贡献。他先后于1984年、1992年、1996年、1997年多次被评为先进工作者和优秀公务员，1986年被评为新疆维吾尔自治区优秀专业技术工作者。他积极参与社会活动，曾担任自治区公证员协会副会长、秘书长，中华全国人民调解协会理事等职。

引子　我热恋的故乡

在人们的印象中，新疆是一个充满神奇色彩的地方：吐鲁番的葡萄、哈密的瓜、天山的雪莲、天池的水、美丽的姑娘、优美的歌舞，还有那冬不拉……就是用再美的语言都难以形容新疆的美。带着这份神秘、这份期盼、这份美好的印象，我们走近了我们今天访谈的主人公：新疆维吾尔自治区法律援助中心主任亚合甫·肉斯坦木。

谈起家乡策勒县，亚合甫十分兴奋，也十分自豪。他告诉我们，策勒县位于新疆维吾尔自治区最南部，昆仑山北麓，塔克拉玛干大沙漠南缘。由于深居内陆，地形复杂，南有昆仑山和青藏高原横卧，暖湿空气不易流入；北有塔克拉玛干沙漠和天山的阻隔，水气来源很少，形成了极度干旱的典型大陆性暖温带沙漠气候。这里光照充足，热量丰富；四季分明，无霜期长，昼夜温差大；干旱少雨，蒸发旺盛；春、夏季大风、沙暴和浮尘等自然灾害发生频繁。尽管气候状况恶劣，但自然资源种类繁多，林木以杨、柳、沙枣、胡杨为主；果木有核桃、石榴、杏、桃、梨、苹果等多种；药用植物丰富，有雪莲、麻黄、牛蒡子、甘草、大芸、红花、枸杞、锁阳等百余种，尤以甘草、大芸数量为多。野生动物有黄羊、狐狸、旱獭、狼、野猪、野兔、雪鸡、大雕、野鸭等等。矿藏主要有煤、铁矿石、玉石、石灰石、云母、石棉、石膏、硫黄、食盐、黄金等。策勒县素以“金玉之邦，粮棉之仓，丝绸之路，瓜果之乡”著称于世，并以玉石、地毯、丝绸等传统特产享誉海内外。

亚合甫如数家珍地向我们讲述着家乡的奇珍异宝，而更让他引以为豪的，是家乡悠久的历史。他说：“我的故乡并不算很美，土地贫瘠、风沙施虐。但是，它依然是我十分眷恋的地方。策勒县在西汉时为渠勒国，东汉以后并入于阗国。它是洒在古丝绸之路的南道上的一颗明珠，拥有汉、唐时期众多的历史文化遗产，如达玛沟佛教遗址博物馆、阿希乔克吐如希库尔干和阿萨乔克吐如希库尔干遗址、丹丹乌依里克古城、老达玛沟遗址、伊麻木加帕尔特合兰古墓。这些遗迹，在国内外都有很高的知名度。前不久，我曾带着儿女们和外孙一家近十几口人，回到故乡，寻找我们的根。虽然家乡依然贫瘠，但它日新月异的变化已经让我看到了家乡美丽的未来。我希望我的子孙后代，永远记住我们的故乡、我们的根，有机会去回报这片热土。”

沙漠中那颗不屈的胡杨

1952年，亚合甫出生在策勒县一个革命干部家庭。听父母说，在他出生后五六天就赶上了土地改革，他家分了5亩田，全家人十分高兴，也十分珍惜这片土地。其实在新中国成立之前他们的家境也算十分富裕，爷爷家拥有百余亩田地。爷爷是个开明、善良的人，十分善待家里的佣工，他的外公就曾是爷爷的长工。爷爷十分拥护共产党的领导，早在土地改革前夕就将自己的土地全部捐献给了政府，还把儿子送去上学、参加革命工作。

父亲在爷爷的鼓励下，1949年就参加了公安系统的工作。由于表现突出，1951年父亲进入西北局新疆军政学校（现改名为中共新疆维吾尔自治区党校）学习。毕业后，成为策勒县公安局的主要领导。亚合甫从小在公安局的家属大院，生活得十分优越、幸福。按照维吾尔族的习俗，他在学龄前，就被外祖父母送进宗教学校学习《古兰经》。然而生性活泼贪玩又要强的小亚合甫，不适应严格的教规，由于一次迟到，挨了老师的打，从此之后他就再也不愿意去宗教学校了。父母拗不过坐在地上打滚儿的儿子，也只好作罢。

1959年，亚合甫被父母送进策勒县第一小学读书。由于有宗教学校的功底，仅读了半年的书他就可以读懂小学二年级的课本了。于是，他只用了4年时间，就连蹦带跳的读完了小学。1963年9月，亚合甫以优异的成绩，考取全县最好的学校：县第一中学的初中部就读。可正当他满怀激情，迎接高中阶段的学习时，“文化大革命”开始了。刚进入县第一中学高中部学习的亚合甫不得不和同龄人一起，停止了学业。在家的1年时间里，亚合甫却没有放弃学习。由于外边很乱，父母不让孩子们外出。正好有位从上海来新疆工作的县公安局的秘书，眼见没人管的孩子无事可做，就主动带领孩子们学习汉语。大院里的孩子们都正是恰逢年少贪玩时，忙于玩耍，唯有亚合甫喜欢上了汉语。他每天都按照上海老师的安排，抄写《新华字典》。字典里的大字小字，他一字不落，统统抄写。因此，毕业于华东政法大学的上海老师也十分喜欢这个维吾尔族少年。看他如此喜爱汉语，也就更加认真地教他。除了让他抄写字典、打实根基，还给他讲故事，教他读一些汉语书籍，并深入讲解语法和语音及汉族语言的特点。为了提高汉语的听说能力，亚合甫又整天与县公安局大院里仅有的4个汉族家庭的孩子们在一起玩儿。一年后，学校恢复了教学，但在学习的方向上发生了重大变化：学习毛泽东著作，成为主要的科目。而亚合甫每每用他那一口比较流利的汉语，朗读毛主席著作，在学校里可引起了不小的轰动。

但很快就打来个晴天霹雳：1968年，亚合甫的家庭发生了巨大转变，身为县公安局局长的父亲被别有用心的原国民党县长检举，说他在中学时加入过国民党青年团。父亲被造反派莫须有地打成牛鬼蛇神，揪斗批判，又关进“牛棚”。一夜之间，亚合甫便也从一个红色家庭的红小鬼，变成了黑五类。全家也没了生活来源，顿时陷入了绝境。

1968年9月，亚合甫高中毕业了，军管会通知他下农村锻炼。16岁的亚合甫被下放到父亲所在的“五·七”干校进行劳动改造。亚合甫积极地接受改造，使出最大的力气拼命挣工分。因为他知道，全家的生活还要靠他支撑。当时，1个工分5角钱，从1968年9月至1969年2月，他刨去生活费用，还挣了168元钱。当他把这168元钱交到母亲的手里时，母亲哭了。自从父亲被关进“牛棚”后，家里就断了生活来源，全家的生活全靠亲戚们帮衬着度日。亲戚们也不敢白天送粮食，都是在夜深人静时偷偷地送过来。眼下儿子总算能挣钱养家了，母亲又是激动，又是心痛：毕竟儿子才十六七岁，尚未成年呢。

到1970年1月，一些受冲击的干部陆续回城了，但罪名是牛鬼蛇神的亚合甫的父亲仍然没有得到解放。与父亲一同在“五·七”干校劳动的亚合甫，这时接到通知，被送往离策勒县不远的人民公社上山下乡。而亚合甫刚到公社报道，就由于会说汉语，被公社的党委书记看中了，到公社给书记做秘书、当翻译，没有工资，每个月3元钱的生活费，但吃饭不要钱。不久，恰逢人民公社要推广果木栽培农业，毕业于郑州农业大学的农技所所长是个不会说维吾尔语言的汉人，他向维吾尔族农民传授果木栽培技术，迫切需要个翻译。于是公社书记就派亚合甫前去支援。在同吃、同住、同劳动中，亚合甫与农技所所长接下了深厚的友谊。所长十分欣赏这个年轻、好学的维吾尔族小伙子，毫不吝惜地将自己的农技知识传授给了亚合甫，并鼓励他一旦大学恢复招生，一定要报考农业大学。半年后，完成了任务的亚合甫离开了农技所，回到了公社，继续当翻译和秘书。在此期间，他不仅学习到了许多的农技知识，汉语水平也有了很大的提高，基本上掌握了汉语的语言功能。

俗话说："机会总是留给有准备的人。"1970年10月，全国的各大院校陆续开始招收大学生。当时，新疆和田地委的翻译、县革委会的领导、新疆农业大学与上海同济大学的老师总共四人在策勒县招生，亚合甫所在公社有20多个接受再教育的学生报了名，四位老师前来主持考试。在此之前，由于受农技所所长的影响，亚合甫的心里早就萌生了上大学读书的愿望。回到公社后，他曾找公社书记说了他的向往。书记十分赞成亚合甫的学习精神，答应推荐他年底去参加和田地委主办的翻译班，学成回来继续当翻译。这时，公社书记得知了有四位老师前来招生的消息，便极力向他们推荐亚合甫。书记说："我们这里有一个学生表现很好，不用考试，他完全符合你们的要求。"听了书记的推荐，四位老师便先找亚合甫谈话，问他是否愿意上大学。诚实的亚合甫，却一五一十地讲了父亲目前正在"五·七"干校劳改的情况。他说："如果老师认为大学需要我，我非常乐意去；如果老师们认为由于父亲的现状，我不能去读大学，我也接受。"其实，这时亚合甫已经被地委党校的翻译班录取，读书的愿望已经实现。对于能不能上大学他已经没有奢望，他希望自己学习翻译回来就能正式参加工作了，有了30元的工资就可以养家糊口了。

老师们听了亚合甫的讲述后，将一张《新疆日报》递给他，让他读当年国庆节《人民日报》发表的社论。亚合甫用时不到20分钟，就将社论从头到尾，口译了一遍。上海来的老师听了他的翻译，就问身边的新疆农大的懂得4种语言的锡伯族老师说："他翻译得怎么样？"锡伯族老师告诉上海老师："这人很不错。"地委的翻译也说很好。就这样他通过了语言关，接着又经过了数学、化学方面的考试。数学有四道题，错了一题，其他三道题都答对了。老师们对亚合甫十分满意，让他填了一张表，就告诉他回家等待通知。

大约一个月后，正在公社工作的亚合甫接到了通知，他被上海同济大学录取了，需要马上到和田进行体检。次日早晨，亚合甫徒步25公里赶到县城，下午就赶往和田。当时从策勒县到和田有100多公里的路程，交通十分不便，没有公共汽车，他好不容易搭上一辆油罐车，交了2.5元钱，就到了和田。到和田后，他找到地委组织部，被安排到地区医院进行体检。很顺利地通过体检后，又回到家里等通知。一个星期后，他被告知：到和田地委集合，前往乌鲁木齐。经过8天7夜的艰难跋涉，终于到了乌鲁木齐，集中的人在那里经过短暂的修整，前往上海。当时集中了186人，有复旦大学、同济大学、华东师范等三所大学的学生。就这样，亚合甫踏上了实现梦想之路：前往上海读大学……

青春为你而歌

大学对于青年人而言，是实现理想的地方，是挥洒青春的乐土。然而，对于失去了熟悉的语言环境的亚合甫而言，离开了生养他的故土和亲人，就如同离群的孤雁，独自在陌生的土地上艰难地前行。而上海同济大学，是全国在土木建筑和路桥工程专业上数一数二的大学，曾培养出无数的优秀人才。亚合甫被分配到路桥工程系桥梁与道路专业。对于该专业唯一的维吾尔族学生，学校尽其所能，给了他最大的照顾。为了让亚合甫能尽快地适应大学生活，也为了照顾他的民族习俗，学校给他单独安排了1间宿舍，让他在生活上更加自由。在饮食方面，也尽可能地照顾他的民族饮食习惯。

尽管亚合甫在学习上十分努力，但还是遇到了很大阻力。他告诉我们，当时他的处境是面临双重的困难。首先是语言上听不懂。尤其是专业术语上，有些连听都没听过。虽然在新疆他的汉语语言还算不错，但毕竟不是母语，到了内地，困难就大了。其次难的就是基础课。让他记忆犹新的是第一节数学课，由于高中时基本上没有正规上课，初中时期学的数学也基本上忘光了。什么力学、几何学等等，实在让他目不暇接。但有些基础课又必须拿下，否则就会影响专业课的学习。好在任课老师们，都为了帮助他尽快地排除语言和数学学习中的障碍，主动为他补课。老师还亲自到图书馆，为他借一些适合他的书。特别是对于数学，为了让他从头学起，老师到书店、出版社找来初中课本，给他补课。亚合甫也没有让老师们失望，每天都学习到凌晨3点左右。连课余时间，也总是一个人关在房间里刻苦自学。他给我们讲了个笑话：由于他只是在上课的时候才去教室，以至于被大家误认为是旁听生。第一学期，他没有跟任何同学来往，也没有参加班级的任何活动。

功夫不负努力的人。在老师们的帮助下，亚合甫在第一个学期末就大体上扭转了学习成绩落后的局面，数学的期末考试成绩为96分，其他科目也取得了很好的成绩。

虽然亚合甫在学习上取得了开门红，但是他仍然不敢掉以轻心，他知道，自己的基础并不牢固，稍有松懈就会一落千丈。为此，他在上海上学4年，中间只回过1次家。

那还是1971年暑假，大家放假都回家了，系主任看到留在学校的亚合甫，就问他是否愿意回家。他离家1年多，当然想念父母。他实话实说：他很想回家，但是没有钱。系主任就主动为他向学校申请了180元路费，让他回家看望父母。拿到回家的路费，亚合甫非常高兴。出来1年多，家中有没有变化？父亲是否恢复了工作？他的心已插上翅膀，急切地想飞到父母的身旁。但回家的路，也十分漫长。当时要4天4夜，从上海乘火车到乌鲁木齐，再坐8天7夜的汽车才到家。来回就要用30天，在家只能待上6天。他说："虽然回家的愿望很强烈，但路上花的时间太长。回到家，也带给家里很多麻烦，妈妈天天忙着做好吃的给我。家里本来就不富裕，我不能让妈妈太费心、太劳累。所以那次回家之后我就再也没有回过家。在我读书的第2年，父亲解除了劳改，恢复了工作，学校接到了父亲单位的通知后告诉我，我就全部放心了。虽然后来学校仍然给我提供回家的路费，但上学期间我没有再回去。假期里我学习英语、日语等，把时间全部放在了学习上。"

回忆到这里，亚合甫颇有感慨地说："现在不同了。从乌鲁木齐到上海，有许多班次的飞机，也有动车，一天就可以到了。这都是改革开放的成果啊！"

1974年，在经历大学4年的苦学苦练之后，亚合甫以优异的成绩毕业了。毕业前夕他接到了父亲的来信，极力劝说他不要回新疆工作。自身的遭遇，让父亲对儿子回新疆工作有所担心。父亲又说哪怕他去更加偏远的地方也可以，但一定不要回来。然而，对于一名优秀的毕业生，新疆负责接收大学毕业生的负责人却不能放过，想方设法劝说亚合甫回新疆工作，并找到学校负责分配的领导，要求校方无论如何将亚合甫分配到新疆。就这样，他回到了新疆，被分配到新疆交通厅下属的公路勘测设计院工作。1974年6月，亚合甫正式到新疆维吾尔自治区的公路勘测设计院报到，开启了他作为一名勘测设计者的精彩生活。

大漠深处探路人

塔里木沙漠公路是中国的第一条沙漠公路，也是世界上在流动沙漠中修建的最长的一条沙漠公路。公路北起轮台县东的314国道，经轮南油田、塔里木河、肖塘、塔中四油田和塔克拉玛干大沙漠，南至民丰县的恰汗，和315国道相连，南北纵贯了塔里木盆地，全长总计522公里，其中穿越沙漠一段长446公里。该路贯穿了中国最大的也是世界上第二大的流动沙漠：号称“死亡之海”的塔克拉玛干沙漠，自然环境极其恶劣，气温在夏季高达70℃以上，冬季又低于零下30℃，终年干燥无雨风沙大，沙漠连绵，荒凉无际。

茫茫戈壁，漫漫沙海。有一队勘探队员，正在探路，亚合甫就是这支建设塔里木沙漠公路的探路人中的一员。自从进入自治区公路勘探设计院的那天，亚合甫就加入到了塔里木沙漠公路的勘探设计之中。从1974年5月至1980年6月，整整6年，他几乎跑遍了全疆南北。他清楚地记得，从阿克苏的阿瓦提县到和田的墨玉县，公路全程446公里，全部是他们用皮尺在沙漠里一尺一尺地丈量出来的。特别是他们穿越有“死亡之海”之称的塔克拉玛干大沙漠，更是九死一生。白天，塔克拉玛干赤日炎炎，银沙刺眼，沙面的温度有时高达摄氏70～80℃。旺盛的蒸发，使地表景物飘忽不定，沙漠旅人常常会看到远方出现朦朦胧胧的“海市蜃楼”。夜里气温降到零下几十度，寒冷难御。他们风餐露宿，整日里以沙拌饭。环境再恶劣，生活再艰苦，他们还算经得起，倒是沙漠中的寂寞让年轻的勘探队员们十分难耐。一进入沙漠，短则两三个月，长达半年，想家就成为生活中的主题。

1980年，完成了塔里木沙漠公路勘探工作的亚合甫，又接到了从新疆维吾尔自治区巴州若羌县至青海省的公路勘测的任务。在翻越阿尔金山时，他耳朵突然失聪、两眼发黑就滚下山去昏倒了。当他醒来时，已躺在县医院，时间已是第二天。由于当地县医院的条件有限，他被送回乌鲁木齐人民医院，进行检查。但始终没有查清病情。年纪轻轻的，可多年来的野外生活已使他的身体大不如前。这次意外遇险，让他很担心家人的感受，想到自己多年在外奔波，妻子一人带着两个孩子，十分辛苦，加上小女儿刚刚出生，家里急切地需人照顾。另一方面，由于父亲的原因，他始终对法律工作情有独钟。1979年全国公检法恢复工作时，他曾找过自治区高院的院长，希望能从事法律工作。当时高院正缺人，尤其需要亚合甫这样懂得维汉两种语言的年轻人，院长没做任何犹豫，就同意调他。他写信告诉父亲，但父亲不同意他调动。由于在“文革”中受到冲击，父亲心里始终有个结，认为在所有的运动中首先受到冲击的就是公检法系统。出于对父亲的尊重，亚合甫就将调动的事搁置了下来。如今，考虑到自己的身体状况，他不能再犹豫了。于是，他向设计院的领导提出了调动工作的请求。领导十分了解亚合甫的工作能力，不愿意自己单位的技术骨干流失，多次找他谈话，希望他留下来继续从事专业工作。但亚合甫坚持调动的请求。这时自治区高等法院的院长也亲自来给公路勘探设计院的领导做工作，希望他们能同意亚合甫的调动请求。设计院的领导见亚合甫去意已决，就同意了他的调动请求。

上图为沙漠中的胡杨树；下图为建成后的塔里木沙漠公路

1980年7月1日，亚合甫结束了大漠探路人的生活，带着对法律事业的渴望，满怀着让公平正义之光洒满人间的向往，来到自治区高等法院报道，从此走上了法律之路。

与法律结缘

1980年10月，将亚合甫调到高院的院长，调任司法厅厅长，需要一个精通维汉两种语言的翻译，就把他带到了司法厅，担任办公室的行政工作，兼当翻译。

初进司法厅，亚合甫的感觉是两眼一抹黑。失去了专业的优势，他一度感到十分的迷茫与压抑。怎么办？年纪轻轻的，就这么混下去？几经思索，亚合甫决定从头再来，重新学习法律专业。他向领导提出上学的请求。他对领导说："我还年轻，还有能力学习一门新的学科。在司法厅工作，即便我不搞专业，只是翻译文章，也需要懂得法律。我总不能永远做一个外行吧？"司法厅领导被他的真诚打动了。他们欣赏亚合甫的学习热情，也为他的干一行爱一行的精神所感动，同意了他的继续学习的请求。

20世纪80年代对于28岁的年轻人而言，正是一个激情澎湃的时代。亚合甫没有因自己已经拥有一个本科文凭而停止学习，他报考了西北政法大学法律系，接受更加艰难的函授教育。他一边工作一边学习，没有因为学习艰巨而耽误工作，也没有因为工作的繁重而放弃学业。三年的艰辛付出，他获得了法律大专学历，而他的工作也在不断进步的专业学习中获取了无穷无尽、丰富扎实的营养，取得了很好的成绩。

1995年亚合甫（左一）接受新疆人民广播电台维语部记者的采访

1981年，自治区司法厅的《新疆司法》杂志创刊。厅领导考虑，应把杂志定位于将内地的法律文章翻译后登载而广泛传播，便于指导自治区的司法行政工作。而亚合甫具有维汉两种语言的优势，本身就是个好翻译。领导便决定：由亚合甫担任创刊之重任。

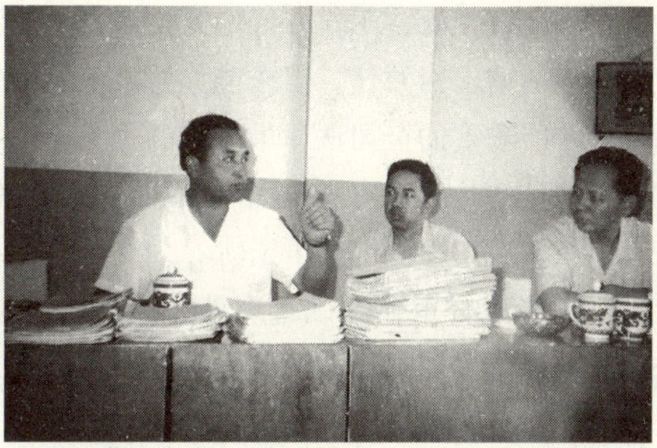

1994年亚合甫（左一）在自治区司法厅公证处期间到巴州参加案情讨论会

1983年，由于翻译工作的需要，亚合甫再次回到司法厅办公室。这时他已经取得了法律大专的学历，对法律的理解更加深入，翻译起来也更加娴熟。当时由办公室起草的所有文件都必须对照成维、汉两种语言，工作量很大。办公室有6名翻译，他们翻译过的全部文件都要经过亚合甫的最后把关，才能下达。

随着工作的不断深入，他的工作能力和方法也在日益提高。1986年，亚合甫被提升到领导者的岗位上，担任司法厅公证管理处副处长一职。职务的提升，没有改变他对工作和学习的热情。他把新疆建区以来的20多部有关公证的专著，通通借来学习，竟在很短的时间里便掌握了公证方面的知识；并用他的学习所得，将一个刚刚成立的处室打造成了自治区司法厅系统中思想和业务双过硬的优秀集体。没过多久，他又被提升为该处处长，更是将全部的心血投入到事业中。从1986年到1999年，他在公证管理处工作的长达12年的时间里，从不知到知之甚深，直至成为专家。从1993年起，亚合甫便担任了自治区公证员协会的副会长。他不仅在业务上，成为公证管理方面的专家、领头羊，同时在自治区公证业务和资源的开拓上也取得了质的飞跃，公证创收居于司法厅之首。

而且亚合甫属于无论做什么工作总会做得很好的人，是个能开创、能冲锋陷阵、能让领导信任和放手使用的干将。因此无论哪里，工作出现了阻力，领导就会将他放在哪个岗位上。1999年5月，新的干部轮岗工作开始了，亚合甫又被调往当时工作相对落后的基础管理处任处长。刚上任他就遇到了问题：稀松一摊，工作如何开展？单纯的亚合甫不免有点想不开了：明明在公证管理处，工作好好的，拼命打下的江山，却拱手相让？他也一度找领导谈话请求回原任，但未能如愿。他怎知领导的用心：那可是一块只有亚合甫才能拿下的全司法厅最难啃的骨头。果然，经过亚合甫两年的努力，基础管理处的状况便有了很大的改观。在他的领导下，管理处不仅有了钱，还有了车，工作逐步走上了正轨。

正当亚合甫在基础管理处，绞尽脑汁要做新贡献时，又一次调动，将他推向一个更加艰难的更需要披荆斩棘拓土开疆、也更有远大意义的工作岗位：法律援助事业。

艰难的起飞

2001年，亚合甫走进自治区法律援助中心的办公室。冷不防，眼前的景象却一下便将他高涨的自信心打到了冰点。只有2间小小的陋室，拥挤着六七张办公桌，冷清清的办公室中正闲坐着4个人。经交谈才得知：中心总共有6位工作人员，此刻在场的一人正是中心的副主任。其他人有的言称生病请了假，有的干脆不请假也不来上班。

亚合甫的心里不免打起小鼓来：这哪儿是个对外提供法律服务的单位？简直就是一个无人管理也无人光顾的自留荒地。这可如何是好？亚合甫再也想不通了，甚至觉得自己被领导抛弃到了一个没权没势又没钱的事业单位，前途暗淡无光。他委屈极了，像是一个没了娘的孩子。但这次，他没再去找领导呼吁。他将自己锁在办公室里，整天无聊的只能以看书读报打发日子。由于办公室里没钱装电话，他与外界的沟通也彻底阻绝了。

有一天司法厅厅长想找亚合甫谈工作，找了半天没找到电话，又找来管理电话的人才得知法律援助中心主任的办公室没有电话。厅长十分恼火，派人把亚合甫找来，责问他为什么不装一部电话。亚合甫十分激动，竟与厅长争吵了起来。他反倒理直气壮地责怪厅党委不关心也不支持法律援助，把他们丢在一边不管不问，不给钱，不给物，让他们两手空空的如何开展工作。这次争吵，居然卓有成效：仅一周后，司法厅就为中心配备了副厅长来主抓法律援助工作。然而，只有领导主抓还不够，还需要经费。巧妇难为无米之炊，更何况法律援助要服务于嗷嗷待哺的困难群体，对象如此广大，支出也千头万绪。

其实新疆维吾尔自治区的法律援助中心，早就成立于1999年6月29日。在成立之初就由财政厅拨付过一笔开办费。原本准备只批2万元，但不料当时的负责人在批复时一个疏忽大意，竟在2万元上多加了一个零，变成了20万元。有关领导也就将错就错了。所以财政厅在后来的两年里，也就没有再给中心拨款，而这笔钱，在亚合甫上任时早已全部花光了，连一分钱也没留给继任者。在前一次与厅长争吵后，亚合甫曾找厅长要钱，厅长便从律师的注册费中拨了一点给自治区法律援助中心。而那一点点经费，远远不够法律援助业务的支出。当时，全国各地为了尽快地将法律援助机构建立起来，允许各地自筹资金以解决法律援助事业的经费不足的情况。为此，自治区司法厅批准了法律援助中心成立一个律师事务所，以收费案件，养法律援助案件，暂时解决了经费问题。

这种状况一直维持到2005年。那年，司法部法律援助中心明文指出：法律援助是政府的责任并应由地方政府承担法律援助全部的经费。同时又明令：所有的法律援助机构不再办理任何收费案件。此文件下达后，自治区司法厅立即指示法律援助中心与其所辖的律师事务所分离。这下子，中心的经费又成了问题。亚合甫又反复找司法厅，但厅长手中可调动的资金也十分有限，司法厅又全无收益来源。被他磨得无可奈何，厅长只得说："你想要经费就必须去找财政厅。"找财政厅？怎奈地位低，够不着财政厅长。他几次到了自治区财政厅厅长办公室的门前，都被秘书挡住，让他回去等通知。文明的方式不行，只能采取硬攻的战术：他与中心副主任一起，每天都到财政厅报到上班，等待厅长的出现，好好谈谈法律援助的经费和补贴问题。常言道："只要工夫

1997年亚合甫（右五）在和田地区落浦县与农民在一起交流

深，铁杵磨成针”；苦苦的等待终于见了效：在亚合甫的真情感召下，财政厅长拿起笔，为新疆法律援助事业签下了第一笔经费的30万元拨款。多少天的等待，多少年的期盼，亚合甫激动得掉下了眼泪。

从此，法律援助的春天来了。在经历了数年的不懈努力和艰苦奋斗后，新疆维吾尔自治区的法律援助事业终于翻开了新的一页。法律援助制度逐渐走进千百个困难群众的家庭，为他们提供法律服务，同时也越来越受到全疆各级领导的关注和支持。随着法律援助事业的不断深入发展，亚合甫带领着他的团队，为新疆的稳定和发展做出了重要的贡献。

法律援助卓有成效

“开拓，进取，将法律援助事业进行到底。”这是亚合甫给自己和自治区法律援助中心确立的奋斗誓言。为了这一誓言，他带领着他的团队不断攀登事业的高峰，努力地为新疆的困难群众提供法律服务，为政府分忧解难，并屡屡创造佳绩。

亚合甫说：“新疆的法律援助工作大致可分三个阶段：1999年至2002年基本上为停滞期，2002年至2006年是机构建设和发展期，2006年至2010年是快速发展期。如今新疆的法律援助已基本进入稳定发展和可持续发展的时期，基础稳固，发展势头良好。”

多年的奋斗卓有成效，成绩斐然，为新疆的法律援助事业奠定了坚实的基础。

一、多渠道拓展法律援助经费来源，确保法律援助经费有效落实

俗话说：“兵马未动，粮草先行。”这就说明后勤保障的重要性。任何一项事业也和打仗一样，能否开展好，关键在于经费的保障。亚合甫举了个简单的例子，他说：“没有经费就无法深入开展宣传，那么，困难群众如何知晓法律援助制度？没有服务对象又何谈法律服务？经费是保障法律援助制度，顺利发展的生命线。”

诚然，从中国的法律援助事业的发展历史来看，经费缺乏保障始终是困扰中国法律援助工作开展的瓶颈。而经济欠发达的西部地区，这种情况尤为突出。但近几年随着中央政府的西部开发政策的有效实施，全新疆的经济，得到了迅速的发展和提高。亚合甫正是抓住这个新疆大改革、大开放、大发展的有利时机，及时争取经费和项目扶持，为新疆的法律援助事业努力地争取经费保障，争取发展的机遇。

首先，为了保障法律援助制度能顺利地在新疆全面展开，2006年1月，自治区司法厅与财政厅联合下发《新疆维吾尔自治区法律援助经费管理暂行办法》，明确要求将法律援助的最低经费保障列入各级财政预算，确保法律援助事业与经济、社会的协调发展。此后政府投入法律援助事业的经费又逐年增加。其中2008年，全自治区各级政府的财政投入总计达到907.88万元；2010年，全自治区各级政府的财政投入总计达1,384万元。

其次，通过积极的努力争取，提高了中央财政转移支付的法律援助专项经费。该专项经费从2009年的160万元，增加到了2010年的300万元。

再其次，从项目资金入手。从司法部法律援助中心的宣传项目中得到支持，获得20万元的宣传经费，用于少数民族语言文字的法律援助宣传。

通过一系列的组合行动，法律援助经费严重不足的困难局面得到了有效的缓解，有效地保证了新疆维吾尔自治区法律援助工作的顺利开展。

二、突破重重阻力，建立健全法律援助机构

亚合甫认为：关于法律援助的机构建设，全国各地的推进情况各有不同。新疆的幅员辽阔而人民居住又相对很分散，法律援助服务涵盖的地域较广，建立法律援助机构的难度也较大，必须要有一个整体的规划。否则，就失去了法律援助制度为困难群众解决法律问题及提供法律服务的真实意图。为此，他提出了基层法律援助机构的建设优先发展的基本原则，加大力度，尽快建立以自治区法律援助中心为轴心、各市县的法律援助中心为支撑的四级法律援助服务的网络，并普及覆盖全疆的乡级法律援助工作站的网点。

自治区司法厅就为了尽快实现这一目标，先后制定下发了《关于在我区迅速建立法律援助机构开展法律援助工作的有关问题的通知》《关于社会团体和法律院校设立法律援助机构开展法律援助工作有关问题的通知》《关于

各地州市老龄工作委员会办公室设立法律援助机构开展法律援助工作有关问题的通知》《关于在全区乡镇街道建立法律援助工作站开展法律援助工作的意见》等，一系列加强法律援助机构建设的文件和政策。截至2010年年底，全区110个县级以上的政府组织，全部建立了法律援助中心，并建立法律援助工作站1376个。至此，一张覆盖新疆全境的法律援助服务网络已大体建成，方便了困难群众就近申请并获得法律援助服务，实现了法律援助服务广泛覆盖的目标。

三、加强法律援助队伍建设，努力构建“大法援”格局

亚合甫认为，法律援助是发挥个人才能和智慧，为广大困难群众提供的服务。因此法律援助的队伍建设是各项工作的前提，是决定法援事业向前发展的主导因素。目前，法律援助人力资源短缺，供需矛盾突出。从全区资源的结构来看，大部分人力资源集中在自治区首府，其次是大城市；县级及以下机构人才缺乏，甚至有些县没有律师，人力资源的分布十分不均衡。针对这种情况，亚合甫从实际出发，开拓思路，广纳贤才，通过整合各种资源来弥补法律援助人力资源的匮乏现象，并逐步形成了一张“大法援”的格局。

首先，他们从法律援助机构人员的配备入手，尽可能配备法律专业人才。目前全区共有法律援助工作人员271人，其中法律专业人才有235人。这种以法律专业人才为主的机构团队，有力地保证了法律援助工作的展开和案件的办理。至此，基本实现了县级机构配备2～3名、市级机构配备3～5名、省级机构配备7至9名专职工作人员的目标。他们在选择人才上更严格把关，将政治思想素质强、精通法律、年轻有为、愿意为法律援助事业做奉献的人员调配到各级法律援助中心，充分调动人才的工作积极性和主动性，建立起一支高素质、高水平、专业化的法律援助专职队伍。

其次，建立一支以专业律师为主体，由基层法律服务工作者、司法鉴定人员和公证员积极参与并相互配合的“大法援”服务队伍。在办理案件时，充分发挥律师的优势，为困难群众提供优质的专业的法律服务；在非诉讼案件中，努力调动基层法律服务工作者的工作积极性，发挥他们的调解优势，化解矛盾，尽可能减低人员成本。截至2010年，全区共有注册律师、基层法律服务工作者、司法鉴定人员等6239名。

再其次，建立一支以各社会团体、大学毕业生、政法系统的离退休老同志为主体的法律援助志愿者队伍，共计637名。通过采取多种措施，整合律师、公证、司法鉴定、基层法律服务工作者等力量，努力构建“大法援”工作格局，充分发挥多种资源的优势，调动各种资源的积极性，便终于弥补了法律援助人才短缺的状况，形成了新疆维吾尔自治区的一支特别能战斗的法律援助服务队伍。将法律援助的各项工作落到实处，使法律援助制度充分发挥了政府的职能作用，把党和政府的“民心工程”做实做好。

四、开拓法律援助服务领域，努力实现“应援尽援”的工作目标

法律援助制度的宗旨，是尽最大努力，在更广泛的领域内，使全社会困难群众的合法权益普遍受到法律援助的救济和法律保障。十多年来，新疆全区各级法律援助机构，全面落实《法律援助条例》和《新疆维吾尔自治区实施〈法律援助条例〉办法》，不断地拓展法律援助的服务领域，依法为符合条件者提供法律援助，从而惠及更多的困难群众。

首先是在《法律援助条例》的基础上，努力拓展服务领域，扩大服务范围，从最初的婚姻家庭、劳动工伤、一般刑事辩护代理等，发展到目前，囊括了要求国家赔偿、发放抚恤金、见义勇为、家庭暴力、环境污染、土地承

亚合甫（左二）在自治区法律援助中心组织工作人员进行学习

2004年7月8日亚合甫（左）与美国亚基会官员邱月仑在一起交流

包等20多个法律援助事项。

其次是针对特殊服务对象，开辟法律援助“绿色通道”的便民利民措施。如对农民工的劳动报酬和工伤赔偿、艾滋病感染者、见义勇为者、五保户、残疾人、判处死刑的犯罪嫌疑人以及因灾或其他原因而致贫者等等特殊群体，提供快捷、便利的服务。

几年来新疆的法律援助工作努力扩大服务范围，力争实现“应援尽援”的目标。在此思想的指导下，共有19,276名妇女儿童、8,731名残疾人、8,834名孤寡老人、9,712名农民工得到了法律援助。同时由法律援助实现息诉的案件有1,674件，使广大困难群众充分享受到了党和政府对困难群众的关怀和温暖，享受到了法治社会的公平正义。

五、加大法律援助的宣传力度，扩大法律援助的影响力和知晓率

法律援助制度实施十几年来，得到了广大人民群众的衷心拥护，这在很大程度上得益于宣传工作。多种形式的广泛宣传，不仅使这个惠民利民的新兴制度深入人心，同时也让更多的困难群众得到了实惠，树立了党和政府执政为民的形象。

首先是通过各种媒体进行立体型、全方位的宣传。亚合甫认为，采用立体型、全方位集中宣传的策略效果最佳，既有利于法律援助在很短时间里，被人记住，更方便群众认识和了解法律援助制度。为此，他们利用电视、广播、报刊、计算机网络、“12348”电话热线等等宣传平台，宣传法律援助制度。他们先后在《人民日报》《法制日报》《新疆日报》《新疆法制报》等报刊发表文章441篇；在各地电台、电视台播放法律援助节目共751次，在“法制新疆网”、“天山网”刊登文章226篇，解答网民问题1,183条。

其二是组织法律援助宣传活动，在各个城市的人群聚集区、集散地，组织有法律人士参与的主题宣传和咨询活动。活动不仅扩大了法律援助的知晓率，同时也为人民群众提供了法律咨询和法律服务，深受群众欢迎。

其三是组织法律援助志愿者服务，发放宣传资料和“法律援助爱心卡”等等。

其四是将法律援助宣传资料翻译成多种语言文字，发放给各级法律援助机构，通过法律援助的窗口发放给群众。如他们将司法部法律援助中心编著的《全国法律援助百优案件》一书翻译成了维吾尔文等多种文字，扩大了宣传的覆盖面。

其五是为了加强各级司法部门的领导对法律援助制度的认识，自治区法律援助中心还组织全区各地州市的司法局长到内地参观、考察法律援助工作。同时，通过参加内地主办的法律援助培训班，进一步掌握法律援助制度的实质，大大增强了他们对法律援助远大意义的认识，使他们更加理解和支持法律援助工作，促进了法律援助工作的大发展。

通过广泛有效的宣传，便使自治区各级党政领导，充分地认识了法律援助制度的性质和促进社会和谐的重大作用，从而积极承担起法律援助的政府领导责任，切实地解决了法律援助工作中遇到的问题和困难，有力地推动了法律援助事业的深入发展。

六、积极发挥法律援助的服务优势，在维护社会稳定中发挥重要作用

亚合甫认为，法律援助制度是党和政府为民服务的窗口，其优势在于它是用法律服务作为杠杆来协调个人与个人之间、法人与个人之间的纠纷，在维护社会稳定及和谐发展方面发挥着无可取代的重要作用。因此，作为新疆法律援助工作的领导人，必需清醒地认识到坚持把服务于经济社会发展的大局与关注民生的问题，结合起来，才能更充分地体现法律援助的作用，使法律援助制度的社会影响力，得到不断的提升。

2008年，新疆维吾尔自治区法律援助中心，在为河南省信阳市56名农民工索要工资的案件和特克斯县560余户农民的假种子赔偿案件中，所提供的法律援助服务，充分体现了法律援助能在一些群体案件中，用积极的法

律手段，维护弱势群体的合法权益，确保社会的公平正义。此外，各级法律援助机构，在不同地区和领域的群体性案件中，也都发挥着不可替代的作用。如乌鲁木齐市法律援助中心，参与了13起由政法委组织的“乌市两级法院涉诉进京越级信访案件的律师评查组”，及“5·8”火灾、“1·2”火灾的善后处理，还有阿勒泰路17户拆迁户安置补偿的纠纷等疑难和群体性上诉案件的调解、诉讼工作，赢得了人民群众的赞誉和好评，从而树立了政府为民服务的良好形象。

此外，法律援助还在一些国内外影响重大的案件中，发挥了巨大的作用。例如在乌鲁木齐市发生“7·5”事件后，按照自治区党委、政府的统一部署和要求，法律援助中心适时介入“7·5”案件的刑事审判工作，严格按照法律程序，为数百名刑事被告指派了辩护律师，提供法律援助，实现了政治效果、法律效果、社会效果的有机统一。同时，乌鲁木齐市法律援助中心还积极参与“7·5”事件的善后处理工作，解答法律咨询，对受害群众进行宣传、疏导、安抚工作。收到了很好的社会效果，赢得了政府和人民群众的好评。

七、建立健全法律援助的管理体系，推进其制度化、规范化、信息化建设

亚合甫历来十分重视法律援助的制度建设。他认为，一项事业的发展不能单靠个人的热情和主动性，还必须建立一整套的管理制度，并形成其科学体系。否则，事业将很难健康而持续地发展。为此，针对法律援助服务的特点，先后制订了一系列文件和规定。

一是规范法律援助的办案程序，加强法律援助质量监督，司法厅制定和下发了《新疆维吾尔自治区办理法律援助案件程序规则》《新疆维吾尔自治区法律援助档案管理暂行规定》《新疆维吾尔自治区法律援助机构规范化建设考核暂行办法》等文件。为了加强法律援助工作的规范化建设，2006年在全区范围内，开展了法律援助“规范与质量”的检查活动；2008年在全区法律援助机构，开展规范化建设达标活动；于2008年、2009年的两年中由司法厅考核验收，有20个法律援助机构，当选了优秀单位；等等。

2002年亚合甫（右）在伊犁州进行调研

二是为了确保法律援助的制度建设具有连续性和持久性的发展，自治区法律援助中心正在制定更加详细的制度、办法和规定，并将其制度，汇编、翻译成册，广泛下发到各级法律援助机构及基层工作站。其中如《新疆法律援助案件数量目标规划》《法律援助案件质量评查规定》《新疆法律援助工作检查指导办法》《新疆法律援助工作会议通报制度》《新疆法律援助工作信息报送及数据分析制度》《12348法律援助热线服务人员值班制度》《新职业律师办理法律援助案件的意见》《关于工青妇老残等社会团体开展法律援助工作的意见》《自治区法律援助工作委员会会议制度》等等。

三是为了配合在司法行政的内部，建立“大法援”的工作格局，还先后出台了一系列的制度和办法。如在2007年8月和2009年5月，司法厅出台了《关于司法鉴定法律援助工作的通知》和《全区公证机构法律援助实施办法》，2009年又制定了《关于大力推进法律援助工作的若干意见》等等，意在加强其他司法工作与法律援助的协调、配合。

四是自治区司法厅还与自治区高级人民法院、自治区人民检察院、自治区公安厅等联合下发了《关于刑事法律援助工作的联合通知》《关于民事法律援助工作若干问题的联合通知》《关于做好死刑二审案件开庭审理律师辩护工作的意见》等等，建立完善了刑事案件法律援助辩护工作以及民事案件律师代理工作的机制，确保了法律援助案件的辩护和代理的效果及质量。

在建立健全制度的同时，考虑到新疆的多民族的特点，他们又将全部文件翻译成了多种文字，为各级法律援助机构提供了方便。通过加强法律援助制度的规范化、正规化并即将深入完成信息化的建设，使法律援助事业的发展更稳固、更迅速，服务更优质便捷。

安身立命　以民为本

法律援助制度的本质就在于为广大困难群众提供法律服务，法律援助的宗旨也务必落实在办理援助案件上。多年来，亚合甫积极组织律师和法律援助工作人员办理法律援助的案件并亲自组织协调和参与办理了许多大案、要案。在办案的过程中，他深深感到了法律援助制度对困难群众的实际意义。他说："安身立命，以民为本，是我们作为法律援助人的使命。法律援助对我们而言是千百件工作之一，对于困难群众来说可能是他们一辈子一遇的大事。处理好了可以挽回一家人的生活，甚至是生命；处理不好，就是社会的一个不稳定的因素。因而我们必须时刻准备着，尽可能将问题和矛盾、纠纷化解在萌芽状态。"

跨省法律援助大协作

2008年春节前，自治区法律援助中心接待处来了四个人，经介绍得知来人是河南省信阳市司法局的副局长带领3名律师，来新疆为信阳市的农民工索要工资。在交谈中，亚合甫深入了解了事件的原委。原来，信阳市有56名农民工，在新疆乌鲁木齐的自治区某建工集团下属的建筑公司打工，工作一年了没拿到工资，眼看春节就在眼前，盼着回家过年的农民工仍未能拿到分文，大家急了，打电话向信阳市司法局及所属法律援助中心求援，希望信阳市司法局能帮助农民工索要其血汗钱。接到求援电话后，信阳市司法局立即派人并由司法局主管法律援助的副局长带队，前往新疆乌鲁木齐为农民工讨薪。

听完了案件的来龙去脉后，亚合甫立刻打电话，给自己熟悉的自治区政府办公厅分管建筑行业的秘书长。秘书长得知，立即让亚合甫带领几位客人，前往办公厅会面。亚合甫告诉我们，自治区领导对拖欠农民工工资的案件十分重视。2007年，自治区针对拖欠农民工工资的问题下发了文件，要求全区使用农民工的建筑施工单位，在施工前必须先将全部工程造价款的20%存入银行，待完工后，结清工人工资，多余部分才返还建筑公司。

但没想到，秘书长听完详细的介绍后，感到很奇怪：在政府已接到的建筑集团的清算报告上明确地写着，已经完成农民工工资的结算。秘书长对此事很重视，立即给建工集团的总经理打电话，要求其到办公厅来做说明。建工集团总经理来后，仍坚称已结清了农民工的工资，有证据在手。这太蹊跷了：纠纷双方，一方说没发工资，一方口口声声的说是工资已经发放。秘书长很恼火，指示亚合甫协助信阳来客，务必将问题查个水落石出。

经过认真的调查取证，终于真相大白。原来，这批农民工是在该建筑集团下属的分公司的工地干活。工程快结束时，农民工索要工资。公司非但没给工资，还用强迫农民工的手段，伪造了结清工资的证据，并打了民工又向派出所报案，说农民工闹事。当地的派出所民警来到工地，未了解情况就以闹事为名，将两名农民关起来，又进行治安处罚。

掌握了案件全面真实的情况后，亚合甫及时向秘书长做了汇报。在秘书长的指示下他又和信阳来的同志一起，积极与建筑公司交涉。几天后，问题就彻底解决了，100多万的工资款全部发到了农民工的手里，被关押的农民工也被释放了。

至此，一次跨省的法律援助大协作画上了一个圆满的句号。信阳市司法局副局长十分感激自治区领导的帮助，感谢自治区法律援助中心的大力协作。这个案件在新疆和河南两地引起了很大的反响，被媒体普遍报道，称之为“跨省法律援助工作做出了榜样”。

为了让农民不再为假种子哭泣

损害了新疆伊犁哈萨克自治州特克斯县560多户农民的假种子案件，普遍引起了农民群众极大的不满。他们不断地向县政府投诉，要求政府为其解决问题，弥补因假种子造成庄稼绝收的巨大损失。此事引起全县的社会动荡，影响到了社会稳定。县政府感到了事态十分严峻，立即派副县长带队，向自治区政府求援。自治区司法厅接到了此项任务，立即将工作转交自治区法律援助中心，要求他们认真接待并处理该案。

亚合甫在查阅资料

当天，中心就与前来求援的特克斯县副县长取得联系，并相约面谈此案。

见面后，亚合甫详细地了解了假种子案件的基本情况。2007年，特克斯县560多户农民购买了某种子研究所新研究出来的葵花种子，刚出苗的葵花长势很好，但到了落果时就不再长了，以至于全部绝收。亚合甫认真研究了案情后，便请特克斯县副县长拿着种子到自治区的农科院进行鉴定，证实该种子尚处在实验室研究阶段，尚未通过试验田大面积的种植试验，尤其还没有经过北疆地区的实验，属于不符合种植和出售的种子。

经过了调查和证据的收集与固定，亚合甫将假种子案件指派给伊犁哈萨克自治州的特克斯县法律援助中心，指示其按照法律援助制度，为案件指定法律援助律师，代理560户农民与种子公司进行交涉和调解，或提出诉讼。最终，经过特克斯县的法律援助工作者和律师们的努力，这起案件获得了圆满的解决，560多户农民获得了应有的赔偿。

事后，特克斯县县政府来电话，感谢自治区司法厅和法律援助中心的大力支持及特克斯县法律援助工作者的贡献，解决了旷日持久的案件。直到这时，始终关心着案件承办结果的亚合甫也才松了口气。他说："假种子案使农民一年的收益成了泡影，这不能不牵动大家的心。法律援助一为农民讨回了公道，二为农民争取到了赔偿，使他们不至于断了生活来源。为维护社会稳定作出了贡献，也让更多的人认识了法律援助的重要作用。"

法律援助彰显社会公平正义

中新社乌鲁木齐2009年8月5日电：新疆维吾尔自治区新闻办公室5日称，对乌鲁木齐"7·5"事件涉案犯罪嫌疑人、被告人，中国司法机关将严格按照法律规定，充分保障他们的各项诉讼权利。

新华网乌鲁木齐2009年8月8日电：新疆维吾尔自治区法律援助中心把乌鲁木齐“7·5”事件受害人及其直系亲属，纳入法律援助范围。

随着这两则消息的发布，拉开了自治区司法厅及其法律援助中心为新疆的维稳工作提供法律服务的大幕。接下来的一年多时间，法律援助成了维稳工作的重要组成部分。

此次纳入乌鲁木齐“7·5”事件法律援助的受援人，普遍涉及受害人包括受伤及致残者及死亡者的直系亲属，以及财产受损者。并开通“绿色通道”，方便了受害群众的直系亲属提出申请，不再进行经济审查，直接提供法律援助。此外还包括乌鲁木齐“7·5”事件中所有的涉案犯罪嫌疑人、被告人。法律援助律师将以其辩护人的身份出庭，严格依据有关的法律规定，充分保障涉案犯罪嫌疑人、被告人的各项诉讼权利。

接到为“7·5”事件提供法律援助的任务后，自治区司法厅专门成立了“7·5”事件领导小组，直接指挥自治区法律援助中心，并组织、协调、督导各级法律援助机构全力以赴地完成任务。由于案情重大，涉及地域广泛、人员众多，法律援助的保障力度大，这项工作需要全区的律师来共同承担。经过对案件的分析，中心做出两项工作安排。一是针对受害者多为汉族和来新疆做生意的人，自治区司法厅从全疆调动了几十位律师交由乌鲁木齐市的法律援助中心统一调配，为受害人提供医疗、抚恤、死亡赔偿、财产赔偿乃及死亡人直系亲属的继承等方面的法律援助，确保他们的合法权益得到保障。二是针对涉案的犯罪嫌疑人和被告人多是维吾尔族人又大多不懂汉语、且人数众多的情况，自治区司法厅便从全疆调来

2009年11月亚合甫（中）在克州进行调研

了几十名维吾尔族律师，为他们出庭辩护。通过律师的辩护，充分彰显了我国法律的公平公正和在法律面前人人平等的人权理念、法律原则。

自治区法律援助中心通过参与全区的重大案件和群体性案件，树立了法律援助事业为民服务的光辉形象。同时也让公众认识到，法律援助人忘我工作的伟大情怀。正如亚合甫所说："通过法律援助人，尽职尽责的工作，维护了困难群众的合法权益，为人民群众排忧解难，充分体现了法律援助的'慈爱之心、援助之手、保护之盾'的功能和作用，使更多的人民享受到了法律援助的服务，这正是我们的骄傲和自豪。"

生活在灿烂的阳光下

尾声 信仰的力量

> 我生在新社会，长在红旗下。我信仰共产主义，信仰共产党，没有共产党就没有新中国。没有祖国大家庭，就没有我们新疆各族儿女美好的新生活。
>
> ——亚合甫·肉斯坦木

可能在某些人的眼里，亚合甫的这种表达有点偏于政治化。但我在采访过程中，真真实实地认识了一个纯粹、真诚、光明磊落的亚合甫。从他热情的炯炯目光中，我一再感受到了他对中国共产党和祖国大家庭的热爱，也感受到信仰在他心中的力量。他将一名共产党员的信仰的伟力，转化到了法律援助事业中，并当作终生的快乐，永恒的追求。

善小德大亦坚行 铿锵维权济苍生

——访贵州省法律援助工作处副调研员刘小华

刘小华 侗族，西南政法大学本科毕业，中国共产党党员。于2002年被贵州省司法厅评为贵州省首届法律援助先进个人，2004年被司法部评为全国法律援助先进个人，2005年被贵州省妇女联合会授予“贵州省三八红旗手”，2006年被全国妇联授予“全国三八红旗手”，2006年被司法部授予“全国首届十佳法律援助工作者”。

从1984年大学毕业后，进入贵州省司法厅工作，1998年至今在贵州省法律援助中心从事法律援助工作。多年来，她用热情、智慧、丰富的法律知识和经验，尽最大努力为受援人提供优质的法律服务。经她接待、解答和法律咨询的人次已达到4,000多人次；亲自办理刑事法律援助案件261件，改判、发回重审率达24%，其中办理的未成年人刑事法律援助案件的改判率达50%；免费为贫弱公民代写各类法律文书200多份，等等。

引子：深山密林中 那朵盛开的玫瑰

地处中国西南的贵州省，山脉众多，峰高谷深。在曲折蜿蜒的乡间小路上有一名年轻女子正在艰难地前行，翻过了一座座险山，穿过了一片片枝叶繁茂的树林。她的衣服已经被汗水浸透，双腿早就不听使唤了……整整8个多小时的山路，让人精疲力尽。可即使这样，她却依然紧紧按着随身的背包，生怕里面千辛万苦取得的调查材料，有半点闪失……

这个人就是刘小华律师，不久前刚被派到贵州省某国家级扶贫开发县进行法律援助工作，此次就是为了一起扑朔迷离的命案，进行实地取证。

取证整整用了一周，返程又整整步行到傍晚，双脚打起水泡及身心俱疲的刘小华才终于走到了家门口。看着窗内柔和的灯光，她轻轻地叩了叩门。

“妈妈！”屋内传来一句清脆的童音，随即便是急匆匆的脚步声。

随着门锁打开，慈祥的老母亲怀抱着一个男童迎了出来。

刘小华望着母亲眼角渐多的皱纹和儿子伸过来的小手，心中有一股又酸涩又温暖的感觉。她一把抱过年幼的儿子，和母亲在一起吃顿家常便饭，聊一聊漫漫取证路上的种种艰辛。又开朗直爽地安慰母亲，不要为自己担心。这样便不知不觉地到了深夜。

当亲人都进入梦乡的时候，刘小华忍着膝盖酸痛，依然回到案头，开始仔细整理资料，梳理冤案的始末。她不知道，这一周的奔波，尤其是一来一回总计十几个小时的山路，已经严重损伤了她的膝盖和韧带，在以后的日子里常常会爆发剧痛，并导致两次手术入院。她只记得在她那柔弱的肩头，扛着的是法律援助的正义的旗帜，是来自党和人民的殷殷期望望。

灯光下那辛苦工作的背影，让人肃然起敬。是怎样的经历造就了她的疾恶如仇的性格和迎难而上的精神呢？让我们将时间倒回至40多年前，一同去感受这名优秀律师的心路历程吧。

成长磨砺 铿锵绽放

“宝剑锋从磨砺出，梅花香自苦寒来”。1963年5月4日，刘小华出生在贵州省的铜仁这座小县城。铜仁是中国共产党早期缔造者之一的周逸群烈士的故乡，烈士生前曾说：“我们共产党员，要像铁一样硬，钢一样强。”不知是不是巧合，祖国西南的风土养育出的都是心志刚强的儿女。

苦难童年 奋发图强

刘小华的父亲少时在湖南长沙做童工，历尽磨难辗转到贵州铜仁，后来成为一名军人参加了解放战争和抗美援朝战争。父亲身上那种中国军人勇敢顽强的性格，早就融入到刘小华的血液之中。

刘小华在六个孩子中排行第二。幼时的她，家境贫寒，因母亲无力同时照顾几名年幼的子女，小华三岁便被送到农村。六十年代的黔东农村，生活条件依然十分艰苦。在记忆中，小华最难忘的是农民兼做民间医生的外祖父，尽管生活清贫，却一直坚持着救助病人，常常不收分文。历尽艰辛的外祖父母还总是教导她要善良正直。就在这简单而艰难的日子中，小华渐渐长大。

整整四年后，她才被接回县里上小学。那段时间，全家只有父亲一人工作挣钱，母亲靠打零工维持生计。七岁的刘小华已经很懂事了，小小年纪便帮家里挑水做饭。为了贴补家用，常利用假期去挑砖瓦土石。父亲每到潮湿阴冷的冬天便将壳花生领取回家，小华便与姊妹们一同为外贸剥花生仁。在烈日炎炎的夏天，她又去搓麻绳，补麻袋。

刘小华就在生活的不断磨炼中，从铜仁逸群小学毕业。总戴着有色眼镜看人的小学老师，并未给她留下太多美好的记忆。直到上初中，在班主任老师平等待人又因材施教的引导下，刘小华的学习热情才被激发出来，多次被评为三好学生。老师还鼓励家境贫寒的她努力学习，放弃考中专，继续读高中；并最终怀揣着当法官的梦想，考取了西南政法大学。直到今天，刘小华依然由衷地感谢初中和高中老师对她的谆谆教诲，影响了她一生的职业选择。

大学时代 第一次用法律助人

刘小华认为自己疾恶如仇的性格最适合当法官，而命运却似乎早已为她绘制好了一副蓝图，让她注定成为一名扶危济困、伸张正义的律师。

事情还要从她大学二年级说起。那一年，从西南政法大学放寒假回家的刘小华去医院照顾生病住院的母亲。在医院里，她碰到一个被人打的遍体鳞伤的妇女。仔细询问后才得知，这个妇女是在外乡被打伤的，当地村民也因为她不是本地人就随意欺负她，吓得她不敢在当地治疗，才逃了出来。听着妇女心酸的讲述，望着她噙满泪水的双眼，刘小华的心被深深刺痛了。她立刻决定用自己所学的知识来帮助这个可怜的女人。

刘小华帮那人写了控告书。后来母亲告诉她，那个妇女与其丈夫为了表示感谢，专门给她家送了半斤白糖。两口子在刘家吃住了一个星期，还给家人带来了疥疮和很多跳蚤。

刘小华（前排右三）在西南政法大学毕业后30年与部分同学聚会上

这件小事虽然以并不尽如人意的诙谐结局收场，但在刘小华心里却埋下了行侠仗义的种子。她渐渐意识到，有那么多穷人需要法律来捍卫权益。穷人最需要的并不是简单的精神安慰，而是最实际的物质帮助和有效的法律支持。只有最基本的物质需求能得到保证，他们才会安定下来。也是在这个时候，刘小华决心用自己所学的专业知识来捍卫法律的尊严、百姓的权益。

历经磨炼 终成栋梁

1986年，大学毕业工作后的刘小华，响应省委的号召，去乡里当了一名扶贫干部，协助乡里抓计划生育的宣传和实施工作。

在20世纪80年代的黔南地区，计划生育对当地少数民族的农民来说是陌生而难以接受的。她去村民家里做工作时，多次受到野蛮的抵抗。但是当她看到一个18岁的女孩已经生育两个孩子的窘况时，还是忍住心中的委屈，耐心地说服教育。有很多次，当她和乡干部风尘仆仆地赶到村民家里时，迎接他们的却是空荡荡的院子。温热的还冒着烟的灶台，说明屋里主人刚离开不久。于是他们就在外面等上整整一天，到夜深人静的时候再返回村民家里，说服她们做计生手术。

就是如此繁杂而具体的工作，让刘小华做的踏实又成效显著，并且在扶贫过程中对贫苦的农民兄弟姐妹产生了深厚的感情。也就是在这一年，她决定参加律师资格考试，以更加专业的态度来解决广大群众的问题。

从五月到九月，她白天要坚持做好乡干部应做的工作，晚上还要通宵捧着厚厚的书本揣摩钻研。农村的住宿条件简陋，夏天闷热，蚊子非常多。在潮湿炎热的夏季，为了避免被叮咬，刘小华依然穿着结实的牛仔裤、厚厚的袜子和球鞋坐在书桌前，屋里弥漫着敌敌畏的呛鼻的味道。晚上看书实在累了，她就出门做操或者打蚊子。有一天她发现，一个晚上整整打死124只蚊子！汗水打湿了衣裤，被叮咬的红肿手指痛痒难耐。但在昏暗的煤油灯下，这个23岁的女孩依然以惊人的毅力坚持着。

从1986年的初春到炎夏再到秋天，就这样一步一个脚印走过来。勤奋的工作和学习终于为她带来了好消息：当年的律师资格考试，刘小华以311分的优异成绩在厅里名列第一，顺利地成为了一名律师。

说到这里，刘小华律师的眼中闪着动人的光彩，就像初次得到了满分的小学生一样热情洋溢。让人深深地感到：她是多么热爱自己的工作，多么愿意为这项崇高的事业而奉献。

事无巨细的基层工作的经历，让刘小华练就了敏锐的洞察力。在贵阳市法律顾问处从事法律服务的那段时间，她每每看到来寻求帮助的当事人，总能准确地判断出他们为何事而来。尤其是接待脸上青青紫紫的遭遇了家庭暴力的妇女时，她以女性特有的敏感和体贴，给了当事人巨大的力量。

“穷人是最需要我们服务的对象。”这是刘小华经常挂在嘴边的话。在做兼职律师的时候，她每年要办理二三十个案件，却还没有其他律师做一个案子的收入多。即使是这样，她依然坚定而勇敢地走在这条路上。

刘小华独立办理的第一桩成功案例，是发生在扶贫县的刑事案件。当事人被当地检察院以诈骗罪起诉，由于案件比较棘手，当地律师都不敢接下。无奈之下他们便决定从贵阳请律师。事务所接待后，发现案情确实复杂，便让当事人去找在当地扶贫的刘律师试一试。

接受了当事人家属的委托后，刘小华跑到法院阅了三天的卷。抱着从法院摘抄来的厚厚的卷宗材料，仔细研究琢磨了案情后，刘小华发现当事人的行为应该属于民事欺诈而并不构成犯罪，便决定为当事人做无罪辩护。

复杂的案情让事情发展得并不顺利。一审结束，当事人被判有罪。倔强的刘小华决定二审时为当事人免去40元的辩护费。要知道在那个年代，40元相当于她整整一个月的工资。

终于在她不断的坚持和有理有据的辩护下，当事人被无罪释放。刘小华可丝毫也没想到：当她几个月后，结束繁忙的下乡扶贫工作回到省城时，这次无私的辩护事迹已经在当地被口口相传 。

十年公益　两次扶贫

从1986年到现在，刘小华已在律师的路上行进了25个春秋。她的当事人几乎都是生活在社会底层的贫弱百姓，她最记挂的也是百姓的喜怒哀乐。这些年来，她对法律援助工作，有着最朴素也最深刻的认识：穷人最需要的不是无关痛痒的精神上的安慰，而是实实在在的物质帮助。她常说：“如果答应群众的事情不予兑现，就是骗子。做事不是为了吸引众人眼球，而是要为困难群众解决实际问题。要做有益于他人的事。法律援助是公益事业，做公益事业就要有公益心。不能嘴上一套，行动却是另一套。当接到案子的时候，要用自己的心去体会当事人的感受。要仔细分析，层层深入。”

生死一线 倾力相助

在到贵州省法律援助中心共走（供职）之前，刘小华就以自己那颗正义而敏锐的心在彰显着法律的公平。

1993年，刘小华在贵阳接到一件外县的案子：一个叫王自强（化名）的人打伤了妻子陈晓梅（化名）所在的粮管所所长，县委常委开会，认为王自强胆敢殴打执行国家计生政策的干部，决定对王自强必须判实刑。

打伤人就判实刑？在办理案件时，刘小华认真分析了事情的始末，渐渐解开了疑惑：陈晓梅因为生二胎违反了国家计划生育政策，被粮管所开除，但没能得到她在岗期间应得的劳动报酬。讨要这笔钱时，所长却百般刁难。原本老实本分的王自强，也多次讨要老婆工资未果，早就愤愤不平。这天他喝了几口闷酒，又去找所长理论。始料未及的是，蛮横的所长对于他们的正当要求不但不予理睬，还诬蔑陈晓梅作风不正派，竟然口无遮拦地声称她的第二个孩子是所长自己的！这句话一下子激怒了王自强，他一拳便打到所长的眼眶上，对方顿时鲜血直流，伤势的具体情况都写在病历里。县委常委会之所以决议重判就是因为王自强一家违反了国策，又打伤了“计生干部”。

材料整理到这儿，刘小华心中一动。她又细细检查了案件材料，忽然为毫无希望的一方找到了一条“生路”。

开庭当天刘小华信心满满，走到法庭上。对面坐着三个公诉人，两个粮管所所长的诉讼代理人。开庭后，独自坐在另一边的刘小华开始辩护。她沉着镇定地指出，粮管所所长对陈晓梅的正当薪资要求不予理睬，还出言不逊，本身就严重地侮辱了当事人，任何一个正常男人在听到那种话后都会爆发。刘小华不紧不慢地分析着，又拿出所长的病例：“所长去省里看眼科，为什么病例上没有省医院的公章？目前唯一有公章的病例，是出自当地的计生所。难道您看的是妇科吗？”她转头问对面的所长。

这句话一出，所长忙辩解，并说对方的律师在侮辱自己！面对他愤怒的表情和来自上级的压力，刘小华依然淡定，向法官陈述着病例上的疑点。不知过去了多长时间，年轻女律师的分析简单明了，丝丝入扣。正直的法院院长和审判员在庭审后对此案存在的疑点，研究了一天，最后终于决定让粮管所所长重新验伤。案件由此峰回路转。

经过重新鉴定，所长的眼眶仅为轻微伤，更何况是他出言不逊在先。最终结果是王自强被免于刑事处分。

时至今日，刘小华每次说起这件案子，思路都非常清晰，似乎那十八年前的事情刚刚发生。她以自己的专业知识和执着的态度，以对百姓的深情厚谊和为国家值守法律之门的精神。拯救了一个人的政治生命和人身自由。刘小华讲到这里，爽朗地笑起来。若不是被提醒，她可能丝毫记不起她为这仅收100元办案费的案子，从贵阳辗转到县城的崎岖山路，和自己洒下的滴滴汗水。

心系冤魂 不惧山路漫漫

人的一生总不是一帆风顺。1996年，在事业上硕果累累的刘小华，遭遇了婚变的沉重打击。但这个坚强的女人没有被压倒，为了重新振作，她将人生的希望寄托于自己深爱着的法律事业，并毅然做出了再次去扶贫的决定。她带着母亲和刚满一岁的儿子，踏上了新的征程。

而今，刘小华对15年前的不快经历，早已淡然处之。她却开着玩笑地说到带着老母和幼子去扶贫的，估计全国也就是她一个人。

现在想来，在人口素质普遍不高的贵州山区，一个女律师想要拿起法律的武器来维护人民群众的利益，是很困难的。到了那里，刘小华才发现，很多案子当地的律师都不敢承办，就是怕对方报复自己的家人和朋友。

就在她到扶贫县不久后的一天，两个名叫小红（化名）和小荣（化名）的年轻女人各自抱着婴儿，跌跌撞撞地冲进办公室。见此情形，刘小华忙将她们扶起来，发现她们那双绝望的眼里含满泪水，衣服上还渗着乳汁，怀里的孩子也在嘤嘤啼泣。如果不是遭遇了重大变故，像这样还在哺乳期的妈妈，怎么会闯进律师的办公室?

经过仔细询问，刘小华才明白事件经过。小红和小荣是两妯娌，就在不久前有一伙陌生人冲进她们的家，不由分说地绑起小红的丈夫李山（化名）和小荣的丈夫李海（化名）就走。一群人闹哄哄地来到一个篮球场，将兄弟二人绑在了篮球架的柱子上。小红和小荣赶到现场一看，乡干部和派出所的民警也都在场。本以为是一场误会，但没等她们说清楚，众人便以李山和李海偷牛盗马的罪名将二人毒打了一顿。李家人忙上前求情，还想再解释，没想到以乡干部为首的几个人根本不听任何话，嘴里高喊着李家兄弟把偷盗来的牛马宰杀后卖肉了！手里的棍棒也毫不留情，打向两个奄奄一息的人……当小红和小荣一家人回过神儿的时候，李山和李海竟然已经被活活打死在篮球架下!

后来县里来人调查李家兄弟的死因，结论是他们因为偷牛盗马而被当地愤怒的群众打死的。法不责众，事情自然不了了之。

听着小红和小荣的伤心欲绝的讲述，刘小华可越发心痛：在20世纪90年代的中国竟然还有这样无法无天的事情发生？为了捍卫国家法律的尊严，保护人民群众的最基本的权益，刘小华决定接下李氏兄弟的冤案。

于是便出现了本文开始所描述的艰难取证的一幕：刘小华走访了这个处于贵州和广西交界的乡里所管辖的三个组。由于事件影响重大，她只能暗中调查了90多户村民中的20多家。历尽一周的调查取证，换来的是厚厚的第一手证据：被访的村民，都说在场的老百姓没有任何人参与此事，动手行凶的都是乡干部和乡政府与派出所找来的人。

案件材料整理到此，看着冤死者的名字，刘小华忽然想起1986年第一次在此地扶贫时碰到的事：那天，一个叫李山的村民找到她，说自家地里的红薯被同村王树林（化名）的小孩偷了，他并没有觉得此事有多严重，只是去孩子的家里说了说，为的是提

2004年3月1日刘小华（中）在《贵州省法律援助条例》实施2周年宣传活动

醒那家人注意。没想到王树林却觉得自己受到了莫大的侮辱，会在村里抬不起头，一怒之下便组织一帮人去李山家闹事。没谈几句话便动手打起来，李山也进行了还击。这件事情闹到当地派出所，因为王树林的弟弟是县里的政法委书记，所以只有李山一方受到罚款200元并拘留十五天的处罚。受了委屈的李山，托刘小华写了状纸，她又通过多方渠道找到了当地的律师为其辩护。法院受理后，公安机关自行对处罚李山的材料进行复查，认为处罚和拘留理由不成立，公安机关也没等开庭就撤销了行政处罚的决定。

原来是这件事为报复埋下了伏笔！当年的王树林和其身为政法委书记的弟弟觉得那个结果让自己颜面尽失，在默默等待了十年，终于以偷牛盗马的罪名制造了李家兄弟的冤案！刘小华恍然大悟，对这种公报私仇、斩草除根的行为更是愤恨不已！于是她仔细分析了案情，指出李家兄弟偷牛盗马的罪名缺乏相关的物证。如果说牲畜的肉被卖了，至少应该留下骨头；埋藏千万年的化石都能找到痕迹，这么大的偷盗罪名，怎么可能找不到一点物证？没有物证竟然就敢在光天化日下打死人？她将上面的情况，桩桩件件列了出来，从乡里一路告到县里，直至省里。当调查组去核实这起冤案时，也被众所周知的地方势力搪塞了几次。刘小华忍不住悲愤地直言："县里的县长书记，都是学法的先进个人，这个县还是学法的先进单位。口口声声为人民，口口声声说要跟党中央保持一致；国家一直在提倡依法治国、依法办事，怎能言行不一？"

时至今日，由于此案涉及人的背景极其复杂，死者的弟弟多年不舍地往返于省城与北京之间进行申诉，并遭遇了人为制造的车祸。有关部门已对此案重新展开调查和评议，并召集相关部门研究多次，但仍然没有结果。死者的弟弟还在不屈不饶地为冤死的两个哥哥申冤。

这一年，刘小华办理了多起老百姓被侵权的案件，从而得罪了实施侵权的当地权贵。刘小华却笑称："当地老百姓把我当成了青天，事实上我已经成为权贵眼中不受欢迎的人了。"

百姓心中的那座正义丰碑

在刘小华扶贫的县，民族众多，尤其以苗族和布依族人数最多。各个民族世代为邻，相互依存又各具特色。

由于某乡某村的布依族是人少地多，苗族是人多地少，后者便向前者借了土地来耕种。但因种种事由，苗族的百姓到了归还土地的日期，没有将土地还给布依族，两边便闹起了纠纷。借种土地的苗族村寨，申请当地的土管局来解决这场土地纷争。没想到，土管局却是“蚂蟥吃人两头来”，告状的和被告方都要交申诉费。如果谁不交钱，就被视为无理。布依族的百姓认为是自己的土地被侵占了，就不应该交申诉费。土管局便以县政府的名义裁定说三千亩土地是苗族群众的。这个裁定便引起了布依族群众状告县政府的一场行政官司。因为案件涉及了县政府，案情又比较复杂，当地没有人敢承办。就在千钧一发的时刻，刘小华毅然接手了这个案子。

此时的刘小华已经在司法局兼任局长助理、律师事务所主任。她同乡里的土管员去实地取证，发现在已经裁定给苗族百姓的土地上，还有布依族村民的许多祖坟。而且以树木做的土地界限，也保存完好。布依族的村干部为了凑足打官司所必需的钱，只好将费用摊到村里的每家每户。贫穷的村民们也只得纷纷用马驮着小猪、苞米以及其他农产品去集市甩卖。刘小华看在眼里，却不禁痛在心里，已下定决心要管到底。

开庭的时候，刘小华将“土地原本属于布依族”的证据一一列举。县法制办公室主任却当庭反驳：“你是睁着眼睛说瞎话。”听了此言，刘小华依然不急不慌地将代理词陈述完，最后斩钉截铁地说：“这里的县政府已经变成了赤裸裸的金钱政府！因为县政府给我方当事人出具的公函，竟然白纸黑字又盖上公章地写明：谁交钱就有理，没交钱就没理！”

虽然做了充分的准备，但因为被告方的势力很大，原告还是败诉了。刘小华可丝毫没有气馁，继续仔细地搜集、研究证据材料，并向当地的中级人民法院提起了上诉，免费为原告方据理力争。

当她站在中院的法庭时，铿锵有力地指出了这种“金钱交易”是愧对党和人民的行为！地方政府就是要造福一方百姓，如此下去，法律的尊严何在？

终于，在刘小华有理、有力、有据的辩护下，中级人民法院判决撤销了当地县政府做出的“金钱裁定”，“重新对争执的土地划分”。一场复杂的矛盾就在她执著的坚持中化解。

当提到问题解决后，村民要在土地上为她立一块颂德碑时，刘小华再一次爽朗地笑起来。我刨根问底，问她是怎么回答的？

“没必要。”她轻轻的一句带过，似乎不愿意多谈。

而毋庸赘言的是在一场场惊心动魄的案件过后，她已用自己的行动在人民群众的心里竖起了一座丰碑。碑上镌刻的，是党和人民的期望！

在整整365天的扶贫后，1997年10月，刘小华带着当地人民满满的谢意而圆满结束了这一时期的工作。当听说大家写信，请求省司法厅派她在当地再多扶贫一年时，刘小华心中五味杂陈。由于自己的正直、不畏强权，她已大大地得罪了很多权贵。但是人民群众的肯定和鼓励，更让她坚定了在这条路上行进下去的信念。

法律援助 扶危济贫

在公益律师之路上坚守十年之后，1998年，上级决定让刘小华到贵州省法律援助中心任职。有了此前从事律师工作及两次扶贫的经验，她早已对法律援助工作有了更多的体会：“法律是一把双刃剑，维护一方的利益，必然会损害另一方的利益。”这句意味深长的总结，说明刘小华清醒地认识到自己的法律之路还很长，未来还有更多更艰巨的任务在等待着自己。

刘小华到法律援助中心的第二年，就创造了小小的奇迹：五个死刑案子有四个改判，一个发回重审。当同行问她如何做到时，她的回答很简单：“每个案子我都是从头看到尾。”女性特有的敏感和细心，成为她成功的利器。

用一根水管拯救死刑犯

说到这里，刘小华讲起她亲自办理的一桩刑事案件。

2007年的一天，当刘小华走进贵州省安顺市镇宁县的农民工陈小六所打工的小旅社，并调查得知这起二死一伤的命案的“凶器”只是一根水管时，她立刻兴奋起来：死刑犯陈小六有救了！

事情还要从陈小六进城当旅社保安说起。2007年的一天晚上，3个醉醺醺的男人闯进了旅社大门。“我们……要……住店！”其中一个人朝值班的保安陈小六大喊。“请问您带身份证了吗？”陈小六见他们神志不太清醒，心中不由得一紧。“没带！”男人瞪了他一眼。“那按规定，没有身份证，不能帮您们办入住手续。对不起。”陈小六小心翼翼地笑了笑。

3个男人一听，脸色顿时变的更难看，骂了几句，硬是要住进来。陈小六依然坚持拒绝他们的无理要求。事情僵在那里，空气中却正酿起不寻常的火药味道。忽听“砰”的一声，一个醉汉顺手夺过桌上的烟灰缸，朝陈小六猛力扔过去！还没等他有所反应，另外两人举着凳子和拖把，劈头盖脸地打来。此时脑子一片空白的陈小六，本能地握住一根水管挡了几下。混乱中只见一把刀子滚到了他的脚下，面对3个人更加疯狂的进攻，他便举起了刀子……

当警方赶到案发现场时，两死一伤的结果已经不可挽回。

就这样，在法院一审时，陈小六被判处死刑，判决理由是“社会危害特别严重”。死者的家属也不断跑来叫冤，县政府为了平息他们的愤怒，向每位死者的亲属赔偿了5万块钱。拿到判决的陈小六不服，提出上诉。高院以事实不清楚而发回地方重审。贵州安顺中院重审，结果却仍是维持原判。可陈小六到了这一步还是觉得量刑过重，于是案子再次被高院发回到安顺中院重审。

漫长的审案期，已耗尽了陈家人的心力和财力。在万般无助下他们找到了省法律援助中心的刘小华。面对陈家人的哀哭和申诉，以及在此之前的办案律师已经准备得很详细的资料，刘小华不禁心生疑惑：为什么之前的辩护意见都未能被采纳？她隐隐地感到，这件案子或许还能找到什么突破口。

于是她丝毫没耽误，立刻踏上了寻找证据之路。

在陈小六工作过的旅馆，刘小华找到了店主。从店主的讲述中了解到这个保安为人很诚实，对工作也尽心尽力，并不是穷凶极恶之人。店主还说，陈小六的父亲人品也很好，陈家上下都是老实人。当谈到“凶器”水管时，店主说那确实是楼上的坏水管被换下来的，他还找来施工的师傅作证。

这说明陈小六并不是准备好水管故意杀人的，而只是用来自卫。至于那把扎人致命的刀子，通过查验询问笔录，刘小华发现：陈小六对刀子外观的多次描述都不一致，可以证明刀子并不属于他，而是3名醉汉带来的。

凭上述种种证据，刘小华向高院提出：现场勘验笔录有缺失，遗漏的很多细节都可以证明陈小六只是想自卫，并没有故意杀人的动机。

经过第三次审理，高院采纳了刘小华的辩护词，认为事出有因。被害人动武在先有重大过错，现场的烟灰缸和凳子都打烂了，保安是不得已才还击。

最终，陈小六被改判为死缓。

就这样，刘小华在案件的细枝末节中寻找突破口，实事求是地挽救了一位当事人年轻的生命，让他有机会在今后的日子里改过自新。

一份迟到二十四年的无罪判决书

刘小华在办案过程中不仅细心、认真、热诚，还能时时刻刻将当事人的利益放在心中。她说："要把当事人遇到的困难，当做自己的困难，每桩每件都要先替当事人想得周全。来法律援助中心求助的人，不仅经济困难，而且绝大多数人的文化程度都很低，甚至是文盲，缺乏应变的能力，一旦在他们的法律盲区中遭遇到突发事件，便处于不知该怎么办的境地，普遍的缺乏处理重大法律问题的知识和主见……所以从事法律援助工作的人员，一定要把他们的事当成自己的事情来对待和办理。要有高度的责任心，处处替他们着想。"

2005年，贵阳市的王贵荣，经多方询问才发现：早在24年前就已还他一个清白的一份"无罪判决书"，还静静地躺在法院的某个角落，至今尚未送达到自己手中。而这件事情的原委，还要从"文革"那个特殊的年代说起……

20世纪70年代中期，在省城被带上"坏分子"的帽子而疏散下放到农村改造的年轻力壮又有一技之长的王贵荣，为了养活家人，经过生产队、大队及公社的层层同意，外出搞副业。但在极"左"思潮泛滥的1975年，这个很平常的谋生之道却可被任意否定批判。一场反击右倾翻案风的运动，将王贵荣以"新生资产阶级分子罪"的罪名逮捕，并判处有期徒刑5年。

王贵荣对定罪不服，在狱中多次申诉，但都以未果告终。到1980年他才服刑期满出了狱。而5年的服刑，已改变他的一生：妻子由于承受不了巨大的压力而离家；孩子也因自小无人教养，走上犯罪之路，已被公安机关逮捕。生活已然没有着落的王贵荣，只能靠打零工，勉强维持生计。

王贵荣苦苦熬了25年，直到2005年才发现：法院早在1981年就宣判了他无罪并已下达无罪判决书。可在漫长的24年里，他一直没收到。最后还是自己花了15元的材料费，才拿到这份对他来说意义重大的法律文件。而此时的王贵荣已是70多岁的白发苍苍的老人，再无劳动能力。万般无奈的他，决定向上级申请冤狱赔偿。可当他怀揣着仅有的100元钱去找律师时，却发现自己无力负担昂贵的律师费。经人介绍，王贵荣才辗转找到了刘小华。

在详细了解事情的经过后，刘小华为王贵荣写了申诉状，并向他讲解了办案的流程。可努力多次，只因时间太久，赔偿金的问题总不能落实到位。绝望的老人又找到刘小华。倔强的她决定铤而走险：起诉当地法院，让这件极其荒唐的事件浮出水面，以引起上级法院的关注，促使该案得到妥善的解决。

2004年11月25日刘小华（左）参加贵州省法律援助项目调研活动

经过长达三年的持续法律援助，刘小华通过与县法院院长、王贵荣原来所在的单位及单位的上级主管部门、及当地的政法委、人大、省法院等等部门的协调、沟通，终于帮助当事人解决了问题：王贵荣可按40年的最长工龄参加社会保险并免交个人应交的社保资金，同时又获得10万余元的冤狱费。

在当事人王贵荣看来，这件陈年旧案已得到圆满的解决。但是刘小华并没有从此放松下来。她又细细地整理材料，为老人争取2005年至2008年这一段没有参保的空白时间所应获得的1.5万元司法救助，并写了书面纪要。

2009年元月，王贵荣激动地告诉刘小华，他终于开始领取每月930元的养老金了，院长和法官也亲自将1.5万元送到他手里。说到这个结果，刘小华再次开朗地笑起来。她说："现在老人有事，就会打电话过来；我已经成了他的私人律师！"她幽默地说着，丝毫不觉得法律援助是辛苦的事。她正是有了真挚的爱心和胆大心细的工作作风，才能圆满地解决每个接手的疑难案件。

挑战“公益事业”为盲女寻找光明之路

家在贵州省国家级贫困县的印江郎溪镇的田霞，在1998年接受了残联组织的公益事业之一的“送光明行动”，免费手术，治疗白内障。不幸的是：手术失败并导致其植入晶体的眼睛彻底失明，不久后又引发另一只眼睛患上了继发性的青光眼。这使田霞基本丧失了劳动能力，而当地只按普通困难户发给一点生活补助。残疾而贫困的她，文化程度又很低，无法取得有利的证据可证明她的困境来自当年晶体植入的手术。在律师的实地走访中，医院表示自己仅仅提供了手术场地，医生是残联负责联系的，在医院里也找不到田霞入院并做了手术的病历。查到地区残联，也没有保存这批手术的病人名单。

当刘小华整理这起案子的材料时，觉得没有任何希望能打赢官司。于是她放弃了在证据上寻找突破口，而直接与贵州省残联的维权部门及分管领导反映情况，终于使此事引起上级的高度重视。她还不辞辛苦地两次代田霞参加了由省残联主持召开的协调会。会上有人提出：田霞的手术是免费的，对这种公益事业再追究其法律责任是没有意义的，公益事业没有承担给受援人经济赔偿的先例。如果给田霞以赔偿，会给残联将来开展公益事业带来诸多麻烦。而且人是有个体差异的，手术不能保证百分之百成功。对此刘小华反驳道：“不能因为公益事业有好的一面，就拒绝承认其存在不完善的一面。”

经过多次激烈的讨论和反复协调，刘小华代表田霞与省、地区及县残联达成了协议：由省和地区残联补偿田霞人民币3.5万元，并承担为其摘除眼球和安装义眼期间的住院费及生活费等；县残联承担其看病期间的差旅费；乡政府将田霞列为特困残疾人，在农房改造、优抚政策上给予特殊照顾。

达成了协议后，田霞被贵州省残联接到省人民医院住院，并在2006年年底完成了治疗而出院。2008年3月，田霞到贵阳复查，找到刘小华，感谢几年来从法律援助中心得到的帮助。她还高兴地告诉刘小华：省和地区残联给的补偿款3.5万元也已兑现，并带来几百元表示谢意。刘小华却断然拒绝道：“我要是收了你的钱，就是犯罪！”

刘小华说：像这一做就是几年的法律援助案件，她也不知做过多少。我们从她这简单的话语中，却可以想象其过程中的繁琐和艰难。

一封质朴的感谢信

2010年元月，刘小华接到一封来自远方的感谢信：

刘律师，你们全家好！刘律师，让你见笑了，我书读得太少了，字也写得很丑。在这里，我及我的孩子、婆婆，祝你们全家身体健康，万事吉祥！我衷心感谢你一直以来对我们家庭的帮助和付出，而不求回报。这种救助精神让我们很感动而且难忘。你不辞艰辛为我们付出了心血，绞尽了脑汁帮我，而我们却一点人情都没有，实感内疚。本来该亲自登门致谢的，但我的家庭状况你是知道的。我要维护一家人的生计问题，因而力不从心，不能来道谢，望你多多包涵。送走了2009年，迎来了2010年，在新的一年，望你有个好心情，有个健康的身体，多保重！另外，请你代向高院的各位领导及尚庭长问好，同时也感谢他们对我家庭的关心和支持，谢谢他们！此致！王红梅。

写信人王红梅来自四川，在贵州和丈夫以收废品为生。贫穷的日子原本就过得十分拮据，更大的不幸又降临在这个家：丈夫在收废品时仅因为100元钱而同另外四个人起了争执，最后被打死在街头。四个犯罪嫌疑人被抓，主犯在法院一审时被判了死缓，并赔偿死者家属5千元人民币。

可是面对王红梅这孤儿寡母的一家人，还有呱呱坠地的遗腹子，凶手的家属却仍以贫穷为由，拒绝支付赔偿款。赔偿的问题一直闹到高院，走投无路的王红梅便找到了刘小华律师，请求法律援助。

仔细分析案情后，刘小华决定先在主犯的家属那边沟通。她通过村干部找到主犯的父母兄弟，希望能说服他们：如果同意多赔偿死者家属，她就可以出面来请求法院将主犯的死缓改判为无期徒刑。她认真地写材料，一次次的磨破了嘴皮子去协调，却久久没有等到主犯家属的答复。

棘手的案子似乎走入了死胡同，刘小华不禁有些迷茫，经验再丰富也不知该如何进行下去。但是看着王红梅一家的悲惨状况，义无反顾的律师一刻也没有想过要放弃。经过深思熟虑，她决定申请启动司法救助程序。在缺乏先例而没有具体的操作办法之际，她就写信给当地法院的院长、政法委书记，不断地协调着司法救助程序的细节，千方百计、落实到位。可怜的王红梅和两个孩子在刘小华不懈的努力下，终于拿到了三万元救助款。

收到远行打工的王红梅那封质朴的感谢信，刘小华流露出了发自内心的满足与欣慰。短短几行字，回报了她对法律援助工作付出的巨大热情和心血。

争分夺秒 慰藉车轮下的稚嫩生命

2001年7月10日，贵州省遵义市余庆县龙溪镇的三个农民找到了省法律援助中心。当刘小华询问情况后，发现离申诉期结束只有半天时间了！

事情还要从不久前的惨祸说起。一天放学途中，三个孩子被当地的一辆农用汽车轧死。后经调查，司机没有驾驶执照，车辆更无牌照。由于被告人在当地有一定的势力，检察院竟然以被告人的犯罪行为显著轻微为由，判定其不构成刑事犯罪，不予追究被告人的法律责任，同时不予起诉，并将《不予起诉裁决书》送达三个孩子的家属。

可当刘小华看到这份《不予起诉裁决书》之际，也是裁决书上规定的申诉时限的最后一天，时已刻不容缓！如果按部就班，依照《法律援助条例》的相关规定履行正常的流程，必定会错过最后申诉的时间。于是刘小华没有让三人提供经济困难的证明及有关案件的材料等文件，而从当天上午就开始争分夺秒地为当事人写申诉书。整整五个小时过后，一份事实详尽，有理有据的文件终于递到三名贫弱农民的手中。刘小华还周到地叮嘱他们不要回去，赶紧直接奔到省检察院的申控处递交材料，以便赢得更多的宝贵时间。

由于当事人没有再与刘小华联系，此案的结果未知。但刘小华相信：熟悉法律的省检察院的专家们，与案发地的当事人没有任何利害关系，不会犯当地检察官所犯的低级错误并遗留不和谐的社会问题。

用法律保护被抛弃的残疾女

早在做法律援助工作之前，兼职律师刘小华已在贯彻法律援助的精神。

贵州省某央企的职工张丽（化名），与丈夫李明（化名）婚后正过着幸福而甜蜜的生活，不幸却悄悄地降临在她身上。有段时间她感到身体不适，发现脖子上长了个瘤子，需要入院手术治疗。没想到：就是这次手术失败破坏了张丽的神经系统，导致她瘫痪在床，语言功能也几乎丧失。李明最初见到妻子这悲惨万分的状况，便信誓旦旦地保证：绝不会抛弃她，要照顾她一辈子。

李明的这种不离不弃的精神得到大家的广泛称道，他所在的工作单位又将他提拔为下属二级单位的领导。风光无限的李明，却渐渐地感到与妻子的差距越来越大。当他在一次聚会上，遇到旧日的女同学时，更是下定了决心同张丽离婚。拿到法院传票的张丽，犹如遇到晴天霹雳！亲人们决定帮助接受不了残酷现实的她，便通过熟人介绍，找到在律师事务所做兼职律师的刘小华。

看着丧失了生活信心的张丽，刘小华感到深深的同情，义不容辞地接下张丽的离婚案。她设法联系李明，搜集有关其财产的证据。同时她又联合了残联和妇联等社会力量，在各个方面，给变心的李明施加压力。她又面对伤心欲绝的当事人，以女性特有的爱心安慰道：丈夫不喜欢你，维持勉强的婚姻也没任何意义。目前最重要的事，是争取经济上的权利。就在这时，残联和妇联也给法院发了公函。在刘小华不断的奔波努力下，张丽在这起离婚案中获得了丰厚的赔偿：李明将四室一厅的福利房留给张丽终生居住，并同意在承担孩子全部抚养费的同时又将每月工资1,000元的一半，拿出来留做张丽的生活费。

刘小华说："既然人家找到了你，就说明充分的信任。再难再苦我们也要全力替当事人办好案子，这样才无愧于国家和人民的信任。"

帮助"秋菊"打官司

由于很多当事人的文化水平有限，就需要法律援助的律师有更专业的知识来解决所遇到的困难。有时在一起案子中，会同时面临几个棘手的问题。刘律师说到此，讲起了一桩"秋菊打官司"的事件。

某一天，刘小华听说闹市区有个妇女在沿街乞讨，身边还放着一张死亡证书又加上交通事故证明书和判决书。她顿时觉得事有蹊跷，忙去街头找那可怜的女人了解情况。通过仔细询问，才得知乞讨者名叫王秋菊，丈夫在打工期间遭遇交通事故死亡，公婆用假的授权委托书，冒领了她们母女应得的死亡赔偿金和女儿的抚养费7万多元，生活没着落，只好在闹市区跪地乞讨。而刘小华的法律援助中心要做的，正是帮王秋菊争取应得的赔偿款。

于是刘小华帮助王秋菊申请免费做了司法笔迹鉴定，证实了其公婆提交的授权委托书并非她亲笔签名。有了这个结果，法院才启动再审程序。但因为死者是农民工，提交的证据中没有书面的劳动合同，审理中依然按照农民交通事故死亡赔偿的标准执行。法院一审认为，赔偿款已到位，至于如何给亲属分配具体的数额，与法院没有任何关系。

刘小华并不认可这个判决。在提起二审时，她通过多次走访，终于拿到死者与用工单位签订的书面劳动合同。最终通过再审，按照城镇居民的标准又帮她们争取了追加赔偿金11万多元。可是当追加款到位后，王秋菊的公婆又找上门来，要求将这11万元再重新分配，完全不理会他们此前的独吞和这笔钱是秋菊争取来的。正直的刘小华看着可怜的母女，决心继续为她们争取权益。于是陪着秋菊来到丈夫的老家海棠乡，申请到当地司法所调解。终于通过不懈的努力帮秋菊争取到11万元全额的赔偿金，使其能够开始新的生活！

在这起案件中，刘小华以丰富的专业知识、敏锐的洞察力，既为死者的家属争取到了更多的赔偿款，又解决了当事人款项分割的难题。如果没有足够的耐心和刚正不阿的精神，对这种复杂的案子，是不可能妥善解决的。

法援路上　硕果累累

贵州省法律援助中心自1998年3月成立，作为最初的筹建者之一的刘小华就一直坚守在这个岗位上，至今已默默地奉献了13年。

贵州省地处山高路险的大西南，百姓的文化平均水平不高，这就导致了该地区人的法律意识普遍淡薄。用刘小华的话说，就是匪气比较重。当地不乏很多稍有权势的人已俨然成了“土霸王”，地方保护的情况严重。在这样的地区开展法律援助工作，维护贫弱百姓的权益，困难的程度可想而知。而在这条艰险的路上行侠仗义铿锵行，刘小华就是迎难而上。

刘小华充满深情地说：“我们要站在受援人的立场上换位思考。他们是遇到困难或者告状无门才来找我们，我们不能无动于衷、麻木不仁。法律援助工作所面临的除了民事纠纷，大多是重大的刑事案件，都涉及到一个人的人身自由和一个鲜活的生命是否能存留。”

刘小华用丰富的法律知识和经验，用热情和智慧、尽最大努力为受援人提供优质的法律服务；她始终认为：法律援助的对象，大多是案情很严重并且非常复杂的重大的刑事案件，所谓人命关天，往往又疑云重重。而13年来，在她所承办的300多件法律援助的二审刑事案件中，改判及发回重审率，已占总数的20%以上；其中的未成年人犯罪的案件，改判率达到50%。

2006年4月28日刘小华（右）同志被授予全国三八红旗手称号

但更重要的是：刘小华为百姓做实事，如接待及解答咨询、给当事人免费代写法律文书及办理部分法律援助案件，仅是工作的一小部分内容。她大量的时间还是从事法律援助的日常性的管理工作。更发挥主动性，积极地协助领导起草规范性的文件，让法律援助工作有了具体方向、工作目标、方式方法及衡量的标准。累累的业绩，使她先后被评为全国首届法律援助工作者、全国法律援助先进个人、全国三八红旗手。

贵州省法律援助工作成果

对于这些年来，贵州省法律援助工作取得的进步，刘小华的总结是：

一、在思想理论上，以邓小平理论和“三个代表”思想为指导，深入贯彻落实科学发展观，全力维护社会的和谐稳定

在经济高速发展的时代背景下，如何实现社会的和谐，是全国上下一直在探讨的命题。落实到具体工作中，贵州省的法律援助工作时刻把握着科学发展的主旨与“和谐稳定”的脉络，对上门求助的百姓热情接待，深入各个阶层进行法律援助知识的普及宣传。13个寒暑，仅刘小华个人就陆续接待了4,000多名来自全省各地进行法律咨询和申请法律援助的人员。

这些风尘仆仆上门求助的百姓，大多经济拮据，文化水平不高，有人身上衣衫褴褛还发出刺鼻的味道；在讲述事情经过时，往往词不达意；更有人跪地苦苦哀求，泪流满面悲伤难抑；有人因在此前一直求助无门，或是受到了很多不公正的对待而变得情绪激动，对别人都怀有强烈不满和敌对的情绪。

由此刘小华总是耐心认真地聆听来人的申诉，仔细地阅读相关材料并及时发现和梳理受援者的求助要点，将他们反映的问题，分门别类加以处理。对那些目不识丁或有特殊困难的申请人，她每每要多费许多精力和时间，帮助他们找到正确解决问题的方式和途径。如此年年月月，锲而不舍，为维护贵州全省的社会和谐与稳定做出了积极的贡献。

二、在基本思路上，努力构建多层次、多行业的法律援助网络，加强法律援助的队伍的建设，尽力为弱势群体提供法律援助，维护其合法权益

贵州省的法律援助工作开展至今，已大力扭转了无办公地点及缺乏人才和经费的初期局面。刘小华便曾为了解决全省的法律援助工作人员在办理有关刑事案件时的身份待遇的落实，尤其是无律师县或少律师县如何能有人

刘小华（右）作为中国共产党贵州省第十届代表大会代表在出席党代会期间与参会代表合影

承办刑事法律援助案件等等开拓性的问题，积极跟省高级人民法院和公安厅协调，终于以三家联合行文的形式下发了《关于贵州省法律援助工作者承办法律援助事务的通知》。该文件规定：在全省各地的法律援助机构工作、具有法律大专学历以上的文化程度并已专职从事法律援助的工作人员，可以申请办理法律援助工作者证。凭此证，可到法院阅卷，到看守所会见被告，解决了全省基层的法援机构没有专人办理刑事法援案件的问题。这在全国属于首次，得到了司法部法律援助中心领导的肯定并在全国推广，很多兄弟省市都来贵州取经学习。

至今全省已逐步形成以政府设立的法律援助机构为主导，以律师事务所和基层法律服务所及公证处等为纽带，以律师、法律工作者、法律援助工作人员为主体，以各类法律援助工作站、法律援助志愿者为补充的体系，完善了法律援助工作的多层次多行业的实施网络及服务平台。

有了网络化的服务平台，有了战之能胜的队伍，以法律援助维护社会弱势群体的合法权益，促进国家的和谐稳定，就不仅是鼓舞人的口号了。

三、在业务领域上，不断拓展法律援助的服务领域，逐步地扩大法律援助的覆盖面，深入基层，服务民生

从1997年至今，贵州省在88个县（市、区）建立了法律援助中心，还在全省1,546个乡镇（街道）中的1,456处设立了法律援助工作站。同时设立了由社会力量广泛参与的各个部门的法律援助工作站483个，其中有各级总工会的工作站共计86个，各级妇联的工作站共计91个，各级共青团组织的工作站共计76个，各级残联的工作站共计90个，各级老龄委的工作站共计66个，各级信访部门的工作站共计43个。此外，在高等院校设立工作站4个，在工矿企业设立工作站9个，在监狱、劳教所设立工作站28个。

法律援助的覆盖领域，基本上已深入基层的各个角落，力争服务于民生的方方面面；使百姓能随时随地，感受政府的关怀，享受法律的公正。

四、在具体措施上，积极推动法律援助工作的科学化、制度化、规范化的管理

贵州省司法厅自法律援助工作开展以来，陆续制订了详尽的《贵州省法律援助事项结案文档归档办法》《贵州省法律援助机构接待来访规则》《贵

2007年12月贵州省法律援助中心年度交叉考核场景，刘小华（右二）在认真研究、仔细检查案卷

州省法律援助案件质量检查管理办法》《贵州省法律援助案件经费管理办法》《贵州省法律援助机构办理法律援助案件（事项）程序规则》《律师办理法律援助死刑案件质量管理办法》等一系列的规范性文件。

同时，为了确保法律援助工作的顺利开展，贵州省司法厅与省高级人民法院及省公安厅，联合制定了《关于贵州省法律援助工作者承办法律援助事务的通知》；又与省高级人民法院联合下发了《关于刑事法律援助工作有关事项的暂行规定》。各市（州、地）、县（市、区）也依照相关的法律法规和省司法厅的规范性文件，制定了相应的工作制度。如六盘水市出台了《法律援助中心首问责任制》、《服务承诺制度》；贵阳市法律援助中心提高办案质量，坚持实行案件集体讨论制度、援助案件质量跟踪反馈制度；铜仁、赤水、湄潭、正安等县（市）也分别出台了《法律援助重大疑难案件讨论制度》《法律援助案件公开投诉制度》等等。

在积极为百姓办实事、充分领会上级精神的同时，贵州省法律援助工作处还根据实际需要建立健全了法律援助的各项管理、运行、监督制度。刘小华便根据贵州省法律援助工作的特点和发展，协助领导制定了《贵州省法律援助试行办法》《贵州省法律援助中心工作规则》《贵州省法律援助工作者执业证管理办法》《认真履行援助职责确保援助案件质量》等等文件，让全省的法律援助工作人员有据可依，行事也更规范、更高效、更科学。

五、在创新机制上，积极探索法律援助工作的新思路、新办法，以发展创新的理念推进基层的法律援助工作

满足困难群众不断增长的法律需求，是法律援助工作的紧迫任务；而方便群众能及时得到法律援助的救济，更是社会的客观要求。因此，贵州省的基层法律援助工作在实践过程中坚持以人为本、服务民生的原则，针对困难群众的实际情况而不断探索新的路子，逐步改进服务方式。在建立健全了覆盖各个乡镇（街道）、村寨（社区）的基层法律援助网络的同时，逐步建立法律援助的便民服务窗口，拓宽其申请渠道，简化法律援助的受理程序，开展免费的便民法律咨询等等，方便了困难群众了解、申请、办理法律援助案件（事项）。

在省中心的倡导和发展创新的理念下，黔东南各州县（市）还采取“即时受理制、优先办理制、变通受理制”的便民措施。即时受理制，就是对于材料比较齐全的申请采取即时决定、即时派案；优先办理制，就是对于情况紧急的案件采取优先办理；变通办理制，就是对于材料不齐，但申请人经济困难又路途较远、且实事基本清楚的，采取先受理、后补齐材料的方式。

自2009年，贵州省积极推进法律援助进村寨、进社区工作，通过在10个县（市）进行试点已取得了较好的效果，从2010年起全面推广此项工作。

通过转变工作作风、改进服务方式，全省办理基层法律援助案件的量与质均在逐步提高。2006年全省法援案件突破10,000件，并呈上升趋势。2007年至2011年6月，全省共办理法律援助案件51,218件，其中刑事法律援助案件17,274件，民事法律援助案件36,136件，行政法律援助案件251件。受援人总数为54,587人，其中残疾人2,570人，未成年人13,493人，妇女9,065人，农民工7,937人，特殊案件当事人21,533人。解答各类法律咨询192,236件。

为了确保法律援助事业深入民心，省中心还加强了有关的宣传。针对贵州是个经济上欠发达欠开发的西部贫困省、少数民族多、文化水平相对较低且法制意识普遍较淡薄的情况，全省各级司法行政部门及法律援助机构制定了各种措施，采取不同形式，开展了广泛的法律援助宣传活动。每年利用“三·八”妇女维权周、“5·19”助残日、“五月综治宣传月”、“12·4”全国普法宣传日等期间，结合普法宣传工作，已采取上街设点宣传、播放录音及闭路电视、悬挂宣传横幅、张贴宣传标语、散发宣传资料等形式，进行“普法”赶集，让法规进社区、进村寨。又举办培训班、新闻发布会，加宣传大国务院的《法律援助条例》《贵州省法律援助条例》的力度。同时通过电视、广播、报纸、网站等等新闻媒体向社会公布当地法律援助机构的热线电话，并广泛报道法律援助的案件，举行公益义演等等。一些地方还为农村五保户、城镇低保户发放了法律援助便民卡，让群众了解法援机构的情况、申请援助的程序，逐步扩大了公众对于法律援助工作的知晓率。

如贵阳市南明区针对不同的地域和人群，采取三种宣传模式：一是农村的宣传模式。在农村公路及村道两侧，制作了喷绘永固性宣传标语。二是社区的宣传模式。在低保户相对多的社区，制作永固性宣传标语，贴挂于巷道及墙体和楼口等处；有条件的社区还设置了显示屏和"一点通"，社区居民可通过显示屏获得法律援助的知识，通过"一点通"了解申请法援的程序。三是农民工聚居地的宣传模式。在外来人员和农民工较集中的城郊结合部，重点悬挂宣传标语。省里肯定并推广了这些创新。省司法厅还印制《农民工维权手册》30万册发放到基层和农民工的手中。同时加大运用新闻媒体的力度，近三年来有关的宣传在电台和电视台共播放了869次，在报刊杂志共刊登了530次。

贵州省法律援助工作存在的困难

谈到贵州省法律援助工作的问题和困难，刘小华认为：经费和人员及办公场地的缺乏等等依然是当前面临的主要难点。虽经过多年努力，情况比从前已大大地有所改善，但仍需要更有效的解决办法。具体问题，总结如下：

一、保障经费短缺

贵州省已将法律援助经费纳入县级财政预算的有84个县，虽然得到了亚洲基金会和加拿大国际发展署的资助，但仍资金不足。其中有5个县的每年财政预算为1,000元上至不足5,000元，占5.68%。有24个县的财政预算为5,000元以上而不足1万元，占27.27%。有22个县的财政预算为1万元以上而不足2万元，占25%。有13个县的财政预算为2万元以上，占14.77%。目前仍有某某等4个县尚未纳入当地财政预算。而且乡镇一级的政府都尚未将法律援助经费纳入本级财政预算。而未纳入县级财政预算、或虽纳入但逐年减少的有22个县，占25%；多年未增加财政预算的有44个县，占50%；纳入的财政预算有所增加的有22个县，占25%，主要集中在贵阳市等中心城市。

总体上看，2009年的省、市（州、地）、县（市、区）三级支出法律援助经费共计1,243.99万元，比上年同比增长16.68%。虽然贵州省法律援助的经费支出与社会经济的发展相适应，但分摊到全省4,000万人身上，人均支出的法律援助经费仅为0.31元，远远低于全国人均经费的0.56元（最高的青海省人均已达1.72元，邻近的重庆市人均也达1.3元）。

二、人力资源严重匮乏

虽然贵州省88个县（市、区）都在司法局设立了法律援助中心，但专职的工作人员较少，基本上只有一名；与整个西部地区现有的平均人数2.2人相差较远，与全国的平均3人差距更大。虽在全省1,548个乡镇（街道）开展基层法律援助工作所依托的乡镇司法所有1543个，但司法助理员仅有1,382人，平均每所0.948人，其中有165个司法所还是“空壳所”。虽在1,417个乡镇已依托司法所挂有“法律援助工作站”的牌子，但均由司法助理员兼职，尚无一名专职的法律援助工作人员，且有35 个工作站依托的是“空壳所”。由于贵州省的基层法律人员奇缺，且主要分布在中心城市，县级律师事务所的执业律师总计不到400人，有3个县尚无执业律师，县级公证处的公证员也仅有130人左右；因此，办理基层法律援助案件，主要依靠全省501个基层法律服务所的非专业法律服务工作者2,241人。近几年由于受援范围逐步扩大，法律援助人力资源不足的矛盾已经凸显，难以适应新形势的发展和实际工作的需要。

三、法律专业人才缺乏

随着贵州省的社会经济不断发展，城镇化建设不断加快，农业产业化的结构调整的力度不断加大，广大群众特别是困难群众，对法律援助的需求也不断增多，维权的种类和范围也不断扩大。而全省基层法律援助机构的人员中有法律专业文凭的仅有169人，占76%，尤其是办理基层法律援助案件所主要依靠的基层法律服务工作者的总体素质不高，有法律专业文凭的更少。而全国的基层法律工作者有大专以上文凭的占67%，本科以上的占51%。更可虑的是由于法律援助人员严重匮乏，有些基层机构把不具备管理能力或办案条件的人员吸收进了法律援助队伍。甚至有些县级司法局，将法律援助机构作为老人的退休场所、新人的练手场地。要适应形势发展、实际需要，贵州省法律援助工作的不少管理及办案人员的法律知识、业务能力、管理水平，均存在一定差距。

四、设施装备落后

由于经费紧张，贵州省法律援助机构的办公设施、装备普遍较差。据调查统计在88个县（市、区）的法律援助管理部门和法律援助机构的接待和办公场所的建筑面积共计2,735平方米，平均面积仅为30.7平方米（全省平均36.1平方米）。与全国县级法律援助机构办公用房平均数的67平方米相比，存在很大差距；与西部地区县级法律援助机构办公用房的平均数46平方米相比，差距也不小；比起东部发达地区平均数的96平方米，差距更大。如江苏省，基层法律援助机构公用房的平均面积达200平方米左右，大者设有专门的候谈室、咨询室、案件受理室、会议室、档案室等，配备了传真机、电脑、数码摄像机等，开辟残疾人绿色通道，有的还专门设立残疾人厕所。而在贵州，许多县级的法律援助机构和相关管理部门是合署办公，多数没有专门的会议室、档案室，设立专门接待场所的有78个，设置残疾人无障碍通道的仅有27个，办公设备齐全的只有4个，其他的大多长期处于一个人、一间房、一张桌的工作环境，应配置的基本装备无法满足。这就既不方便法律援助业务的开展，也不利于保护当事人的隐私。

五、工作职能不专

贵州省的基层法律援助机构除了资金和人员不足，还普遍存在不能专人专用的问题。由于目前管理体制不顺，专职人员不够，县（市、区）法律援助机构大多同司法行政机构的其他科室合署办公，基本上难以独立运行。不少法律援助机构的人员由司法行政机关内部调剂使用，而且县（市、区）党委、政府及司法行政机关派活的现象也普遍存在，一些县的法律援助机构还承担了政府的法律顾问或参与综治、信访等其他非本职工作。另外，乡镇（街道）法律援助工作站依托的乡镇（街道）司法所，本身就已承担着九项工作职能，而且也经常被乡镇抽去抓中心工作或分派其他临时性任务，根本没有充分的时间和精力顾及法律援助工作，严重影响了基层法律援助工作的正常开展。

六、援助门槛偏高

《贵州省法律援助条例》于2002年实施之后，经过在工作实践过程中的认真调研，于2009年3月26日，经贵州省第十一届人大常委会第七次会议通过修改的《贵州省法律援助条例》，法律援助案件（事项）的种类有所增加，但经济困难的标准仍按当地人民政府公布的城乡居民最低生活保障、农

2009年6月10日刘小华（中）陪同贵州省司法厅季林（左）副厅长到黔东南州回访法律援助工作受援人，图为受访人（右）在回访表上签字

村五保户供养的标准执行。贵州省2005年的各县（市、区）城市居民最低生活保障的标准为：最多的是贵阳市的南明、云岩、小河区，为每月170元；最低的是遵义市的赤水、习水县，为每月90元。贵州省2007年制定的农村居民最低的保障标准为不低于每年700元。而到近几年，在贵州省GDP以每年10%以上的速度增长的情况下，法律援助仍以最低生活保障标准为经济困难标准，缺乏一定的实事求是和与时俱进的科学性，很难实现“应援尽援”的目标。

近年来国内一些发达地区，为扩大法律援助的覆盖面，一再降低门槛并简化了繁杂的手续。如2005年修订的《江苏省法律援助条例》，将农民工发案率最高的工伤、交通事故等，明确列入法律援助事项范围，为农民工申请、获得法律援助扫清了障碍。2005年修订的《浙江省法律援助条例》规定，关于法律援助经济困难的标准由县级以上人民政府，按不低于本地城乡居民最低生活保障的1.5倍来确定。2007年修改通过的《山东省法律援助条例》增加了与农民有关的案件范围，即因假劣种子、农药、化肥及环境污染使农民权益受到损害而要求赔偿或补偿的。这些先进经验，是贵州省法援工作需要借鉴的。

七、部门衔接不畅

法律援助事业是国家的法律制度和政府的民心工程，必然也是一个庞大的社会系统工程。涉及的工作部门多、覆盖的社会领域宽，办理的程序也不免复杂而且环节较多。因此，法律援助工作单靠司法行政机关和法律援助机构的管理和实施是不能充分畅通的。从目前的状况看，贵州省的基层法律援助工作在实施过程中，相关部门在总体上是协调配合的，但仍有一些地方存在衔接不好及配合不力的问题。如有的地方财政部门，不能及时划拨法律援助经费，办案补贴也得不到及时兑现，直接影响了法律援助机构的工作开展和办案人员的工作积极性。有的基层法院，对法律援助工作配合不力，使一些困难群众在得到法律援助后，只因交不起诉讼费，或暂时拿不出钱，又得不到法院的减免或缓交诉讼费的许可，仍无法进入诉讼程序。最该受援助者未能受援，也就不可能实现真正意义上的“法律面前人人平等”的目标。

八、宣传方式单调

贵州省自开展法律援助工作以来，虽然每年都投入一定的经费，进行有关法律援助的宣传活动，但方式仍陈旧单一，针对性不强，覆盖面不大。从形式上看，一般仅是悬挂标语、散发传单、设点咨询，且多数活动是在城镇，很少深入边远的村寨。而乡镇一级也很少开展有成效的宣传。从内容上看，直接涉及弱势群众对法律援助需求的信息少，更新又缓慢，不能引起广泛关注，致使宣传活动的效果并不好，影响不大。从统计的情况来看，贵州省中心城市及周边村寨的群众对法律援助的知晓率不到20%，边远地区村寨的群众对法律援助的知晓率不到10%，远远低于全国的平均知晓率。导致很多有诉求需要的困难群众并不知晓法律援助的受理范围、申请程序、证明材料等等基本知识，甚至还不知道办理法律援助案件的机构在何方。

迎难而上　积极应对

贵州省法律援助工作者，针对上述的一些困难，想方设法积极应对；尤其要促进基层法律援助事业的协调发展，正着力抓好“八个结合”。

一、政府责任与社会义务的结合

法律援助既是政府的一种责任，也是社会的一项事业。我国作为人口众多的发展中的社会主义国家，经济社会发展水平还不高，缺乏实施大规模的法律援助的资金实力。但又由于社会性质，决定了我们不应将法律援助长期的局限于特定社会阶层的少数人，而是要逐步扩大法律援助的受援对象。因此，国家提供必要的财政和人力支持，辅之以社会各界的慈善捐助、人员参与，是我国目前开展法律援助的重要形式。

贵州省属西部欠发达、欠开发的贫困省，财力、人力更是相对缺乏。各级政府要按照“政府主导、行业支持、社会参与、个人奉献”的基本思路，切实履行法律援助的政府责任，根据社会经济发展的情况，逐步加大支持法律援助的财力与人力的投入；同时，社会各界也要自觉承其担法律援助的义务，主动积极地参与法律援助工作。在建立和完善以政府为主导的法律援助体系的基础上再整合基层司法行政内在的法律服务资源，协调其他部门和社会力量的广泛参与，形成上联下延、相互配合的公益性法律援助体系。以弥补贵州省基层法律援助的财力人力不足，并提供具有公共产品属性的公益性法律服务。

二、主体职能与触角延伸的结合

法律援助制度的宗旨是保障贫困群众获得必要的法律服务，其本意是解决让受援人有平等的诉讼能力、及打官司难的问题，一般都在诉讼领域。这是法律援助的主体职能。但在实践中，在履行主体职能的同时，可将法律援助的触角延伸。中央提出的深入推进三项重点工作，也为拓展法律援助的领域打开了空间。一方面，在日常的法律咨询、受理案件过程中，引导并帮助受援人通过合法方式和途径表达诉求，维护自身权益，疏导并化解可能出现的群体性或恶性事件、突发事件的隐患。另一方面，可密切关注在加快转变经济方式和城镇化建设过程中出现的新情况、新问题，积极介入在公共服务设施、交通建设项目和企业并购重组等领域中的农民工及困难职工的法律援助事项，预防和消除因项目建设而可能产生的不安定因素，为社会的和谐稳定发挥必要的作用。

三、人民调解与法律援助的结合

根据基层工作的实际可探索建立人民调解与法律援助相结合的路子。在村寨或社区调委会设立法律援助联络点，联络点的人员既是法律援助志愿者又是人民调解员，既参与调解民间纠纷又办理有关法律援助事项。人民调解委员会在调解和处理矛盾纠纷时，根据当事人双方自愿的原则。对当事人符合法律援助的条件并要求法律援助的，对其及时告知申请，并指导当事人提供有关法律援助的申请材料，向审查指派机构提出申请。这样，把人民调解工作作为法律援助工作的前置程序，一方面可及时发现和了解民间纠纷，通过调解的方式解决争议，防止矛盾激化；一方面又可对不愿调解、或调解不成功又符合法律援助条件的当事人，及时按程序做好指导、审查、申请工作。人民调解与法律援助相结合，既整合了人力资源，又降低了工作成本，更方便了困难群众。

四、法律援助与司法救助相结合

法律援助的实质就是通过政府“花钱买服务”的方式，帮助困难群众参与公平公正的法律诉讼。但如果只将他们引入诉讼程序，也只是在法律程序上实现了在“法律面前人人平等”。要实现真正意义上的平等，还需要政府的法律援助与法院的司法救助有机结合。减免或缓交诉讼费用，正是司法救助的重要内容。在现实生活中，诉讼费也是困难群众打官司的一道门槛：既然贫困人无钱请律师打官司，也大有可能没钱交诉讼费。如果合理的司法救助与法律援助脱节或衔接得不好，就仍会使困难群众被拒之于法庭之外。因此，各级政府要协调法律援助机构与审判机关建立健全法律援助与司法救助的衔接制度，将法律援助与司法救助进行无缝对接，才

2003年12月21日刘小华与广东省法律援助处来黔考察人员交流会谈

能畅通困难群众的诉讼渠道，以真正实现宪法赋予的“中华人民共和国公民在法律面前一律平等”的目标。

五、服务方式与服务效果的结合

贵州省的基层法律援助工作在全面推进法援进乡村、进社区的过程中又持久而深入开展“法律援助便民服务”的主题活动，改进服务方式，实现法律援助与困难群众需求的“零距离”。通过建立受援人档案、开通热线电话、实行援务公开、推行援助绿卡制度、对老弱病残等特殊人群实行上门服务等等便民利民的措施，方便了困难群众寻求法律援助。在为受援人提供法律咨询和办理法律援助案件时，注意人文关怀和心理疏导。对存在心理问题的当事人，要运用心理学及社会学的相关知识平衡其心理、疏通其情绪，将精神帮扶融入法律援助的工作中。同时要加强“12348”热线和法律援助接待室工作，强化其了解民情和收集信息的窗口、桥梁作用，注意归纳、分析、提炼咨询中得到的重要情况及倾向性的问题，上报到各级党委、政府或有关部门，以及时防止和化解矛盾。既由改进服务方式来提高服务效率，又以提高服务效果来不断促进服务方式的改进，最终达到法律援助应有的政治效果、社会效果和法律效果。

六、具体实施与完善法规的结合

贵州省法律援助工作是不断探索、循序渐进、逐步推进的过程；同时又与其相关的法规及制度，有一个逐渐建立、不断完善、全面规范的过程。实践是检验真理的唯一标准。基层法律援助工作的具体实施，需要一整套相关的法律法规来规范；而法律法规的制定，也必须遵循法律援助工作的规律，满足困难群众对法律援助的需求，适应经济社会的发展。贵州省基层法律援助工作的现状从总体上是有发展、有效果的，但也在一些方面和环节上，已显现出了现行的法规及制度与法律援助工作不适应的情况。如法律援助范围的确定、门槛的设置、经费的保障、人力资源的配置等诸多问题。这就需要我们以科学的观点来审视基层法律援助工作中出现的问题和困难，用创新的理念来调整基层法律援助工作现行的法规、制度（甚至法律），用发展的观念来规范法律援助工作的运行。使法律援助工作的具体实施，与相关的法规、制度相配套，以促进贵州省基层法律援助事业在实践中不断创新，在创新中逐步规范。

七、业务培训与文化建设的结合

法律援助人员的素质影响服务质量、办案效果，也是开展法律援助工作的关键因素。贵州省要继续加大对基层法律援助人员的培训力度。除了举行常规的集中培训、以会代训外，要采取请进来、走出去的办法，开阔视野，学习先进地区的宝贵经验。还应根据形势发展的需要、针对法律援助工作存在的问题举办专题研讨会，着重研究某一方面的问题，提出改进措施和发展方向。要多层次多角度多领域地提高法律援助人员的职业道德修养、理论知识、业务水平和诉讼技巧等等。与此同时，要注重法律援助的文化建设，将文化建设与业务培训有机地结合起来。文化是民族生存和国家发展的根本力量，是现代社会进步的思想保证、精神动力、智力支持，也是软实力的体现。而法律援助的文化建设关键在于道德规范、价值取向、开拓创新的理念。法律援助文化建设的外在表现形式上包括了法律援助机构的外观容貌、内部布局、法律援助人员的言行举止及待人接物，由此可折射出其风格、作风的个性特征，凸显出热情、温馨、和谐的环境氛围。在法律援助文化建设的内容上，要倡导终身学习、高效工作、敬业奉献的精神，培养严谨规范、文明友善、乐观向上的习惯，努力营造共同追求、共同意志、共同情感的氛围，发挥其凝聚、约束、导向、激励的作用。从而以业务培训促进人的综合素质的提高，以文化建设促进人的精神境界的升华，全面塑造、提升法律援助机构和人员的良好形象。

八、当前工作与长远发展的结合

法律援助工作要实现全面、协调的发展，关键要有一种适应新形势的要求并适合法律援助工作的客观规律、符合本地区特色的创新发展理念，对法律援助事业的发展要有前瞻思维和多元思维。既要把当前的法律援助工作的开展进行全面的谋划，又要对法律援助事业的长远发展进行动态思考。贵州省的基层法律援助工作已经过十三年的实践，探索出一些成功的经验，也取得了不少明显的成绩；同时又发现不少问题，也存在许多困难。这就需要进一步深入贯彻落实科学发展观，紧紧围绕“三个更加”：法律援助的渠道更加畅通，法律援助的覆盖面更加广泛，法律援助的能力和水平更加提高；以创新的理念、发展的观点，对基层法律援助的制度设计、管理体制、经费保障、人力配置、质量监管、门槛设置、宣传教育等各个方面、各个环节，进行科学的分析和缜密的研究并制定长远的发展规划，切实解决贵州省基层法律援助工作存在的问题和困难，让广大贫困群众得到实实在在的、持续长久的、越来越多的实惠。

尾声 简单而幸福的生活

当问到刘小华自己的生活时，一直侃侃而谈的她，轻轻一笑。眼神中仿佛没了谈工作时一往无前的神采和气魄，却流露出平和而满足的风韵。她只是轻描淡写地说："我的生活很简单，就是两点一线，工作——家——工作。"

可怎知尚未成年的儿子和默默支持她多年的老母亲，都是似乎全把人生寄托于法援工作而又独自赚钱养家的刘小华内心中最深的牵挂？

"我的业余时间很少。平时的精力，都放在法律援助上面了。工作处的领导们都已换了5届，我还一直在这个岗位上。但如果不出差，不加班，我

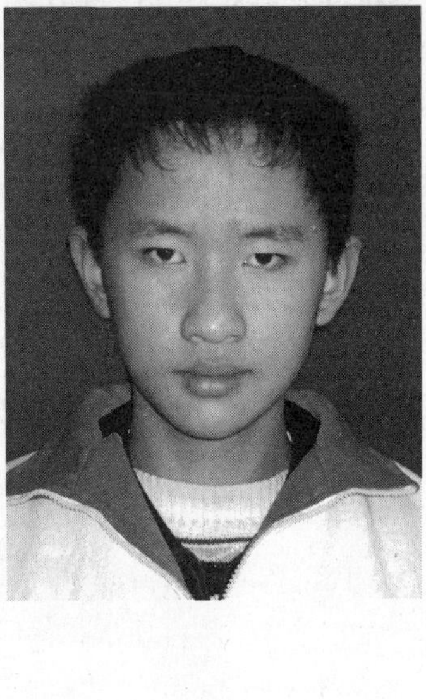

刘小华母子简单而幸福的生活

下班后会回去为家人做上一顿饭。我自认为烹饪手艺还不错，开个家常的菜馆也应该没什么大问题。”说完，她喝了口水，又拿出几片药吃了下去。

工作繁忙的刘小华已积劳成疾，患上了高血压等多种慢性病。膝盖的旧伤也时常让她痛苦不已。但在工作之余，她并没有彻底放松，像大家一样从事些休闲娱乐的活动。“业余时间我喜欢看书，尤其是与自己工作密切相关的哲学类的书籍。也从佛学上得到很多启发，知晓了天下为公、全心全意为人民服务的思想来源，以及人类社会存在种种弊端的根源。看书的好处很多，不至于浪费时间又学到了待人处事的道理。书里深藏的知识和智慧，是一个人穷尽一辈子也学不完的。”她稍停一下，又回到自己最喜欢的话题；“如果有新下发的法律文件，我会带回家，及时学习。上班太忙了，根本没有时间细看。”

我们不知不觉地又谈起刘小华16岁的儿子，她的脸上立刻浮现出一个母亲特有的骄傲：“我的儿子生活上挺依赖家人，但是在思想上很独立，经常会跟我讨论一些案子和普遍的社会问题。他的性格很耿直，有点早熟，对眼下这种清贫的生活也很知足。但在儿子最需要培养的时候，我的主要精力都放在工作和案子上了……”说到这里刘小华好一阵沉默，或许心中想起了什么。

结束采访之际，我们问她有没有什么格言。她朴实地说：“我生来不会讲什么豪言壮语。我认为，干好工作是做人的本分。忠诚于自己的事业，充分利用工作这个平台，全心全意为人民服务。在生活和工作的每个阶段，都要扮演好能体现自己的存在本质的角色。”这些不算格言，却是刘小华的座右铭？

这就是刘小华：一位出身贫寒，患病在身，却依然几十年如一日地坚守在法律援助的工作岗位，从点点滴滴做起，敢于挑战，不屈不挠，为基层百姓伸张正义而默默服务的法律援助律师。为捍卫国家法律的尊严，她用自己的实际行动诠释了我国法律援助制度的源远流长的内涵……

坚如泰山 情似涌泉

——访山东省济南市法律援助中心主任刘景学

刘景学 中国共产党党员。山东省济南市法律援助中心主任，毕业于重庆通信学院无线通信专业，大专学历；第二学历为山东政法干部管理学院法学专业，本科学历。曾插队当知青，从军18年，担任过战士、学员、技术员、副连长、副指导员、指导员、团政治处干事、通信股长，步兵侦察训练大队训练处军务通信组组长、助理教员、政治教导员等军职。1997年转业，先后担任济南市法律援助中心审裁部部长、副主任，2006至今任济南市法律援助中心主任。其中心先后被授予“全国优秀青少年维权岗”，“全国残疾人维权先进集体”、“全国老年人维权示范岗”和省、市先进单位等多项荣誉称号。刘景学被评为济南市司法局先进工作者、优秀共产党员，并荣立三等功、二等功，以及“全国法律援助先进个人”荣誉称号。

印象：一个男人的情怀

初见刘景学，给我的第一印象不大像山东人，其细腻和精致反倒有点像南方人。但几句话谈过去，一个典型的山东男人活脱脱地展现在眼前。他开朗中带有豪气，正直中带着坚毅，干练中充满智慧，幽默中裹着浪漫；有山东儒士之优雅，有山东壮士之豪情，言谈举止中充满生命的活力和激情。他对世界万物报以感恩之心，无论是过去的贫穷，还是如今的富足，无论是逆境，还是顺境，无论是狂风暴雨，还是阳光灿烂，他都敢于担当。

随着采访的深入，一份博大的情怀，如泰山，如突泉，跃然于方寸间。我精心地采集了几朵小小的浪花，仔细地记录下来，看它们如何滋润扰攘而焦渴的人间……

感恩：贫穷是一笔财富

天降大任于斯人也，必先苦其心志，劳其筋骨，饿其体肤，空乏其身，行拂乱其所为，所以动心忍性，增益其所不能。

——《孟子·告子下》

1961年，持续几年的特大自然灾害，仍笼罩着整个中国，父辈们却在忍受着饥饿的同时仍然无私地坚持着祖国的建设。刘景学就在这个困难时期，呱呱落地，来到了这个日新月异而依然有落后与贫穷的世界。

景学在家中排行老小，上有兄姐四人。母亲为了照顾孩子，没有参加工作，这样一个大家庭全靠父亲一人的54元工资。即便在正常的年代，靠父亲的工资维系这个家庭的生活都很困难，更何况是大灾之年？母亲吃不饱饭，哪儿还有乳汁喂养这个小生命？刚出生的小景学时常饿的哇哇直哭，母亲只能从自己嘴里，克扣出一点米糊糊养活他。后来大一点的小景学饿极了，就跟着哥哥姐姐们，到处挖野菜充饥。有时，爸爸又带着孩子们到已经收获过的田地里拾荒。那时候，虽然很苦很穷，但是全家人互敬互爱。挤在只有15平方米的一间小屋子里，却生活得其乐融融。

父亲时常坐在5个孩子当中，给他们讲故事。父亲说："现在生活虽然苦一点，但比起新中国成立前还是强多了。眼前的困难只是暂时的，何况全国人民都在吃苦，咱们坚持一下就过去了。"父亲虽是个普通工人，但很懂事理，总是用积极乐观的精神影响子女。他从来不埋怨，更多的是宽容和体谅。孩子们在父亲的影响下，以苦为乐，快乐地成长着。长大后刘景学才知道，新中国成立前，在大哥之上还有两个哥哥，由于家里穷得没钱治病而接连死在农村。后来大哥又得了重病，父母害怕再失爱子，就在济南解放前夕来到济南，一边做工一边尽力给大儿子看病。为了养育后代，父母商量，母亲便辞了职而全力以赴地照顾众多的孩子和操持繁重的家务。从此，母亲就承担起了所有的家务活。

刘景学对儿时的记忆就是一个"穷"字。小学时家里一直吃救济，而在上初中之前他从来没有穿过新衣服，只穿哥哥姐姐穿剩下的衣服。刚上初中时，母亲亲手为他缝了一身新衣服，以表对他上中学的鼓励。但贫困的生活，在他上高中时有了转机，日子终于一天天好了起来。"文革"后，又迎来学习的春天。1977年，国家恢复高考，学子们个个跃跃欲试。1978年，刘景学高中毕业。在最后3个月的冲刺阶段，学校为了适应高考而开始分设快慢班，他毫无悬念，进入了尖子云集的快班。

带着全家人的期待，特别是大哥的梦想，刘景学开始向大学冲刺。他说："我从小就听父母讲，大哥在学校学习非常优秀，各方面都出色，书法、绘画、太极，样样都会，可以称得上是全能。而且他的人缘也特别好，老师和同学都很喜欢他。初中毕业时学校极力推荐大哥继续上高中，为考大学铺平道路。然而，贫穷让大哥失去了上大学的梦想。作为长子必需承担起家庭生活的重担，在父母的坚持下，大哥放弃了上大学的夙愿，选择了父母为他安排的命运——读技校，尽快参加工作，养活自己，挣钱补贴家用。"而刘景学在学校的优异表现，又点燃全家人的希望。他接着说："我当时面临着，实现大哥的大学梦，平复父母对大哥没能上大学的愧疚，实现全家人对大学的向往。”

命途多舛，大家公认的尖子生却落榜了。正赶上上山下乡的最后一批，刘景学也在下乡知青之列，被安排在济南城郊的桃源大队。不甘心落榜的他，写信给大队请假，希望再参加一次高考。大队领导很支持他，准他再考。刘景学感谢大队的支持，没日没夜的开始苦读。不幸的是，他又落榜了。这一年由于济南没有应届毕业生，考试的难度增大。面对两次落榜的命运，他没有怨天尤人，而是打起背包就下了乡。

1979年7月的阳光，炙热如火。刘景学第一天下田干活收稻子，浑身上下被扎的起满了疙瘩，他过敏了。没有办法，带队的领导只能给他“调换工作”，下厨房帮厨。厨房的工作也不轻松，个子矮小的他，每天要为厨房挑好几担子水。城市里长大的孩子，哪里挑过水呀？开始时，他只能挑半桶水，经历几百米的跋涉后，桶中的水不到三分之一，稚嫩的肩膀上磨出了一道道的血痕。谈到这里，刘景学笑着说：“年轻时，我的皮肤很细腻，磨破了的皮肤流淌着血，痛的很呢？但我还是坚持下来了。”

刘景学认为，贫穷和苦难都是一种财富。它可以让人时刻警醒自己，不要忘记艰难困苦的岁月，珍惜每一天的生活；它可以让我们更加坚强，战胜前进中的各种困难。

一年后，生活有了转机。每年的征兵工作开始了，刘景学也在盘算自己的未来：他可能与大学无缘，但也不妨参军。在军队这所大学校里，自己所学的电学、力学、基础物理学等等，或许还能派上一点用场。他如愿以偿地参了军，进入了军队这个大熔炉……

军队：我的大学

军旅生涯锤炼了我，给了我勇气、胆识和智慧。而法律援助事业给了我人生的无限空间，实现了我的人生价值。我为自己从事了这项神圣而伟大的事业而感到荣幸、自豪。

——刘景学

1979年初冬的北京，北风裹挟着雪花席卷着整个城市。京郊的军营里，庄严肃穆。刚刚结束了3个月新兵训练的刘景学，被分配当了一名通信兵。通信兵是一个技术兵种，新兵入伍后，都要进行与通信相关的专业知识和技术培训。

培训教室里，学员们正在认真地听讲。当教员讲到与电学原理有关的知识时，一个身材瘦小的学员举起了手，他说："教官，您刚才讲的电磁原理中，有些问题……"这个人就是刘景学。下课后，教员告诉他："你提出的问题是正确的。你是什么学历？"刘景学告诉教员，自己是高中毕业，曾两度参加高考，但落榜了。教员便向连长汇报了刘景学的情况并又说："这个学员我教不了，他两次参加高考，相当于大学生呢。"连长便破格提拔刘景学担任了全连的文化教员，负责全连的高小文化普及教育。

"机会永远是留给有准备的人。"就在这年军队出台了一项新政策：在全军冻结一切提干指标，从当年起，所有干部都必须从军队院校毕业生中选拔。同时，第一次将新兵纳入院校招生范畴。连领导力推力拔刘景学参加军队院校招考，认为大学生非他莫属。刘景学没有辜负领导的期望，他成为通信营唯一考上大学的人。他说："这是我人生的第一次转折。大学为我开启了一扇知识的大门，成为我军旅18年辉煌人生的开始。"

1980年，刘景学实现了多年的大学梦，走进了重庆通信学院的大门。

然而在选择专业时，这个年仅19岁的小伙子却有点犯难了。刚刚学了几天无线电专业的他，对于通信技术没有更高的理解，凭着一点点认识，他仍旧选择了无线电专业，成为无线通信专业大专班的学员。

大学是青年人理想的天堂。改革开放后，青年学子的求学愿望被充分释放出来，刘景学在大学里更是如鱼得水。两年高考的苦苦追求，终于在军营里得以实现，这种失而复得的感受，让他更加珍惜眼前的学习机会，如饥似渴地吸收着知识的养分，尽情地绽放着青春的智慧。

时间飞逝，转眼3年过去，刘景学大学毕业了。怀揣着赤子的信念和热情，他就要归队而报效军营了。然而直到这时，他才知道自己原先服役的通信营早已解散，昔日的战友们已各奔前程。带着一点点惋惜和内疚，他被分配到一个通信团，担任技术员。他也是改革开放后全军的第一批大学生。

刚上任不久，就赶上军队进行现代化建设，刘景学被抽调到团里，参加一个技术革新的项目。为了搞好革新，他先后到北京工业大学、天津工业大学进修学习。1985年全军百万大裁军开始了。又一次面临抉择，团领导找刘景学谈话，有两种选择让他作决断：一是留在团里继续搞科研项目，二是回到原来的连队，编入另一个通信团。他选择了归队。在结束了革新小组的工作，回到连队后，他由一名技术员升任副连长，代理连长之职，负责连队的全局工作。他从这时开始，在基层连队一步一步、扎扎实实地工作，为部队的现代化和新时期的国防建设奋斗着、奉献着。

不知不觉18年过去了。刘景学变得成熟了，看人看事，有了自己的主见。随着人生大熔炉的冶炼，他增长了自信心，优越感、自豪感也油然而生。他说："我是在军队里成长起来的。从18岁的腼腆小伙，到37岁的成熟的指挥员，军队给了我丰富的人生阅历和成熟的思想、坚强的意志、敏锐的思维、吃苦耐劳的实干精神、敢打硬仗的坚强意志、争先创优的竞争意识、美好的思想情操、雷厉风行的工作作风，以及良好的组织、领导、协调能力和精诚团结、同心同德干事业的团队精神。这一切，都是我今生最大的财富。"

创业：鱼和水的故事

1997年，37岁的刘景学，再一次面临人生的抉择：一是继续留在部队，二是转业回到地方工作。考虑到多年分居而辛苦持家的妻子、正面临升学择校的孩子，他决定离开军队回到地方工作。

人生能有几多转折、几多拼搏？已近不惑之年的刘景学，结束了18年的军旅生涯而最终回到了地方。从部队到地方，两种制度、体制，两种工作环境，两种生活方式，一切都要打破了从头再来。这对于一个将近40岁的人而言，是一个莫大的挑战和考验。他勇敢地走了进来，在新的领域，开始了他的二次创业。

刘景学被分配到济南市司法局。在安排工作时，领导征求他的意见，他说希望自己能为济南市的老百姓多做点事，做点实事。不久，市法律援助中心成立，司法局的领导找他谈话：“你不是想做一点实事吗？现在，市法律援助中心成立了，那里可以办点实事，也可以学习法律，办理案件。”刘景学便服从需要，去了法律援助中心。有些一同回到地方的战友很不理解他的选择：局机关是行政单位，法律援助中心是事业单位，用军队的话讲：这里有正规军和杂牌军之分，对你未来的发展也不利。刘景学没有回答战友的疑问，只报以坦然一笑作罢。他知道自己需要什么、能干什么。他告诉我们：自己出身贫寒，知道困难群众的难处，很希望能为底层人民群众服务。法律援助正是实现他这种心愿的工作，他非常乐意参与这项工作。

1997年9月，刘景学脱下心爱的军装，走进了还在筹建中的济南市法律援助中心，担任审裁部部长。从1995年司法部肖扬部长提议在中国建立法律援助机构开始，到1997年刘景学进入济南市法律援助中心，法律援助事业还处在刚刚起步的阶段，全国上下对于法律援助事业还不甚了解，一切都还茫然，还处在探索中。

1997年11月，在市委市政府大力支持下，济南市法律援助中心正式成立。市司法局领导十分重视法律援助事业的发展，认识高、定位高，从人、财、物上都大开绿灯，给予全力的支持：全额预算管理的县级事业单位，编制20人，专职律师12人，其中高级职称的律师7人。到1998年，便落实法律援助专项经费80万元，办公场所300平方米，瞄准全国一流水平创建济南市法律援助中心。有了市委市政府和市司法局的大力支持，济南市法律援助中心起点高，工作有条不紊的开展起来。考虑到法律援助办案的需要，司法局为他们配备了一个律师事

2011年7月27日济南市纪委、市政法委领导到市法律援助中心调研“阳光工程”司法公开工作情况，图为刘景学（右一）在汇报工作

务所。由于难以将收费案件与不收费案件区分开来，到1999年在济南市法律援助中心的强烈要求下，最终将律师事务所从中心剥离，市法律援助中心从此告别了收费案件代理服务，以全新的面貌，为泉城的贫弱民众提供免费的法律服务。

此后，济南市法律援助中心一步一个台阶地稳步发展。刘景学告诉我们："中心的建设始终以打造全国一流法律援助中心为目标，在硬件配置和人员组成上给予保障，并展开了全面的宣传攻势。这期间，济南市辖区内的县区法律援助中心也相继成立，但仍普遍存在着经费困难的问题，这大大影响了法律援助案件的办理工作。"

为了保证法律援助机构在各区县的顺利发展，1998年，在市司法局的主持下，济南市出台了《济南市法律援助条例》，但在济南市人民代表大会会议上没有通过。此后，经费困难仍旧是影响法律援助工作扩大化发展的屏障。

这个时期的刘景学，一边积极地参与法律援助机构的建设，一边加强着自身的专业知识的学习。为了进一步做好法律援助工作，他决定再次深造，重新学习法律，并报考了山东政法干部管理学院的法学专业。1999年4月，刘景学顺利地通过了山东政法干部管理学院的入学考试，利用业余时间学习法律。他仅用了3年时间，一举攻克了法学专业4年的课程，获得了法学专业本科学历。他以一个军人时刻准备着的工作姿态，为他的再次创业积累着知识，奠定了基础。

2002年7月，刘景学被任命为济南市法律援助中心副主任。济南市的法律援助工作也从此一天天地发生着变化……

一、建立法律援助工作网络

2002年12月，济南市成立了由分管副市长为主任、13家市政府职能部门分管负责人为委员的"济南市法律援助委员会"，建立起了覆盖全市的四个法律援助工作网络：第一个是由市法律援助中心同市法律援助委员会的成员单位之间，建立的联动服务网络。第二个是由市法律援助中心统一调度下，以市直律师事务所、基层法律服务所、大专院校为主体的服务网络。第三个是以市法律援助中心为核心，以各县（市）区法律援助中心为分支的服务网络。第四个是辐射全市各个街办（乡镇）、村居的法律援助工作站（联络员）的服务网络，在全市136个乡镇（街道）建立健全了法律援助工作站，在5069个社区（村居）设立了法律援助联络员。

二、提高法律援助的服务意识，打开便民通道

为了向更多的贫弱群体提供方便快捷的法律服务，市法律援助中心大力开展了法律援助进社区（乡镇）、进基层、进军营的活动，为社会特殊群体提供法律援助，在市残联、市监狱、市劳教所设立了法律援助值班室，开展了青少年普法讲座活动。这些工作的开展取得了良好的社会效果，受到了受援群众的普遍欢迎。济南市法律援助中心还与济南大学法学院揭牌成立了“法律援助志愿者工作站”；为解决困难职工打官司难的问题，与市总工会签订了“法律援助协议书”；为维护妇女儿童的合法权益，设立了妇女法律援助中心和青少年维权岗；为维护农民工的合法权益，市中心启动了为农民工讨薪活动；全市的法律援助机构都积极指派律师参与政府的信访接待，以维护社会稳定。

三、加大法律援助的宣传力度，扩大法律援助的知晓率

为了营造全社会都关心支持法律援助的良好氛围，济南市法律援助中心与省市各新闻媒体建立了宣传互动机制，定期广泛宣传法律援助工作的典型经验和案例，并于2003年创办了《济南法律援助》信息简报，定期上报，并与多家外地的市法律援助机构建立了互通协作关系。全市法律援助宣传工作落实到位，做到了有广度、有深度、有力度。

四、争取法律援助的经费，打通制约法律援助事业发展的瓶颈

2005年，刘景学以济南市法律援助中心副主任之职，主持中心的全面工作。济南市的法律援助事业也在他的带领下，得到全面的提速，迅速、健康地发展起来。

为了解决困扰法律援助机构的经费问题，刘景学积极地疏通渠道，终于在2005年排除了重重障碍，将法律援助工作列入政府为民办百件实事之一，并承诺年内要为民办理法律援助案件1,000件。承诺有了，但办案经费还没有落实。怎么办？他立即向市司法局领导汇报。经过与市财政局协商，市司法

局和市财政局成立了联合调研组，由刘景学带队，一个县一个县的搞调研，做工作，落实法律援助办案经费。经过多方努力，全市各县区的法律援助机构的经费总算全部落实到位了，多则数十万元，少则几万元。

常言道："有钱好办事"。有了经费保障，法律援助工作便如火如荼地开展起来。市政府从2005年开始，开展"弘扬济南精神、创建文明城市"的主题活动，法律援助工作连续被列入为民办实事的项目和《政府工作报告》任务督察的内容，连续被列入市老龄工作为民办实事的内容之一。2005年至2009年的5年中，为民办了百件实事。

五、打造法律援助的服务平台，树立法律援助的政府形象

济南市的法律援助事业通过5年的奋斗，达到空前发展的态势，中心的基础建设也走在全省和全国的前列：800平方米的办公场所，宽敞、明亮、功能俱全的服务大厅，给前来求助的百姓提供了周到、细致、便利、温馨的环境。市法律援助中心为了全方位、多角度地开展工作，先后发动了大规模的"千人法律援助"、"千人法律援助进村居"，以及"迎全运、促和谐，法律援助献爱心"、"便民利民法律援助惠民生"、"法律援助进警营"、"法律援助下乡入户"等等活动，并取得了显著的成效，为维护困难群众的合法权益、推进司法公正、促进社会的和谐稳定、实现社会公平与正义，发挥了重要作用。

十多年的辛勤耕耘，十多年的努力奋斗，伴随着法律援助事业成长的脚步，刘景学见证了济南市法律援助事业发展的全过程。作为济南市法律援助中心的开创者之一，他与法律援助结下了不解之缘；将自己的全部心血，都融入到法律援助的事业中。他用当今网络上一则热捧的《鱼和水的故事》，来表达与法律援助的这份深刻情谊：他与法律援助的关系就如同鱼和水一样相依相恋。

鱼儿说："你看不见我眼中的泪，因为我在水中。"水儿说："我能感觉得到你的泪，因为你在我心中。"鱼儿和水儿相拥着，饶过了暗礁和险涛，流过了江湖，跃下瀑布，流入一条小溪中。一路上，水将鱼儿轻轻抛起，又接住，再抛起，再接住，嬉闹着。水流可越流越暖，最后竟然快要断流了。"太好了，我们终于可以定居了。"鱼儿欢呼雀跃。"不行，水面太浅，太危

险！乘现在还有退路，你赶快往回游吧！”水儿紧张地说。“不！不管怎样，我决不离开你！”鱼儿坚决地说……

刘景学说：“我的生命早已融入到法律援助之水中，它载着我勇往直前。我们有过成功后的喜悦，有过遇到困难后的坚强。在这里我如鱼得水，每一天都能感受到法律援助带给我的动力和感动；每一天都能感受到法律援助的进步和发展；每一天都能感受到自己的成长和进步。就如鱼水相亲，不离不弃，浑然一体。”

支持：一个战士的烦恼

1998年5月，武警战士小赵之父，带领68名民工承揽了山东省水利工程总公司下属五公司的泰安三孔桥、五孔桥的施工项目。工程竣工后，该公司拖欠了赵父等人工资款共计117,603.34元、损失及租赁费27,866.92元。经山东省桓台县人民法院判决，被告山东省某工程总公司五公司应赔偿原告工资款、利息及诉讼费共计180,715.51元，工程总公司承担连带责任。判决生效后，当事人即申请强制执行，未果。几年来，小赵的父亲一直奔波于要求执行的路上。这期间，其他民工见判决迟迟未能执行，认为是赵父将大家的血汗钱私藏起来，为此经常到赵家闹事，并将赵家所有值钱的东西强行拉走。由于常年讨薪未果，而民工们又纷纷将矛头对准赵家，致使赵某的父亲因劳心过度，于2004年5月突发疾病，饮恨离世。

由于父亲过早离世，母亲在家债务缠身，战士小赵一度情绪反常，严重影响了在部队的正常工作与训练。为维护自身的合法权益，2005年8月，小赵通过其所在部队的法律援助工作站向济南市法律援助中心打来求助电话，请求法律援助。

接到小赵的求助电话后，刘景学主任不顾身患腰椎疾病，带领律师立刻赶往部队了解情况。通过与小赵交谈后，刘景学和律师发现，小赵对案情并不十分了解，而且没有任何案卷资料，遂决定，同部队领导一起到桓台县人民法院查阅案卷材料。由于此案审结时间已久，在微机档案中没能查到

2011年7月27日山东省边防总队济南边检站到市法律援助中心调研座谈，图为刘景学（右二）在介绍情况

此案，而且执行此案的法官因工作需要也多次调整。最后根据判决书的记载，刘景学和律师几经周折，找到了当时审理此案的法官，终于查到了案卷材料。通过查阅执行卷宗，发现在判决书生效后，原告即向法院申请了强制执行，但在执行过程中，被执行人山东省某工程总公司，根据淄博市中级人民法院生效的法律文书已不再承担付款义务；而另一被执行人山东省某工程总公司五公司，已被桓台县工商局吊销了营业执照，使本案暂不能执行，最终裁定中止执行。

看到早已生效的“民事裁定书”，刘景学心里一沉。裁决内容虽是“中止执行”，但何时可恢复执行？执行结果如何？对当事人来说，都是未知数。阅卷后，刘景学同现在的执行庭长进行了交流，庭长终于同意，留下恢复执行的书面申请。但也告知申请人对于是否可以恢复执行及执行的结果如何，要有多种思想准备。

刘景学回济南后多次同桓台法院联系，均被告知，两份判决均生效，无法执行。得到口头回复后，刘景学考虑到：如果本案不能尽快得到执行，不但这些农民工的合法利益得不到保障，还将影响到武警战士小赵的思想稳定与部队建设。作为法律援助机构，要从维护司法公正及军人军属的合法权益、巩固国防、构建和谐社会的高度，恪尽职守，知难而进，争取更好的法律效果与社会效果。经反复思考，刘景学决定利用各级法院正在加大执行力度的有利时机，向省高院分管院长递交了书面情况反映，并通过各种渠道同省法院执行局联系，终于引起省院领导的高度重视，分管副院长将此案列为省院督办案件，责成桓台县法院恢复执行。

通过与桓台法院及时沟通，桓台法院在收到省院通知后，迅速到济南划拨了山东省某工程总公司的执行款项。

执行款划入法院账户后，桓台法院即通知律师过付。但新的问题又出现：所有涉案当事人都要持个人身份证明，经法院确认后领取。由于本案申请执行人涉及68人，有的已去世，有的仅过付几十元，且大多数人在外打工，如果全部去桓台法院过付，难度很大，而执行过付程序又十分严格。面对新的难点，刘景学考虑到该案历经八年，社会影响较大并直接影响到军民关系，在执行款已完全到位的情况下，应尽力寻求妥善的过付方式，使农民工能如实拿到自己的血汗钱。为此，他同省院执行局多次协商，建议采取法院到民工驻地直接过付的方法，以解决此难题。省院最终采纳该建议，决定由桓台县法院将十几万元执行款带到当事人所在的泰安市大汶口镇土门村村委会，现场过付。

2006年1月，刘景学与桓台县法院院长、执行局局长、执行庭庭长及部队领导一同驱车赶赴过付现场。途中由于天降大雪，车辆无法在崎岖的山路上行进，刘景学等一行人在冰天雪地里步行了5公里多，才到了泰安市大汶口镇，当众人的身影出现在村口时，只听鞭炮齐鸣，68名农民工和家人列队欢迎。经刘景学按判决书核准数额，执行员核实了当事人的身份后，68笔执行款在经过8年后全部发到当事人手中。68名民工拿到“迟到”的工钱后便纷纷向刘景学表示感谢，向武警战士小赵的母亲鞠躬道歉。小赵的母亲拉住刘景学的手失声痛哭：“几年了，终于证明我们家的清白，老赵终于可以闭上眼了！”长达8年的执行案终于圆满告结，68位农民工的合法权益依法得到了维护。

本案胜诉后，法院执行难已是普遍的社会现象。就本案而言也历时8年，尽管当事人在漫长的8年岁月中也曾无数次申诉和上访，但均无结果，使此案执行更添了难度。面对复杂的案情，承办此案的刘景学主任及律师并没有放弃，经过反复不懈的努力，最终使得早已被众多人认为不可能执行回来的款项发到了农民工手中。作为法律援助案件的具体承办人更不禁感慨万分：执行难已是困扰法院工作多年的难题，尽管最高人民法院已先后出台了许多司法解释，各地法院也采取了相应的措施，但问题总是得不到彻底地解决，更深层次的原因究竟是什么？刘景学又在苦苦思索。但不管怎样，作为社会弱势群体的农民工理应得到社会各界更多的关注和理解。此案可以告慰逝者的是，长达8年的执行案件终究有了结果。执行款作为68位农民工的辛苦劳动所得，终于得到了过付。

该案件的成功办理，是2004年济南市司法局同驻济武警部队联合开展的

“法律援助警营行”活动中的成功案例。它不仅充分发挥了法律援助工作站的重大作用，还是落实双拥工作的具体实践，有力地增进了警民鱼水情谊，其影响是深远和重大的。该案件由一个战士的烦恼引起，具体体现了法律援助的意义：能为维护部队官兵和家属的合法权益并促进部队及官兵的思想稳定、进一步增强部队的战斗力，起到积极而关键的作用。

追查：失落的档案

胡大爷解放前就在济南某面粉厂工作，本来就应该老有所依、老有所养。但是只因为单位改制、领导更迭等原因，致使他的个人档案遗失，乃至多年无法落实胡大爷的身份和相关的待遇政策。就这样，没有生活来源，他只能在肥城老家靠亲友的救济生活。后来他知道了政府有个法律援助机构，便乘车来到济南市法律援助中心，申请援助。刘景学主任在了解到情况之后，看着风烛残年的老人，心里很不是滋味。责任的驱使让刘景学上前紧紧握着胡大爷的手说：“大爷，我们一定想办法，帮您完成心愿，让您老有依靠”。但是解决胡大爷的问题的关键，是由于档案的遗失，无法确定其身份，也就无法给胡大爷落实相关的待遇政策。确认其身份，就成了难点和重点。面对困难，刘景学从来不退缩而是知难而上，想方设法寻找解决的办法。为此，他到公安局查阅了户籍登记记录，获取了胡大爷准确的户籍登记信息，对确定其身份有了很大帮助。同时又到胡大爷的工作单位济南某面粉厂实地调查，走访老人工作时的工友、离退休老干部等等不下十余名，向他

2006年5月刘景（右一）学主任探访受援人家庭

们调查了解情况，制作调查笔录，收集证人证言，获得了证明胡大爷身份的第一手证据材料。

有了这些证人证言，就能确定胡大爷的身份，帮他落实相关待遇也有了希望。刘景学拿着十余名证人提供的证言等证据材料，找到档案局帮助胡大爷办理档案补办手续。档案局的工作人员看着他带去的这么多证据材料，都惊讶地说："没想到这么困难的事，到你们法律援助中心，在一个多月的时间内，就能调查到这么多的证据材料，解决了胡大爷多年都没能解决的难题。"

档案局很快为胡大爷办理了档案补办手续，胡大爷的档案问题终于解决了，他的身份也相继得到确认。有了这些证据和档案材料，落实胡大爷的相关待遇就有了依据。接下来刘景学又积极地向劳动行政管理部门协调，帮助胡大爷递交证据材料，提出了相关的待遇主张。一起十余年的陈案，最终圆满解决了。胡大爷落实了相关的待遇，并在短短一个多月的时间里就拿到了补偿金。他专程来到法律援助中心，向刘景学及其同志们致谢。

他说："我以为这件事没有盼头了，没想到你们给我带来了希望。我辛苦一辈子，现在能安心回家养老了。谢谢法律援助！"老人在下楼时，伸出大拇指，称赞刘景学是真正的共产党员，并一边走一边高兴地哼起了"共产党好"的小曲儿。

援助：异地法援大行动

2006年3月21日晚7时许，商河县农民工吴立洪、杨怀清及德州市平原县农民工宿道田等人，在天津打工的下班途中，不幸遭遇车祸。吴立洪当场死亡，杨怀清经抢救无效死亡；宿道田大脑严重受挫，成了植物人。事故发生后，受害人亲属与肇事方及用人单位多次交涉未果，无奈之下分别向所在县提出法律援助申请。因事发地在天津，异地办案难度较大，商河县法律援助中心便向济南市中心汇报，请求帮助。市中心主任刘景学得知情况后非常重视，在与天津市中心联系异地协作未果的情况下，迅速调配精干力量，指派市法律援助中心的律师孙瑞吉、商城律师事务所的崔清福二同志，具体承办此案。

与此同时，刘景学又带领孙瑞吉、崔清福等律师，深入受害人的家中进行慰问并详细了解案情。律师在商河县、河北吴桥县进行调查的基础上，又到天津调查取证，取得了有力的证据材料。受害三民工，均受雇于河北吴桥县杨家寺乡的一建筑队，在天津市西青区中北工业园干建筑工程。刘主任多次安排承办律师赴天津立案、出庭、调解，又在此基础上多次召开案情分析会并指示办案思路，并支付了差旅费近万元。

经天津市西青区交警部门认定，河北廊坊人曹善明违章驾车，负事故主要责任；农民工杨怀清受建筑队指派违章驾车，负次要责任；农民工吴立洪、宿道田无责任。曹善明在事故发生后因交通肇事罪被当地公安部门羁押，但无赔偿能力。建筑队向三名受害人家属支付了少量善后款，也即撒手不管。办案人员由此根据《劳动法》《工伤保险条例》及最高人民法院的有关司法解释，向法院提起交通事故人身损害赔偿。

2008年5月25日济南市和全国8个城市的法律援助中心与宁夏回族自治区法律援助中心建立合作关系

经过律师的据理力争，2007年1月29日，天津市西青区人民法院一审判决：济南市商河县农民工吴立洪、杨怀清，德州市平原县农民工宿道田（二死一植物人），最终获得赔偿医疗费、误工费、护理费、营养费、残疾赔偿金、死亡补偿金、被抚养人抚养费等各项费用共计765,440.45元。交通肇事司机曹善明、农民工用人单位吴桥县杨家寺乡第一建筑队及工程建设方天津市西青区中北镇雷庄子村委会均承担连带赔偿及补偿责任。山东省农民工的天津维权案，至此取得了较为理想的办案效果。

此案牵扯到法律援助异地办案和重大交通事故问题。而当时交通事故案件在天津市尚未纳入法律援助的范围，故天津不给予法律援助。在济南市虽说属于法律援助范围，但受害人住所地在济南，事发地又在天津，怎么办？这在当时，实在给济南法律援助中心的刘主任出了大难题，更何况还要支付大量的办案经费。但刘主任凭着对受害人亲属负责的态度和一颗关爱之心，没有推诿，而是多方请示、协调，抽出精干人员办案。另外，他还积极地走访慰问受害人的亲属，多次开会研究确定办案思路，对整个办案过程做到了亲自过问和督办，树立了当代人民好公仆的光荣形象。

领航：团队是一只船

这是你的船，所以你要对它负责任。你要让它变成最好的，你要与这艘船共命运，你要与这艘船上的官兵共命运。所有属于你的事情，你都要自己来决定，你必须对自己的行为负责。

——选自迈克尔·阿伯拉肖夫《这是你的船》

迈克尔·阿伯拉肖夫原来是美国导弹驱逐舰“本福尔德号”的舰长。1997年6月当阿伯拉肖夫接管“本福尔德号”的时候，船上水兵的士气很是低落，很多人甚至讨厌待在这艘船上，想赶紧退役。然而两年后，这种情况彻底发生了改变。整个团队士气高昂，全体官兵上下一心，“本福尔德号”成了美国海军的一艘王牌驱逐舰。阿伯拉肖夫究竟用了什么魔法使“本福尔德号”发生了翻天覆地的变化？概括起来就是一句话：这是你的船。

正如阿伯拉肖夫所言，刘景学认为：一个团队就是一艘船，船上的人无论是船长还是船员，只有精诚团结、齐心协力，才能到达理想的彼岸。尤其是船长作为领航人，更应该能让船上的人全都信任你，充分发挥每个船员的主观能动性，让他们爱这艘船，成为这艘船的主人，即“这是你的船”，才能同舟共济，实现共同的目标。他又说：“一个人的力量是有限的，永远有无法克服的缺陷；但是一个团队，却有可能创造完美。只有每一个职工都把自己融入到团队中去，同甘苦、共患难，团队才能更好地发挥出应有的力量。单位的命运不仅仅掌握在领导的手中，而是与团队中的每一职工息息相关。只有每位职工都全力以赴、尽善尽美，完美才可能被创造。正所谓：‘众人拾柴火焰高’。只有将中心的目标当成我们共同的目标，每个人都下定决心、不遗余力，才能形成一个伟大的团队，才能够使我们的单位更强大。”

为了打造一个坚强的有战斗力的团队，刘景学结合他在部队做政治工作的经验，将自己的团队拧成了一支特别能战斗的航空母舰战斗群。归纳起来有以下几点：

一、讲政治、讲觉悟

一个强大的工作团队是事业发展的基本保障，而保持一个团队的战斗力需要有过硬的思想和坚强的意志、团结一致的向心力。加强团队的政治学习和修养，是实现这一目标的有力保障。马克·吐温曾说：“人的思想是了不起的。只要专注于某一项事业，就一定会做出使自己感到吃惊的成绩。”

刘景学认为：讲政治，就是营造团队的良好氛围，弘扬正气，努力从思想上提高团队的政治觉悟，与上级党委保持一致，积极落实法律援助一心为民的思想纲领。政治思想工作是指导人们思想行动的方向和目标，只有在正确思想的引导下，团队才能朝着一个方向行动，最终实现目标。为此他十分注重政治学习和思想教育。在他的积极倡导下，济南市法律援助中心坚持在每周三、五下午组织集体学习。通过政治学习，统一思想，使大家提高了认识并形成合力，推动了法律援助事业的发展，取得了很好的工作成效。

讲觉悟，就是培养人们高尚的道德情操，强调奉献精神，在团队中营造一个集体利益高于一切、法律援助事业高于一切的精神家园。英国有句谚语：“良好的心是花园，良好的思想是根茎，良好的说话是花朵，良好的事业就是果子。”刘景学认为：在一个团队中人们的思想觉悟十分重要。思想觉悟高，可以将团队拧成一股绳，充分发挥集体的力量，发扬奉献精神，做好法律援助工作。

讲政治觉悟必然讲大局：一切从法律援助工作的大局出发，将法律援助这一项党和政府对困难百姓的法律保障落到实处。围绕法律援助服务的工作大局，不断创新载体，努力维护社会的公平正义，树立省会城市的文明形象，促进社会的和谐稳定。

刘景学说："说一千，道一万，不如做出好样子。作为领导干部，一方面要说，但更重要的是做，以身作则。只有这样，才能让人口服心服，才能直起腰杆子做人做事。"

二、抓班子、带队伍

作为支部书记，他十分重视领导班子的建设。在支部内讲民主、重团结、尊重其他委员的意见和建议；一切重大决策，均摆在桌面上讨论。刘景学认为，领导班子是一个团队的核心，只有团结支部一班人，专心致志谋发展，齐心协力干事业，才能使法律援助事业发扬光大。他又注重基层党组织的建设，对有入党意愿的同志精心考察、悉心培养、真心爱护，确保将优秀分子吸收到党员队伍中来。中心连续多次，被评为先进党支部。

作为团队的领头羊，刘景学深知"打铁还需自身硬"的道理，时刻以党员的标准严格要求自己， 勇于开展批评与自我批评。他认为只有严于律己，才能赢得团队的信任，才能团结全体人员同舟共济，取得工作的发展与进步。

他十分关心委员的疾苦，经常开展谈心活动。他时刻记挂着同事们的冷暖安危，谁家有困难，哪家生变故，他都会带领支部一班人，在第一时间赶到现场，将集体的温暖送到同志们的心坎上。

他也十分重视年轻干部的培养，选择想干而且愿干工作的年轻干部，充实到中层的各领导岗位。党务工作"三个一"，每周"三个会"，积极推荐干部上学、入党、晋升及参加重要活动。济南市法律援助中心千方百计创造条件，选派业务骨干参加各种高端的业务培训和考察活动，适时出台政策、措施，激励干部职工结合工作实际，自觉加强学习，着力提高教育培训的针对性、实效性。

2010年11月刘景学（中）与支部班子研究决策

三、重管理、慎决策

刘景学始终认为：管理是检验

一个团队是否具有战斗力的重要指标。一个管理得法而训练有素的团队可以攻无不克、战无不胜。在建立健全各项管理制度的同时，他更强调细节化管理及管理的有效性，采用人性化的管理策略，充分发挥员工自我管理的能动性，整个团队上下形成一种齐心协力、积极向上、奋发图强的工作氛围，具有很强的凝聚力和感召力。特别是在应对突发事件的情况下，这支队伍的战斗力就更加凸现了出来。

作为一个独立的“法人”单位，济南市法律援助中心具有统观全局、指导全市的法律援助机构的职能。作为全市法律援助的当家人，刘景学时刻没有忘记自己的责任，始终对济南市法律援助工作有着很大的期待与担待。为了加强中心的工作，加快济南市法律援助事业的发展速度，他精心规划、谨慎决策。无论做任何决策，他总会积极征求团队骨干的意见，及时汇报上级领导，精心选择承办人员，发挥承办人的特长和优势，便使得法律援助工作始终保持着健康、快速的发展状态，始终走在全国法律援助工作的前列。

作为一名领导者，刘景学勇于承担责任。有问题，会上谈，任何大难题到了他手上总会有个说法，解决率达到百分之九十。他说：“单位全体同志解决不了的问题，到我这里就必须得到全面的解决落实。无论行政、对外协调、办案、接访当事人等等。”

四、重交流、创和谐

“从人性和常理的角度出发，创造一个良好的交流环境，与单位同志打成一片，做他们的贴心人。”这是刘景学打造优秀团队的又一法宝。

刘景学十分重视团队内部的交流。他关心同志，主动了解大家的困难和疾苦，定期或不定期地走访离退休的领导、同志及其亲属，给他们送去温暖。从细节做起，将每个同事的事情放在心上。说到此，他给我们讲了一个“三七”定律的故事。

刘景学认为女同志为济南的法律援助事业做出了很大贡献，因此，每逢三八妇女节来临时他总是想方设法，为她们举办一些活动。从2006年起他就亲自策划，精心布置，给女同志们带来一个又一个惊喜。某年3月7日，又临近三八节，刘景学正在安排，突然有个想了一周的问题让他灵感闪现，惊奇

左图为2006年1月23日刘景学（左三）与济南市法律援助中心全体工作人员参加春节联欢晚会，展现法援人风貌；右图为2010年12月4日刘景学（中排右二）与中心工作人员在一起参加活动

地发现：中心有女性工作人员10人，总是和一个数字有千丝万缕的联系，可谓三七结缘！即不管怎么统计，总会落到3比7的比例上。如她们的姓氏是3同7不同，年龄是3老7小，子女是3女7男……

刘景学一口气数了12个“三七结缘”！当他在那个三八节当日，向妇女同志发布自己的新发现时，女同志们激动地哭了。没想到这个在工作中十分严肃的领导，居然对自己和自己的家事了解得如此清楚。

五、开展活动，创建文化

刘景学十分重视整个团队的精神面貌，并由此认为单位的文化生活很重要。丰富多彩的文化生活可以给人们创造一个轻松的精神环境。法律援助工作是一个长期与社会底层的贫穷百姓打交道的紧张之事，周而复始，会给工作人员造成心理的压力。营造个性化又富于创意的文化生活，是一种适度减压的好方法。因此，他在重大的节假日以及很多重要的时机开展花样翻新的文体活动。如举办两届“法援杯”乒乓球邀请赛，邀请全市司法行政战线及省司法行政机关、市财政、市审计部门的人员参加，不仅活跃了法律援助人员的文化生活，还扩大了法律援助的在行政机关内的影响。如一年一度的春节司法汇演，全中心人一个不少地全体参加，他认为这可以提高全员的参与意识。再如搞“欢乐中国年”，与山东省歌舞团PK歌舞，等等。一次次精彩的活动，增强了单位的凝聚力。正如刘景学充满自信地说：“给我一个舞台，我就要将他发挥到极致。”

当我们问他：对于法律援助工作，你最得意的事情是什么？他欣慰的答道：“首先是我们打造了一支无私奉献于法援事业的和谐的团队，其次就是基本上解决了济南地区的经济困难的群众请不起律师、打不起官司的问题。”

六、关注民生，体恤下属

刘景学千方百计关注中心工作人员的生活，让职工无后顾之忧。比如他为了解决午餐问题亲自下厨房了解情况，摸索最合理的用餐标准。他要求员工主动去帮厨，巧妙地化解了厨房人手短缺的矛盾，既节约了经费，又有意识地培养了员工的主人翁意识。餐厅的食谱每周换一次，周周都有新花样。餐厅开销透明化，定期公布账目，使中心的员工吃得好又吃得放心。同时，中心成立了餐厅工作委员会，负责对餐厅的管理和监督检查。

此外，中心还定制了专门的工作制服和胸牌，做到了统一化、规范化的管理。

刘景学说：“团队是一条船。只有大家同舟共济、齐心协力才能抵达成功的彼岸。而领航员更必须有明确的目标和清醒的头脑，善于发挥全体工作人员的能力。指挥正确才能少走弯路，快速地抵达目标。”

创新：法律援助工作纪实

在市委与市政府的正确领导和有关部门的大力支持下，济南市的法律援助事业正逐步走向科学化、正规化、常态化发展的轨道。全市的法律援助机构与时俱进地深入贯彻并落实科学发展观，紧紧围绕“维护省城稳定、发展省会经济、建设美丽泉城”的大局，围绕着关系民生的热点、难点问题，不断加强和改进法律援助工作，着力维护困难群众及弱势群体的合法权益，年均办理法律援助案件3,000件，办案数量年均增长20%，深入推进了以改善民生为重点的社会发展，促进了司法公正、“和谐济南”、“平安济南”的建设，为了济南的科学发展、和谐发展、率先发展，作出积极的贡献。为此，济南市司法局被司法部授予了“全国法律援助先进集体”的荣誉称号。

济南市法律援助工作的快速健康的发展，是用艰辛和汗水换来的。济南法律援助人所走的每一步，都充满了挑战。而累累硕果，正记录着他们的智慧、奋斗和奉献。

一、创新援助机制，整合社会力量，积极构建“大援助”工作格局

法律援助事业不仅仅局限于几个局部的法律援助工作，它的核心在于让全体公民共识共享在法律面前人人平的国家司法理念。而在此基点上，法律援助更大的作用是维护社会稳定，促进社会和谐。因此，积极构建“大援助”的格局，是法律援助的更高目标。济南市法律援助机构紧紧依靠党委、政府的支持，注重加强与相关部门的沟通协调，不断创新和完善法律援助工作机制，初步形成了党政主要领导关心重视、相关部门理解支持、社会各界积极配合的“大援助”的工作格局。

（一）创新组织领导机制，完善法律援助的组织网络

济南市的法律援助工作，在建立健全市、县（市）区各法律援助机构的同时，还以各乡镇（街道）的司法所为依托，建立健全了乡镇法律援助工作站，在社区（村居）设立了法律援助联络员，在市总工会、市妇联、市残联、市老龄委、济南市边检站、省军区、济南监狱、市劳教所、部分驻济大学等单位，建立了30多个法律援助工作站或联络室，并成立了法律援助志愿者工作站。由此形成了上下贯通、左右衔接、覆盖全市的法律援助的组织网络。这一网络的形成，大大方便了贫困百姓寻求司法帮助的渠道。

（二）创新协调运行机制，规范“大援助”的工作秩序

济南市法律援助工作依据九部局的《关于贯彻落实〈法律援助条例〉，切实解决困难群众打官司难问题的意见》，制定出台了《实施意见》，实现了全市九部门减免法律援助费用的制度化规范化。市司法局与工、青、妇、老、残、民政等市法律援助委员会的成员单位建立了协作会商机制，与团市委联动开通了“12355”青少年维权咨询平台；并坚持整合内部资源，由市法律援助中心与市律师协会、市基层工作者协会、市司法局的律师管理处及基层工作处建立了联动协作机制。此外，又建立了法律援助联系人制度，修

订了《济南市法律援助案件指派办法》和《法律援助案件补贴办法》等等。并加强了与公、检、法等部门的协调，畅通了法律援助与司法救济相连接的绿色通道，实现了全市法律援助工作的多方参与、协作紧密、运行有序。

（三）创新经费保障机制，拓宽法律援助经费的筹措渠道

与市财政局联合组成调研组，深入各县（市）区检查法律援助经费的落实情况，督促各县（市）区把法律援助经费全部纳入了财政预算。目前，全市法律援助经费的年拨付总额为250余万元，法律援助办案补贴得到全面地落实。又设立了20万元的农民工法律援助专项经费，确保了农民工维权工作落到实处。

二、创新援助方式，改进援助工作，为困难群众提供优质便捷的法律援助

济南市围绕“不让一名困难群众因请不起律师而打不起官司”的目标，积极探索了便民利民的有效措施，努力实现着“有困必援、有难必助、能援多援、能援尽援”。

（一）坚持由被动服务向主动服务转变，畅通法律援助申请渠道

建立了受援对象档案，简化审批程序，缩短审批时间，提高工作效率。市法律援助中心每年与5000余名困难群众签订《法律援助顾问协议》，坚持定期或不定期地指派律师到各工作站值班，实行基层法律援助工作站和联络人代理制，发放法律援助便民服务卡。成立了残疾人、老年人、困难职工、妇女儿童、外来务工人员的法律援助律师团，提供上门服务，主动为困难群众和弱势群体提供法律援助。每年向全市发放5万余份宣传材料，在电视台、报纸、电台、网络等媒体上加大对法律援助工作的宣传力度，扩大了群众对法律援助的知晓率，积极引导困难群众通过法律援助维护合法权益。

（二）坚持严守门槛与灵活服务相结合，扩大法律援助的覆盖面

在法律援助对象上，扩大到“未成年人、残疾人、农民工、老年人以及遭受家庭暴力侵害和在离婚案件中权益受侵害的经济困难的妇女、现役军人中的义务兵”等等。在受理程序上，对农民工讨薪、请求支付医疗费、伤残补助费、伤残津贴等特殊案件，不再审查经济困难标准；对申请支付劳动报

酬和工伤赔偿的农民工，开通法律援助的绿色通道并简化程序、快速办理；对于符合法律援助条件的，在24小时内办理有关手续并指派具体的法律服务人员。在国务院《法律援助条例》规定的六种援助情况的基础上，济南市又将法律援助的范围扩大到交通、工伤、医疗、人身伤害事故中的受害人追索医疗费用和赔偿等法律事项。2009年，市法律援助委员会出台《关于加强和改进法律援助工作的意见》，将济南市法律援助的经济困难标准在当地最低生活保障线的基础上上浮100%；在国务院《法律援助条例》《山东省法律援助条例》和济法援委[2005]1号文件规定的法律援助范围之外又将经济困难的公民因婚姻家庭及继承问题而发生的纠纷，因相邻关系、环境保护等影响生活条件而发生的纠纷，列入受援范围。

（三）坚持办案数量与办案质量并重，推进法律援助工作健康发展

每年把办案任务层层分到各县（市）区司法局，落实到各律师事务所，每月通报一次进展的情况，督促按时完成办案数量。在全省较早制定出台了《济南市法律援助实施办法和细则》《济南市县级法律援助机构规范化建设标准》等等制度，使法律援助的各项业务有制可依、有章可循。实行公示制度、回访制度，通过新闻媒体、宣传手册、公示栏等方式向社会公开服务的内容、方式、标准，通过电话回访、上门回访、媒体监督、征求法院意见、卷宗评查等方式，检查办案质量。近几年，每年都超额完成办案任务，案件回访的满意率达98%，实现了全市法律援助工作又好又快的发展。

三、创新援助载体，服务工作大局，深入推进社会主义和谐社会的建设

济南市的法律援助工作，围绕服务大局，不断创新载体，努力维护公平正义，树立了省会城市的文明形象，促进了社会的和谐稳定。

（一）围绕构建和谐济南，深入开展维权活动

按照司法部和省中心有关部署的要求，结合建设和谐社会的实际，济南市的法律援助工作突出了城市拆迁、征地补偿、劳动争议、农民工讨薪、涉法上访等重点领域，积极开展专项法律援助活动。先后联合新闻媒体、市建委开展了“帮农民工回家，为农民工讨薪维权”活动，联合市老龄委开展

了“老年人权益保障年”活动，联合市残联开展了“残疾人法律援助下乡入户”活动，联合市妇联开展了以“外来务工妇女法律援助”为主题的实践活动，联合民政部门开展了“法律援助进军营”、“法律援助警营行”等拥军活动，联合信访部门开展了“涉法信访法律援助”活动。

（二）围绕年度工作部署，深入开展系列主题实践活动

围绕市政府年度工作要求，根据省市的任务部署，市司法局连续6年在全市范围内先后开展了大规模的“千人法律援助献爱心”、“迎全运、促和谐，法律援助献爱心”、“千名律师法律援助献爱心”、“便民利民法律援助惠民生”等主题实践活动，组织全市的千余名律师及法律援助工作人员，在全市十个县（市）区开展法律咨询和现场受理。同时组织辖区律师事务所、法律服务所、司法所，与辖区社区形成定向的帮扶关系，开展法律援助结对子活动，定期安排律师深入社区，向贫弱群体开展法律援助宣传。在活动中进一步简化法律援助的受理审查程序，向全市低保人口发放《法律援助绿卡》，向所有村居发放《法律援助便民服务手册》。全市律师年均参加义务法律服务咨询活动4,000余次，年均接待咨询群众2.3万余人次，依法维护了弱势群体的合法权益，树立了济南良好的城市形象。山东省电视台、《大众日报》《齐鲁晚报》《济南时报》《济南日报》以及济南电视台等多家新闻媒体宣传报道了主题实践活动，报道次数达130多次，产生了强烈的社会反响。有的当事人激动地说：“法律援助真

上图为2010年5月7日刘景学（左）在政务在线问答中与网民交流；下图为2010年4月10日刘景学（右二）与3个城市法律援助中心主任在上街参加咨询活动，并接受电视台记者采访

正为我们老百姓办实事、办好事”。

（三）围绕便民利民，积极开展“法律援助便民服务”活动

围绕司法部“法律援助便民服务”主题活动的部署，市中心建成市法律援助服务大厅并于2010年6月正式投入使用。同时实现了市中心咨询热线、12345市民热线、12315消费投诉热线、12355青少年维权热线、12348法律咨询热线的五线联动，市法律援助网站也建成并投入有效运行。法律援助服务大厅配备了必要的硬件设施和方便残疾人、老年人的无障碍专用通道，简化受理审查程序，在大厅内实现了法律援助审查、咨询、受理、指派、归档、补贴发放一条龙式服务。受援群众可在大厅内实现全程办理，进一步方便了困难群众前来办理法律援助业务，实现了法律援助工作的便民化。

四、创建法援律师队伍，实现法律援助人才社会化、专业化的目标

人才是将法律援助事业做强、做大的重要保障，建立一支强大的社会化专业化的法律援助律师的骨干队伍，是济南市未来的法律援助律师资源开发的主要渠道。

济南市律师资源丰富，全市共有194家律师事务所，拥有1,900余名执业律师。对这些资源的整合、利用，为法律援助提供了充沛的律师资源。随着法律援助事业影响力的日益增强，以及政府对法律援助经费的保障，有力地提升了法律援助事业的地位，使越来越多的律师事务所和律师志愿加入到法律援助律师的队伍中。这些具有很高的法律专业知识和丰富的法律实践经验的社会律师的积极参与，不仅增加了法律援助案件的承办率，还大大提高了法律援助案件承办的质量。为此，济南市法律援助中心加强了对社会律师骨干队伍的管理职能，从制度上保障这支队伍的健康发展。

2010年1月刘景学（前排左二）在全市律师事务所法律援助工作经验交流会上

（一）联合下文，招募骨干律师

为了加强社会律师骨干队伍的建设和管理，济南市法律援助中心与市律管处、市律协联合下文，招募法律援助律师骨干，对乐于参与法律援助工作的律师事务所和律师进行登记、备案，

（二）建立社会骨干律师信息库

根据社会律师填报的专业特长，济南市法律援助中心进行了分类建档，以供市中心指派案件时进行参阅，也方便受援人的选择。这样就可以更好地发挥律师的专业特长，保证法律援助案件的质量。

（三）建立法律援助联络人制度

市中心在律所和相关单位都设有联络人，联络人由律所和单位指定，主要负责法律援助工作的协调、联络和代理律师领取指派手续等工作。市中心对联络员有严格的管理制度，联络员在市中心审裁处备案，每年有一次培训。

（四）建立指派程序，确保指派工作有效运行

在制度建设上，济南市法律援助中心采用常规指派和紧急情况下指派两种灵活的指派方式。常规指派是在正常情况下，按照中心指派律所、律所指派承办律师的程序进行。在紧急情况下，市中心可以直接从骨干律师中指派承办律师。双管齐下确保指派工作及时、快捷地落实到承办律师手中。

（五）建立效能评估制度，保证法律援助案件的办案质量

从2006年起，济南市法律援助中心根据省中心的要求，组织专人会同市律管处、市律协等，对指派案件进行了跟踪检查及效能评估，并把结果作为承办律师年度年检的重要依据。

（六）建立法律援助信息通报制度

济南市法律援助中心与市律管处及律协通过每季定期组织召开法律援助工作通报会，相互通报情况，协商、解决遇到的问题，并建议律协成立法律援助委员会。

（七）建立健全法律援助案卷归档制度

通过案卷归档环节监督法律援助案件承办律师的办案情况和办案质量。同时，结案归档制度也是案件承办律师领取补贴的依据。

通过一系列的制度建设，使济南市法律援助志愿者工作快速、积极地向外延伸，同时也大大地提升了法律援助案件的办理数量。通过社会律师的参与提高了法律援助案件的办理质量，维护了受援人的权益，促进了社会的和谐发展。

幸福：家有贤妻万事兴

常言道：一个成功男人的背后，必然有一个贤惠的妻子。刘景学告诉我们，在他全力投入事业的背后，有一个功不可没的人，就是他的媳妇。几十年来，媳妇任劳任怨，承担起了全部的家务和对女儿的教育。

平日里，刘景学工作很忙，回到家就是看书，看电视，看媳妇做家务，与女儿一起练习书法。媳妇对他没有过高的要求，唯一的希望就是让他在家多待一会，能看着她做家务就很满足了。刘景学说："媳妇越好，我就应该干得更好。"夫妻间琴瑟和谐，使得整个家庭和睦安宁、幸福美满。

刘景学对女儿也感到十分的欣慰。女儿人小志大，高中时期就入了党，成为一名先进的中国共产党党员。刘景学常说："父母是孩子的榜样。"为了起到榜样的作用，夫妻俩在生活上严格要求自己，给孩子树立起一个正直、坚强、勤勉、朴实、节俭的形象。在孩子的教育问题上，他们夫妻思想统一，对女儿从小就严格要求，实行军事化管理。从上幼儿园就开始培养女儿自理的习惯，穿衣、吃饭，洗小手帕、袜子等，都让女儿自己完成。从女儿上小学三年级起，由于妻子工作地点远，刘景学也无法照顾女儿，女儿的生活就全靠她自理自立。她学会了自己安排时间，料理简单的家事，学会了洗衣、打扫卫生。她不会做饭就自己买便当，家附近的快餐店成了女儿的食堂和厨房。生活的磨炼，让她了解了父母对家庭的付出，也促进了思想上的成熟、生活上的独立。不仅学习上成绩优异，女儿在思想上也积极向上，要求进步。在人与人的交往上也宽以待人、严于律己，使她具有很好的人际关系，受到同学的喜欢，老师的信任……谈到这里，刘景学爽朗地笑了。他为自己的女儿而自豪。他说："女儿承蒙天之娇养，170的个子，美丽的容颜，加之后天培养，使她擅长书法、音乐、舞蹈。她思维活跃，积极进取，如今已是大学法律系的学生。她希望用自己的双手托起一个公平正义的天平，为普天下百姓服务。女儿的一切，如今都成为我们的骄傲。为了培养女儿，我也要感谢妻子的付出。总之，环境造就人、锻炼人。"

刘景学热爱生活，更热爱他的家庭。他说："有朝一日退休了，我一定要好好补偿一下我的媳妇。我要带她出去旅游，回报她多年来为家庭所做的付出和牺牲。"

当我们问刘景学对幸福的理解时，他说："对一个男人而言，事业的成功和进步是他的第一个幸福。事业中体现价值，奋斗中超越自我。每当想起走过的历程，都能回味无穷又无怨无悔。家庭和谐是他的第二个幸福，家和万事兴。这两种幸福就是我的幸福观。"

尾声：春天里的阳光

雨露滋润花千树，春风不让一木枯。法律援助是春天的事业，是造福于百姓的阳光工程。百姓再穷，也得让他们有个法律的救济；再难，也要给他们一个说理的地方。

——刘景学

正如刘景学所言：沐浴着法律援助事业的春天的阳光，他将自己的爱，融化在法律援助的光照千秋的事业中，融化在为人民服务的大爱中。他无怨无悔地扛起了法律援助的宏伟大业，朝着更加光明的未来前进。

我们也为法律援助事业能有这样一批奋斗者而欣慰、自豪，更为他们博大的胸怀和坚定的信念而感动、骄傲。未来，属于法律援助事业……

长河有真情 润物细无声

——访山西省太原市法律援助中心主任黄河

黄河　上海市人，生于1964年8月，大学法律专业。中国共产党党员，太原市市人大代表、山西省律师协会专业委员会主任，太原市律师协会副会长、党委副书记。历任太原市第二律师事务所律师、副主任（国办），太原市律师管理处副处长等职。2000年5月调至太原市法律援助中心任主任，至今。在此期间，先后被山西省委、省政府评为“山西省特级劳动模范”，被山西省委政法委评为“全省十大优秀政法干警”，被共青团山西省委评为“山西省十大杰出青年”等等；又曾两次荣获山西省五一劳动勋章，多次被省劳动竞赛委员会荣记一、二等功。

引子 难忘的对话

新世纪之初的某一天，在山西省太原市市委及市政府大楼里，一位个子不高的人行色匆匆地穿梭于两座大楼之间。只见他步履急促、面带焦虑，不断地向人述说着什么。他就是新上任的太原市法律援助中心主任，黄河。

在财政局某处长办公室门前，黄河小心翼翼地敲着门。里面传来“请进”声，黄河便轻轻地推开了门。只见办公桌前的处长微微抬起头看了一眼，说道：“怎么又是你？”

黄河爽快地答道：“是我，处长您好！我是……”

没等黄河说完，处长立刻做手势止住他：“不要说啦！又是法律援助的事情吧？”

黄河道：“是的。处长您看，我们法律援助中心的经费，能不能拨一点?”黄河又似乎生怕自己的声音不够悦耳，打搅了处长的心情；但在虚弱的口气里，又透出了执著。

处长看了看黄河，说道：“法律援助不就是学雷锋吗？学雷锋还要什么钱呢?”

黄河苦不堪言：这样问话的已不止处长一人。他沉吟半晌才解释道：“法律援助是为由于贫困或其他原因而打不起官司的弱势群体，提供的免费法律服务。它充分体现了在法律面前人人平等的宪法原则，是政府为民办事的一种责任，而不仅仅是学雷锋。”

处长似乎是听明白了，笑了，为自己刚才的失语报以歉意。但处长仍然没有答应黄河的拨款的要求，只是温和地说：“现在的经费已经拨下去了，你这个项目没有立项，需要领导的特批才行啊。要不然，这样吧……”

黄河在好心的处长指点下，来找市政府分管经费的副市长。他总算吸取了前几次的教训才没有经过秘书，而是冒个险，直接闯入副市长的办公室。

领导的确很忙，桌上的电话铃声此起彼伏，成堆的文件像连绵起伏的小山。副市长正在埋头看文件，对这个冒失的闯入者显然有些恼火。他对黄河说：“我现在很忙，你有什么事情先找我的秘书安排一下，好吗？”黄河怯生生地说：“我叫黄河，是市法律援助中心的主任。我来您这里已经好几次了，秘书总是说您很忙，把我拦回去了。可是我实在有很重要很急迫的事情，需要请示您。请您给我几分钟时间，好吗？”

副市长抬起头，重新审视着眼前这一脸焦虑、满面愁容的年轻人，问道：“法律援助真的很重要吗？”黄河重重地点点头，斩钉截铁地答道：“很重要！”

副市长又严肃地问道：“那你说说看，太原市有什么事情不重要？”

黄河无言了。副市长又追问道：“再重要，能有百姓吃饭的问题重要吗？现在的下岗职工这么多，矛盾这么尖锐。我看你还是回去吧，有时间，我让秘书打电话给你。”

不到黄河不甘心的黄河，恰好抓住了下岗职工的话题，忙说道：“正因为下岗工人的问题很多，引发的社会矛盾很激烈，才更需要法律援助工作，从法律上帮助政府彻底地解决问题、化解矛盾。”黄河的话引起了副市长的兴趣，示意让他继续说下去。

黄河见机会来了，便把早已记得滚瓜烂熟的话，竹筒倒豆子似的和盘托了出来。

他侃侃而道：“首先，法律援助是政府的职责。是国家为了保障广大贫弱人群的合法权益而出台的一项政策，即设立法律援助机构，为群众提供免费的法律服务。其次，通过法律援助机构为贫弱群体所提供的免费法律服务，就可化解一些矛盾。维护贫弱者的合法权益，也就可以维护社会的和谐、稳定。同时能促进经济发展，加快提高社会主义的物质文明和精神文明，从根本上解决像下岗一类的问题和矛盾。”

针对这个话题，黄河同副市长交谈了很久很久。从副市长的眼神里，黄河捕捉到了恍如刮目相看的专注与欣赏，也看到了法律援助事业的希望……

不久后正是这位副市长，为太原市法律援助中心特批了第一笔经费：20万元。黄河拿到这笔其实并非很多的款项后，感觉是一笔巨款从天而降，兴奋极了。

时间定格在新世纪的新春：2001年3月。这是一则真实的故事。

我们的主人公黄河，就是在这样的环境中，开始了他的法律援助事业的艰难起步。

紧急行动 法律援助急行军

法律援助是我今生的事业，也是我的灵魂。

——黄河

黄河一谈起法律援助事业，脸上总是透露出由衷的笑意和幸福感。交谈中我对他是怎样走进法律援助事业的，十分感兴趣。他却淡淡地说："只能说我与法律援助有缘。起初我也是被动的，接受领导的安排。"

自1985年，年轻的黄河还带着孩子般的稚气，从山西省司法学校毕业，就分配到了刚刚恢复重建不久的太原市司法局工作；走进令人向往的大门，开始了他的法律生涯。他是个精力旺盛、有理想、有抱负、好学上进的年轻人。他一边工作，一边不断地丰富自己的专业知识，进修了法律大专学历、法律本科学历，又读硕士研修课程。直到功成名就了还依然在繁忙的工作之余，不断地充实自己，坚持在中国政法大学攻读着博士……

1986年他参加了全国第一批律师资格统一考试，以全省第二名的优异成绩取得了律师的执业资格，开始担任兼职律师。他在老律师的指导下，一边在局机关的律师管理处从事行政管理工作，一边代理案件，很快有了突出的表现。为了培养年轻的骨干力量，充实正在快速发展的司法队伍，领导便决定让朝气蓬勃的黄河下基层挂职锻炼，担任全市最大的国办律师事务所的副主任一职。

在律师事务所这三年挂职的经历，为黄河成为一名好律师、名律师，提供了一个锻炼和展示的良好平台。在三年里，他如鱼得水，任劳任怨，在律师业务上狠下工夫。他的努力很快就得到了回报：业务能力与日俱增，收入也在全所位列前茅，成了知名律师，慕名来找他代打官司人的越来越多。其中有些人，经济困难，付不起律师费，但合法权益又受到明显的侵权或伤害。每到这时，黄河总是抱以同情，或减少或免除律师费用，竭尽了全力去维护弱者的合法权益；主持公道，伸张正义。这些免费的法律服务为黄河赢得了百姓的信任和良好的口碑，也可谓是他投身于法律援助的开端。

1995年，全国律师事务所改制，黄河便结束了在律师事务所的挂职锻炼，仍回到了司法局的律师管理工作，先后担任该处的副处长、处长等职务。

2000年，已担任律管处处长的黄河，兼管尚在筹备阶段的法律援助工作。这个时期全国各地众多的省市都已纷纷成立了法律援助机构，法援事业风起云涌、日新月异。而作为山西省省会的太原市却仍然在机构问题上停滞不前，工作处于全省的落后位置。省司法厅在会议上批评了太原市司法局行动缓慢，督促其尽快成立相关机构，将法律援助的工作开展起来。就在这样的背景下，太原市司法局紧急上马，决定成立法律援助中心。

可随即又在中心领导的人选问题上，遇到不小的障碍。由于法律援助中心的编制是事业编制，而司法局是行政编制，由行政转事业，大多数人无法接受。局里考虑再三，认为黄河同志是中心主任的最佳人选。一是懂管理：他在律师事务所挂职锻炼过，而法律援助中心在业务和管理的内容上是与律师事务所相通的。二是懂业务：他有过律师从业的经验而熟悉律师的业务和服务。三是职务上是平调：中心定职为科级。从这三点上看，黄河的条件完全符合担任主任的要求，几乎是为此量身定做的。

但是当局领导找黄河谈话时，他不免一时犹豫了。当时他正在律管处的岗位上工作得得心应手有声有色， 而换一种完全陌生又刚刚起步的工作，条件之差、难度之大、压力之沉重均可想而知。但他思来想去，最终认定：法律援助是一项为贫弱百姓提供公平的法律服务而前途远大的事业，与自己曾免费帮助贫困群众打官司，一样有价值、讲奉献。虽然目前这项工作的意义还不被人们所充分认识，但已得到党和政府的重视，将来一定会为维护社会的安定团结做出巨大贡献。黄河一通百通，欣然接受领导指派，走马上任了。

2000年5月，黄河与另一位同志，共同开始筹建太原市法律援助中心。筹建过程的艰辛与乐趣正如本文开篇所写的插曲。万事开头难，更何况仿佛是在一片沙漠中起步：没有几个人知道什么是法律援助，也没人知道工作该如何开始。黄河他们是用自己的脚一步步地丈量着向前探索，不断地攻克一道道难关。下面一组数据，很能说明问题：

办公用房：没有，只能先找黄河当年挂职的律师事务所借用1间房。

人员编制：仅有3人，其中还包含中心主任1人。

开办经费：仅有3万元，由司法局拨给，仅用来购买必需的办公用品。

开门工作与办案：咨询20余人次，受理案件8起。

中心一开张就有许多人找上门来咨询，案件也随之蜂拥而至。可没有办案经费，黄河只能一边进行紧张的机构建设，一边跑经费，一边自己办理案件。由于起步晚，许多工作都落在了全国各省市的后边。为了追赶上全国法律援助发展的步伐，他和同事两个人没日没夜地苦干。除了加快市中心的建设，处理繁杂的事务，他们还要兼顾着指导监督太原市管辖内的各个区县的法律援助机构的建立。

在省会太原市的辖区内，有经济发展较好的区县，也有经济和文化水平相对落后的偏远地区的区县。要能保障法律援助机构所需的经费、人员，在发达地区尚且艰难，在不发达的区县就更是举步维艰。在这个时期，司法部又连续下文，要求建立健全区县一级的法律援助机构。生性好强、事事争先的黄河，为了不落后于其他省市，不让自己的工作再输于起步晚，便在立足未稳的情况下，来个紧急行动，以急行军的姿态，投入到区县级的法律援助中心的建设之中。他全力以赴，一个区县一个区县的跑，一家家的敦促检查。他拿着文件与当地的司法局局长一同去找县委县政府，向领导说明法律援助的依据及其对于经济建设与社会和谐的意义和作用，一个个落实了机构建设的经费、人员和办公场地。

有一次黄河和市司法局的分管局长在阳曲县，与县委县政府领导谈完工作，紧迫的时间已快到上午10点。为了能在10点，赶到30公里之外的草坪区会见区长，他们便开着中心唯一配备的担担车（面的）紧急奔袭。偏偏那天下大雪，路面很滑，而黄河又生怕不能按照早先约定的时间赶到，让这个好不容易约见区长的机会溜走。赶路心切的他们只好把车开的飞快，意外就在高速中发生了：车在紧急制动时打滑，在路面上翻滚了好几个大根头后才停下来。车子损坏严重，场面十分惨烈，零件撒了满地。不幸中的万幸，是车上的人都仅有一些轻微的擦伤，有惊无险。黄河和副局长，一心只想着去见区长，可根本无暇理会眼前的事故。他们商量了一下，立刻打电话给局里，要求再派车来处理事故，他们则打个车风风火火地赶往草坪区。无奈赶到时，已错过了和区长约见的时间。他们急忙打电话向区长道歉并解释晚到的原因，区长却被他们的敬业精神感动了，连连说：你们什么也不用再讲了，我向你们保证，区法律援助中心在年内建成，人员、经费全部到位！黄河和副局长听了区长的话，都大大舒了一口气。这时，他们才想起了刚才那可怕的一幕。幸亏当时在方圆几十米之内没有过往车辆，否则就不堪设想。据当地老百姓讲，这条路平时总是一辆车接着一辆车的驶过，十分繁忙。可恰好在出事时，路上车很少，这才幸免发生更大的交通事故。对这次遇险，想起来真有点后怕，但黄河有他的解释："法律援助毕竟是积德行善的事业，所以遇到这样大的险，我和副局长几乎毫发无损，善莫大焉！"

黄河（右一）走上街头宣传法律援助制度

看着黄河心有余悸又坦然而淡定的表情，我的敬佩之心油然而生：法律援助人敢作披荆斩棘的开拓者，能有今天一片柳暗花明的业绩，正是用汗水乃至鲜血换来的。

功夫不负有心人：到2001年年底，太原市各区县已全部成立法律援助中心，黄河和他的同事们一举拿下了全省的头筹。在短短一年半的时间里，从一个起步晚而落后于人的省会城市一跃而成为全国法律援助工作的先进城市，率先在全市的县级机构全部建立了法律援助中心。为太原市法律援助工作的深入发展，奠定了坚实的基础。

然而，太原市法律援助事业更快速的发展，还是从他们打破了制约法律援助事业发展的瓶颈和坚冰开始……

迎难而上　打破法律援助的坚冰

法律援助事业在太原市初战告捷，各级法律援助机构都已建立，黄河却更加清醒地认识到一个问题：这项工作的推动和开展，离不开各级领导的重视和支持。只有领导们从心里真正认识到了法律援助对稳定社会的重要作用，才能从人力、物力、经费上予以持久的保障。而普通百姓的案件，不一定能引起领导的重视，一般的宣传册和宣传资料也不一定能够打动他们，甚至被误以为是自编的故事，未必能有好效果。要想打破这块坚冰，必须要有针对性的对策。于是，黄河决定对工作进行一些调整。一方面，尽己所能加大力度地办理法律援助案件；另一方面，把宣传和工作的重点，定位在为党和政府做点事上。通过为政府多做事来展示法律援助律师的形象，展示法律援助工作的重要性。俗话说："有为才有位"。只有让领导干部真正感到法律援助工作的有为：对于党和政府的中心工作及维护社会的稳定，能有重大贡献，起重要作用，才能得到他们的认可和支持。

经过一段时间的思考和研究，黄河发现：信访工作一直是困扰各级领导的痼疾。而信访案件很多是涉法涉诉的案件，对于此，法律援助律师可以起到很大的作用。于是他十分关注信访工作的动向，寻找机会，打破沉默，以求迅速地将法律援助工作带上快速而健康发展的轨道。2001年9月，黄河得到一则消息：近来，市委、市政府决定，将要组织力量对一些遗留多年的涉法上访的老案、陈案，进行一次彻底的清理和排查。黄河得知这一消息后十分兴奋，他认为：这是一次发挥法援律师的优势、展示法援队伍的良好形象、推动法律援助工作大跃进的绝佳的契机。于是他主动向市委市政府的主管领导请缨，希望参与这次信访案件的排查工作。当他在中心会议上，提出这个想法后，大家也很受鼓舞，认为这将是法律援助工作的一个转折点。也有人开玩笑地对黄河说："黄主任，你去找人家要求参与信访工作，会不会有人认为你的脑子出了故障啦？有要钱的，有要官的，哪有人主动要求参与最让人头痛的信访工作的？"

多年来，信访工作一直都是让各级领导十分棘手的难题，难以根治。许多信访案件经历了几十年仍未结案。而上访人在常年上访中，或多或少都存在一些心理问题，搞不好会让办案人员自己陷进去；引起投诉，继而影响办案人的前程。

但黄河丝毫没有退却，他坚持要求参与这次排查任务，因为他对自己和自己团队的素质和能力有信心，只要尊重事实，认真进行排查，用法律对案件做出公正的裁决，就一定会赢得上访人员的理解与认可。当黄河打电话，给负责这次信访案件排查工作的市委高秘书长时，领导十分支持他的提议，同意他们参与这项工作。

2007年3月23日司法部吴爱英（中）部长视察太原市法律援助中心，图为黄河（右一）向吴部长回报工作

黄河告诉我们：目的决定工作成效。由于带有明确而长远的目的，所以他们整个的律师团队工作起来都十分积极和主动，很快针对171个信访案件，展开了调查和评定。黄河亲自带领律师和工作人员热情地接待一批批上访群众，耐心听取他们的诉求，仔细地分析研究案件。经过一段时间的排查，工作取得了很大成效，法律援助律师的作用也随着工作的进展而凸现出来了。

黄河认为从信访案件本身来看，是一种极不公平的评判制度。一般而言，上访是一方当事人对另一方当事人的控诉，并没有程序上的保证，评判者听到的仅仅是一方当事人的诉说，而绝大多数上访人的诉说，往往有些片面的虚言、偏言，只说自己有理或是对自己有利的部分。即使有80%是实情，也会有20%是偏言。这样就会给评判者以误导而使其做出不公平不公正的评判和裁决，造成另一起纠纷和上访，不利于社会的和谐与稳定。

为此黄河又认为，通过诉讼和调解，更容易化解矛盾，彻底解决上访问题。从实际调查的情况来看，也证实了黄河的断言。许多信访案件是可以通过诉讼程序解决的，诉讼的优点是当事人双方可以在法庭上充分发表自己的意见和诉求，法庭给了当事人双方充分的辩论权，可以理性地解决问题、化解矛盾。而律师参与信访案件的处理，更主要的是从法律的角度看待信访案件，通过法律手段谈看法，容易取得上访者的信任，很多案件是可以通过调解来圆满地解决的。

针对案件特点，他们组织了500余次座谈会，对每一起案件都反复研究和讨论。经过律师们没日没夜加班加点的工作，对每一起涉法案件都做出评判，给出法律意见，最终使得110起案件都得到了妥善的处理。由于法律援助律师的积极参与，理性调解并给出公正合理的法律意见，件件得到上访群众的认可，化解了矛盾。同时，法律援助律师的工作成绩也得到了各级领导的好评，对他们在此项清理、排查工作中的表现大加赞赏，带队领导逢人便讲法律援助律师的重要作用。

谈到这里，黄河自豪地笑了起来。他风趣地说："让主管的领导做法律援助的宣传员效果很好，让法律援助很快就引起了市委、市政府高层领导的高度重视。法律援助工作已成为市领导们'记在心上，抓在手上'的重要工作之一，逢会必讲法律援助。现在，法律援助人员已成为太原市维护社会稳定的重要参与者和主力军，大案、要案、群案，都有法律援助律师的参与。”

从此太原市的法律援助工作开进了快车道。在市委、市政府的大力支持下，全市的财力物力正向法律援助工作倾斜，市中心很快被批准扩编、升格，人员编制由3人、5人逐步增至10人、17人，2008年，世界范围内的金融危机开始，太原市各单位都在纷纷紧缩编制以渡过危机，唯有两个单位扩编，法律援助中心是其中之一。到如今太原市法律援助中心的人员编制已达到22人；中心级别由科级升至副县级（副处级）；中心经费由第一年的司法局拨给2万元（不含开办费3万元和副市长批给的20万元），第二年5万元，之后递增到40万元，如今总经费已有160元万（其中业务经费100万元）。经费在短短10年间成几何倍数地增长。办公场所由借用律所的1间办公室，到如今有宽敞明亮的法律援助办事大厅和几百平方米的办公场所，并配备先进的办公设备和交通工具。办公环境和人员经费的改善，提升了法律援助的公众形象，也保证了法律援助案件办理率的增加。

市委市政府对法律援助工作的高度重视和鼎力支持，为其铺平了道路，夯实了突飞猛进的基础。从此，法律援助事业大发展，法律援助案件的受理和承办率大大提高。

法律援助 扫清政府与百姓间的路障

2003年，在太原市区通往太原钢铁厂必经之路的赵庄路段上，发生了一起300多人设置路障阻挡道路通行的事件。当天正好有中央领导，经此地前往太钢视察工作。而这种景象也已不是第一次上演了。市政府常务副市长得知后，立刻亲自打电话，让黄河火速带领法援律师跟随副市长赶往事发地的赵庄小区，现场解决问题。他们到达后，只见300多名群众正乱纷纷地堵在公路上，并将前来处理事件的交警团团围住。见此情景，副市长急忙通过扩音器对群众喊话，要求大家冷静，凭理智行事。并告知，在现场有本市法律援助中心的工作人员和律师，有问题可以通过法援律师，争取合理合法的解决。

紧张焦躁的群众一得知有法律援助律师在场，立马平静、松动下来，纷

黄河（右）与太原市法律援助中心的工作人员研究案情、指导案件办理方法

纷表示欢迎法律援助律师来帮他们解决问题。在黄河和律师的引导下，堵路的群众离开道路，回到了赵庄小区的空地上，接受律师的调查、谈话。

通过调查，黄河了解到事件的原委。几年前，太钢向赵庄居民征地，并将原来的居民移民至现在的赵庄小区。赵庄小区入住几年后，出现了很严重的质量问题。多年来，赵庄小区的居民多次找太钢解决居住问题，都被对方以各种借口推诿，或置之不理，房屋质量和安全隐患问题始终没有得到解决。为此，小区居民多次集合300多人，利用中央首长视察太钢之际，在其必经之路的道路两旁静坐。而每到这时，政府总是出面，采取劝告安抚的方式将人们临时劝回。但矛盾的根源，始终没有得到彻底地解决。

听到这里，黄河问小区的居民代表："为什么你们要堵路？"

众人回答："为了引起政府的重视，让政府出面来解决问题。"

黄河反问道："你们让政府解决，政府怎么来给你们解决？"

众人你看我，我看你，面面相觑。黄河继续说："你们的房子下沉是事实，这是大家都认可的质量问题。但是，造成房子问题的是企业（开发商）。从某种情况上看，政府是可以干预企业的。也可以下行政命令，让企业解决问题。但是，如果企业不听政府的又怎么办呢？政府本身，没有法律所赋予的冻结企业资产、查封账户的权利。地方政府往往对这样的事情也是束手无策。"

众人听了黄河的话，有点骚动，纷纷问："那我们该怎么办？"

黄河立刻答道："找法院啊！法院可以冻结企业的资产，查封企业的账户。人民法院经过开庭审理并作出判决后，还可以通过强制执行，来兑现赔付。你们为什么不通过诉讼来解决问题呢？以太钢这样的实力，它的资产有足够的能力进行赔付了。"

听到这里，众人似乎明白了，但又心有芥蒂："听说打官司要凭关系，要送礼，我们既没有关系，又没有钱，跟太钢这么有实力的企业打官司，我们能行吗?"

黄河回答："怎么不行？只要我们团结起来，合理合法的提出我们的诉求，我就不相信哪个法官敢徇私枉法！"

众人又问："可是，我们没有钱来打官司。"

黄河立马笑道："那好办。现在我告诉你们，我们就是政府指派到这里来帮助你们解决问题的法律援助律师，这个案子由我们免费为你们办理。你们还有意见没有?"

听了黄河的话，小区居民齐声答道："没有！"随即报以热烈的掌声。

黄河接着说："如果没有问题，咱们就撤掉路障，齐心协力打官司。现在请大家先派代表配合我们的工作，其他人请先散去。我们从现在起，挨家挨户地调查、取证，请大家在家里耐心等候。"小区居民再次鼓起热烈的掌声……

此后的日子里，黄河带领四位律师，吃住都在赵庄小区里。他们挨家挨户又没日没夜地进行走访调查和周密的取证，一个个地计算核实房产情况。经过一个多月的工作，他们走访了小区里的全部住户，完成了300多户居民的调查、取证工作，采集了几大箱子的证人证言和证据。随后又逐一起草起诉书，很快诉之于人民法院。

2004年，案件通过审理作出判决，小区居民胜诉，得到300多万元的赔偿金。小区的开发商又承诺尽快组织施工人员，对小区住房进行修缮和加固。

黄河说："其实，这起案件的妥善解决，是一个双赢的结果。一方面是小区居民的诉求终于有了结果，有质量问题的住房可

2008年12月黄河（前排左一）接受太原化工厂73名老职工送来的锦旗

以得到修缮，排出了安全隐患，他们可以安居乐业了。另一方面，开发商通过诉讼和法院的审理，得出了一个比较公平合理的判决，一次性地彻底解决了问题，避免小区居民不断地提出要求，使得企业难以应付。”

案件至此得到了圆满的解决。小区居民敲锣打鼓，到市委市政府、市司法局、市法律援助中心送锦旗，感谢党和政府，感谢法律援助律师，场面十分感人。这次不仅及时解决了小区居民的安全问题，杜绝了一些不稳定的社会隐患，取得了很好的社会效果，更解决了长期困扰政府的路障问题，维护了和谐稳定。这一切集中体现了法律援助在解决重大群体性事件和维护社会稳定中的巨大作用，也体现了法律援助律师的尽职尽责的工作。

深刻教训 发生在矿难背后的事件

作为能源大省的山西，矿难事件时有发生，而解决矿难之后的善后问题，却一直困扰着政府和企业。2006年，一起矿难引发的善后问题，更发人深省……

这起矿难是一起严重的群死群伤案件，矿难造成40人死伤。矿难发生后，引起了市委和市政府领导的高度重视，市政府多个部门派人参与矿难的救援和善后工作，黄河也带领市法律援助中心的律师参与了这项工作。

他认为，这样重大的矿难事故，必须要有法律专业人士和律师参与。首先，律师们懂法，熟悉法律程序，在继承问题上，他们按照《继承法》的规定和程序行事，严格审核、仔细确认继承人的身份和相关手续。其次，具有丰富的法律实践经验，在理赔过程当中，处理复杂情况的应变能力较强，把握政策的能力较强。

由于这起矿难事故造成的伤亡人数较多，前来处理善后和理赔的人数多、情况复杂，往往是一个死者有多个亲人来办手续。为了加快理赔速度，有多个部门参与到理赔工作中。由于一些人法律意识不强，工作十分的简单、粗糙，给善后和理赔工作遗留下许多的隐患。虽然黄河和律师们一再强调，应严格按照《继承法》程序办理理赔手续，但不该发生的事情还是发生了……

一个死者的妻弟前来办理理赔手续，按照以往惯例，工作人员在简单地核查了来者的身份后，帮他办理了死亡赔偿金申领手续。可就在他领走死亡赔偿金的几个小时后，死者的妻子带着四个孩子赶到现场，要求领取丈夫的死亡赔偿金。当工作人员告诉她，死亡赔偿金已经被其弟领走后，死者的妻子昏了过去。她醒来后大哭。告诉工作人员，其弟不学好，吸毒、赌博样样都做，家里已经被他吸、赌的一贫如洗了，自己和四个孩子全靠丈夫在煤矿挖煤挣钱生活。现在丈夫没了，丈夫的死亡赔偿金也没了，自己和孩子今后该怎么生活?

看着身边的四个孩子和嚎啕大哭的妇女，黄河有些于心不忍，他一边安抚妇女，一边将发生的情况汇报给主管领导。经过多方充分协商，妇女的生活问题得到了妥善解决，但却给国家造成了一定的经济损失。

这件事对黄河的影响十分大。事后他举一反三，对矿难死亡赔偿问题进行了仔细的研究和反思，并从中发现了一种很普遍很奇怪的现象：死者中以外来农民工居多，这些人往往来自偏远山区，一旦发生死亡事故，消息大多由同村的老乡将消息传递给死者家人。由于地处偏僻、路途遥远，许多死者的家人没有外出的经验，因此死者的善后问题基本上交由那些身强力壮，有过外出经验的兄弟和亲属来办理，继承人亲自到场的极少，这样就给处理死亡善后问题带来了许多困难和麻烦。例如：如何确认来者的身份？如何确认来者是否具有合法的继承身份或代理身份？是否有继承人的授权委托？等等。

黄河说：“在此次矿难事故中，律师的专业优势凸显出来。由于律师依法行事，在赔偿程序上严格把关，他们仔细验明继承人和代理人的身份，做到了证件齐全、程序合法、无争议、无纠纷，在他们的工作中，无一例冒领的现象发生。他们的工作，从法律上建立起一个处理重大事故理赔工作的模型，为今后的工作理清了头绪、奠定了基础。”

说到这里，黄河笑了。他点了一根烟，深深地吸了一口，接着说：“起初，公安部门认为法律援助律师参与矿难工作没有多大作用，但是，通过律师严谨的工作态度，专业的职业素养，高度的责任感，和在矿难理赔中至关重要的表现，让他们认识到法律援助律师的作用。事后，他们对律师的表现纷纷竖起了大拇指。”从他的言语中可以看得出，法律援助工作能够得到大家的肯定，他感到十分的自豪。

通过这次矿难事故善后工作的处理，使得各级领导更加认识到了法律援助律师的巨大作用。此后，凡是重大事件和群体案件中都有法律援助律师的身影，他们也在一次次重大事件的处理过程中，锻炼了队伍，增长了才干，也赢得了领导和百姓的信任和赞赏。

婚礼惨案 树立法律援助的形象

2007年12月15日，太原市迎泽南街的铁道大厦，正在举行一场隆重的婚礼。门前矗立着巨大的婚庆迎新的拱门，上面缠绕着鲜花，大红的喜字挂在正中。喜洋洋地前来祝贺的亲朋好友络绎不绝，等待着婚礼的男女主角的到来。上午11点11分，婚车载着新人徐徐地驶来，正从主路右拐上宾馆门前的便道。迎亲的人们，立马乐呵呵地点燃了便道上的鞭炮。几乎在爆竹声响起的同时，“轰”的一声巨响，响彻天空，仿佛是一枚巨型的炸弹猛然爆炸了！顿时，整个婚礼现场烟尘弥漫，铁道大厦门前便道上大块的大理石被成片地掀起再重重地落下，大红的婚礼拱门缓缓地坍塌下来。一场惨剧发生了……

事故发生后，黄河带领律师参与了事故的善后处理。在事故的处理过程中，事故的责任认定和赔偿的标准问题，成为争议的焦点。

首先要确定事故的责任人。婚礼的燃放爆竹，是引起爆炸的导火索，但是它的威力绝对没有这么巨大。那是什么原因，引起如此大规模的爆炸呢？经调查，爆炸的真凶来自地下管道，而这个管道是由煤气、电信、市政等三家单位，共同使用的。三家公司为了避免承担责任而相互推诿。市政公司认为是煤气管道泄漏导致的爆炸，煤气公司却辩称：他们在全市的煤气管道中都安装有报警器，事发前，煤气公司的报警器并没有报警，说明己方没有问题。而煤气公司认为：爆炸是由沼气导致的，由于市政公司长期没有清淤，管道内呆滞的沼气大量生产，造成了事故的发生。大家还认为：电信公司的线路也可能是导致事故发生的原因。三家单位各执一词，互不相让。为了证实事故的责任人，调查组采用了先进的仪器进行测试，但都无法得出准确的结论。最终，黄河及律师给出了处理意见：可以依据《民法通则》的无过错共同责任的原则，确定了事故责任人。

其次是确定赔偿的标准。这次事故共导致3人死亡，7人受伤，而死伤人员的身份十分复杂，有乞丐、农民工、军人、城市居民。根据相关规定，赔偿的标准是根据户籍所在地的人均收入而确定，不同地区的人均收入不同，农村和城市的差距也很大，所谓“同命不同价”。对此理赔标准，死伤者的家属不同意。此时，律师的作用再次凸现了。黄河认为无论是城市居民或干部，还是乞丐，都生活在同一个城市中，生活标准是一致的，因此他支持按照统一的标准进行理赔。

这起事故在全国都引起了很大反响，影响重大。因此，妥善处理好，关系到一个城市的形象问题。在理赔的过程中，法律援助律师做了大量的调解和说服工作。一方面，要依据法律去协调责任各方履行责任；另一方面，要做好死伤家属的工作，尽可能地维护他们的权益和权利。经过黄河和律师们耐心细致的工作，此次事件得以完满妥善的解决，黄河和他的律师团队也得到了社会各界的好评。

太原市法律援助中心通过在一系列重大群体性案件中的表现和主动作为，树立了法律援助律师的形象，扩大了法律援助的影响力，得到了市委市政府领导的高度重视。市委书记在党代会上说：“如果说今年的市政法工作，能让我记住的，就是法律援助。”

依法雄辩　清本正源

2005年春节期间，太原市法律援助中心，接到了太原市中级人民法院指定的一起刑事辩护案件，要求中心指定律师，为小店区农民王根计父子四人的杀人案进行辩护。

这起案件的社会影响很大。接到案件后，黄河亲自担任辩护律师，带领中心的律师团队投入到案件的办理当中。阅卷、会见当事人、调查取证，一

黄河（左一）参加由山西日报举办的“尽心竭力为大众服务”的电话法律咨询活动

个环节一个环节的仔细查阅并核实。事关四个鲜活的生命，他不敢有丝毫懈怠，也不容有任何疏忽大意。

在会见当事人并与其认真交谈时，细心的黄河发现了一些疑点。王父说话吞吞吐吐而且在话语中充满了自责：“不该呀，我一个人跟他拼命就算了，不该让孩子们跟着我受连累啊。”听了老人凄怨的独白，一向行事严谨的黄河，本着对案件负责的态度，决定去案件发生地进行调查、取证。

时值“三九”隆冬，大雪封路。离村子还很远，行车的路断了，黄河为了能及时取证并发现疑点，带着律师下了车，顶风冒雪，步行十多里，来到这个偏僻的山村。听说了黄河一行的来意后，村民们十分感动，纷纷向他讲述案件的真相。

被告王氏父子四人是村里最贫穷也最老实本分的人家，而被害人则是一贯横行乡里欺压百姓的“村霸”。案件是因被告父子不堪“村霸”敲诈钱财而引发。死者的前妻与被告的三个儿子中的一个儿子发生了性关系，死者知道此事后，便以此为由，不断地向被告索要钱财。被告一家，原本穷的连儿媳妇都娶不上，而死者又不断加倍地勒索。当死者再次向被告索要钱财并限他们在3日内凑足4万元时，被告父子实在拿不出，王父便曾在死者所定三天期限内的第二天，带着一子去派出所报案。不料，派出所却以事情尚未发生为由而拒绝出警以阻止事件的发生。万般无奈下，被告父子只能等待厄运的降临。死者在第三天果然如期而至，拿着菜刀逼迫被告给钱。走投无路的父子四人只得反抗，但毕竟畏惧恶霸手中的菜刀，只能被死者追赶得四处逃窜。被告中的一人被追得登梯上了房，死者仍然挥舞着菜刀紧追不放，却将梯子掀翻，应声从梯子上摔落在地，当场就不能动了，但当时还没有死亡。被告立即打电话报警，又报了120急救。但由于地处偏僻，雪大路滑，警察和救护车在两个小时后才到现场，死者由于失血过多而死亡。

此后，黄河又三次来到该村，获取了包括死者的亲姐姐和姐夫、亲妹妹和妹夫在内的近百份有利的证据。开庭当天，全村数百名村民徒步走了百余里，赶到法庭旁听，支持律师的依法辩护。在法庭上，黄河围绕着自己掌握的大量的证据进行辩护，提出了被害人有重大过错，应减轻对被告人处罚的辩护意见。最终，法院完全采纳律师的辩护意见，被告人父子分别被从轻判处了有期徒刑1年至3年，并获得缓刑。

黄河以其高度的责任感和使命感，认真地履行着法律援助工作者的职责和使命，也就必然赢得了人民群众的高度认可。这个案子结束后，该村1,100名村民自发地组织起来为他送来了牌匾，上书“法律援助慰民心，依法雄辩正本原”。而对于纷至沓来的荣誉，黄河真诚地告诉我们，老百姓的满意和肯定，才是最让他感动和欣慰的事情。

关爱女孩 反家庭暴力第一案

2006年的一天，太原市法律援助中心来了位年轻妇女和一个漂亮的女孩。黄河接待了母女俩。一见他，年轻妇女就“扑通”跪下，哭着说：“黄主任，您帮帮我们吧！”年轻的母亲一边哭诉着，一边将小女孩的衣服撩开，一副触目惊心的画面让黄河不忍心再细看下去。只见女孩身上，到处是青一块紫一块，被烟头烫伤的疤痕随处可见，大致估算起来也有30多处。黄河连忙搀扶起母女俩，给他们倒了两杯水，让他们坐下来慢慢诉说。

原来这位妇女与丈夫结婚十余年来，一直饱受丈夫虐待。而且残暴成性的丈夫连自己的亲生女儿也不放过，竟然一直认为小女孩太漂亮了，长得不像自己，便怀疑女孩子不是自己亲生的。多年来，丈夫动不动就对她们拳打脚踢、野蛮殴打。尤其是狂躁的丈夫喝完酒后总是借着酒精的催动，疯狂地殴打母女俩，乃至使母女的身体都已致残。

听着母女俩声泪俱下的哭诉，黄河意识到这是一起严重的家庭暴力案件。“不能再让这种暴力继续下去了。”于是他下定决心，告诉母女二人：“请你们放心。这个案子法律援助中心接了，这件事情我们管定了。”为了防止母女俩再受虐待，黄河便嘱咐母女二人暂时到亲戚家里住一段时间，先不要回家。为了给这对可怜的母女一个完满的交代和妥善的归宿，黄河亲自代理了这起案件。开庭前，他做了大量的准备工作。经过仔细的调查研究并根据新的《婚姻法》，他认为年轻妇女丈夫的行为，已构成家庭暴力犯罪。随后黄河和中心的另一名律师代理提起刑事自诉，带母女俩查验伤情，搜集证据。考虑到这是一起涉及家庭暴力的案件，受害者又是女性，黄河决定让女律师上庭为其辩护。

在法庭上，律师以大量的扎实有力的证据和无可辩驳的事实，揭露和证实了被告人的恶劣罪行。最后，法院判决被告罪名成立，判处有期徒刑6个月的刑罚。随后，他们又为年轻妇女代理了离婚诉讼，一场家庭暴力得到了终止。

事后又经各媒体报道，黄河才知道，这起案件是中国法律将家庭暴力入罪后由法院审理的第一起家庭暴力案。中央电视台《关爱女孩》栏目，跟踪报道了案件的始末，也由此翻开了反家庭暴力实践的第一页。

勇于创新　点燃法律援助的星星之火

春华秋实，时光如梭，转眼十个年头已过去。黄河带领着他的法律援助的团队大踏步地向前行进。从默默无闻到掷地有声，从一无所有到一应俱全，从弱小到强大，一步步地走来，步步都有辛酸、汗水，都有危险、转机，都留下奋斗者坚实的脚印，像星星之火点燃了法律援助事业的燎原之势。星星之火，点点滴滴，汇集成的是他们不凡的业绩。

一、开辟便捷式“绿色通道”

2003年底，太原市法律援助中心对残疾人、老年人实行“优先审查、优先受理、优先指派”；对行动不便的困难群众上门服务；对一时难以出具困难证明的农民工及外来务工人员和可能引起群体性上访事件的申请人实行先行受理指派，事后再查证补办手续。通过这一条条绿色通道，大大地提升了办案率，年均办理案件700余件。绿色通道的最大优势在于反应快捷。例如，市某建筑工地发生拖欠工资的纠纷，70余名农民工与建设方正持械对峙，稍有拖延，就可能转化为重大群体性刑事案件。市法律援助中心在得到援助申请后立刻启动“绿色通道”，派出三名律师赶赴现场提供援助，通过宣传法律和进行维权的法律分析，使农民工的激动情绪得到了缓解，将他们引导上了依法维权的道路，最终又通过诉讼为农民工追回400余万元的工资和工程款，维护了农民工的合法权益。

二、推行“代受理”服务方式

为了解决困难群众的法律咨询和申请不便的问题，太原市法律援助机构委托20多家条件较好且实力较强的律师事务所、公证处，设立法律援助接待“窗口”，代为进行法律援助的宣传，接受法律援助申请，方便了群众就近进行法律援助的咨询和申请。2009年各家代受理单位已接待群众1,058人次，受理法律援助申请130件。此外，他们还在全市推行就近申请法律援助的服务模式，申请人均可就近在所在的街道司法所或已设有社区居民法律援助室等等一系列的窗口，提出法律援助申请。

三、推出“点援制”办案方法

针对专业性要求较高的特殊案件，全市的法律援助机构，普遍在接待场所设置了法律援助律师名册，将所属的事务所律师的专长、业绩等情况，进行公布，供广大受援群众挑选案件承办人，满足其选择承办人的要求，使群众不花钱也能请到名律师、大律师，和符合自己案件要求的专业律师。现已有100多名申请人通过点援制，选择了自己满意的律师承办案件，保证了特殊法律援助案件的质量。

四、开通全天候“便民热线”

太原市开通了“12348”24小时法律援助热线电话，由专业律师值班，为市民提供快捷方便的法律咨询服务。还实现了“110”、“12345”、“12315”等服务电话与法律援助专业电话的联动，各服务电话之间实现了相互转接、转办，相互提供专业支持。乃至现在每逢110出警民警在遇到疑难、复杂的问题时，常拨打“148”服务电话与专业律师进行咨询探讨，便于准确执法。值班律师在遇到刑事案件时，也可及时转交“110”处置。如去年6月3日深夜，一出租车司机，因家庭纠纷进行法援电话咨询，咨询时情绪激动，扬言已买了菜刀欲杀死妻子和怀疑与其妻有染的人。值班律师在对其进行法律教育，劝导其放弃过激手段的同时，将电话转接“110”平台，“110”及时出警，制止了一起可能发生的恶性案件。截至目前，“148”法律服务热线已接听咨询电话16680人次。

五、设立主任接待日制度，推行法律援助服务质量的监督体系

为了监督并提升法律援助的服务质量，太原市法律援助中心特将每周的星期四定为主任接待日，由中心领导接待来访群众，受理群众对服务态度、办案质量等诸多投诉。在此基础上中心又推行了案件质量反馈意见制度，法律服务人员在办结每件法律援助案件后应让受援人填写“反馈意见卡”，对办案质量是否满意，进行评价。

六、实行“一站式”服务，推行首问负责制

对申请法律援助所需的咨询、申请、审批和受理，全部在接待厅一站完成。对前来本中心咨询、申请和办事的群众，所询问的第一位工作人员，即为第一负责人。

七、合纵连横，建立四级机构网络体系

太原市下发的《关于建立全市法律援助新机制的实施意见》，明确了太原市将建立纵向的四级机构网络体系及在有关部门和社会团体建立横向联系

的网络体系。各级法律援助中心要组织律师到信访和农民工维权部门定期值班，参与办理涉法、涉诉信访案件及有关农民工的维权工作，调处群体性、突发性事件。要与民政、劳动、社保和农民工维权等政府部门建立相关的工作机制，及时有效地查证受援人的经济状况。要与劳动仲裁、司法鉴定等机构建立协助机制，对确因经济困难无力交纳仲裁费、鉴定费的群众，给予减免收费的优惠。要协调国土资源、房地产、工商、卫生、档案等部门完善有关的规章制度，减免收取办理法律援助案件的有关查询费、服务费、保护费、证明费等。

八、建立未成年人刑事案件法律服务全程跟进制度

太原市司法局联合市中级法院、市检察院、市公安局下发了《关于印发〈太原市未成年人刑事案件律师法律服务全程跟进制度〉的通知》，建立了未成年人刑事案件的法律服务全程跟进制度，于2010年1月1日起正式施行。该制度要求律师对涉及未成年人的刑事案件，在侦查、起诉、审判和社会矫治阶段，全程跟进，提供及时有效的法律服务。该制度明确了公、检、法等案件承办单位，具有指导未成年犯罪嫌疑人、被告人、受害人申请法律援助以及通知法律援助机构提供法律援助的义务；规定了法律援助机构可委托看守所向在押的未成年犯罪嫌疑人、被告人，发放《法律援助权利义务告知书》和《法律援助申请表》，及时收集在押未成年犯罪嫌疑人、被告人的法律援助申请；要求律师事务所及法律援助机构应选择有三年以上执业经验，善于做未成年人思想教育工作的律师，组成专业工作小组，专门办理未成年人刑事案件；还规定了律师在办理未成年人刑事案件时的一些特殊要求，如实施有针对性的教育、进行社会调查、保护隐私权等等。

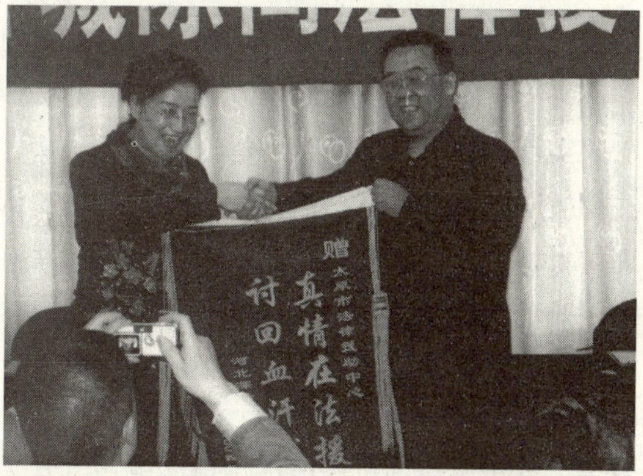

2004年太原市法律援助中心与河北实施城际协作，为当事人讨回血汗钱，图为黄河（右）在接受锦旗

2005年11月24日黄河（左二）参见中加法律援助合作项目培训

九、设立涉法涉诉法律援助信访工作的接待窗口

2010年5月11日，太原市法律援助中心在太原市中级人民法院设立了涉法涉诉法律援助信访工作的接待窗口，全面受理当事人有关法律援助的申请，以此来促进法律援助与司法救助的有效对接。设立窗口后，太原市法援中心每天指派两名责任心强、经验丰富的法律援助律师在接待窗口值班。值班人实行挂牌上岗，负责解答来访人的法律咨询，代写法律文书，代为受理法律援助申请，参与一般信访案件的接待、调解工作，并积极主动地协调处理重大特大及疑难的信访案件。据太原市法援中心负责人介绍，过去一些经济困难的当事人要到法院打官司才知道可以申请法律援助，为此必须再到法律援助机构跑一趟以提出申请。在法院设立接待窗口，变过去的“被动受理案件”为“主动寻找案件”，这就相当于法律援助机构在外设了个“急诊室”，是法律援助机构向外延伸的触角，从而为低收入人群提供了及时、专业、低成本、高效率的法律援助服务。

一路上走来，硕果累累。但黄河似乎永远不满足已有的成绩。他告诉我们：对未来他还有许多的想法和目标，要努力实现呢！

首先，法律援助工作要更加务实，让百姓得到更大的利益。他认为，这些年他的工作重点主要还在落实经费、关注办案数量上。今后，他要将工作重点放在办案的质量上。

其次，针对法律援助事业发展不均衡的现状，进一步缩小地区差别，是让法律援助工作再上一个台阶的关键。目前，由于各区县经济发展不均衡，造成法律援助工作境况的逆向发展。从案件上看，条件好、投入多的区县，案件少；条件差、投入少的区县，案件反而多。从知晓率上来看，收入高、文化层次高的人群，知晓率也高；经济落后、文化层次低的地区，知晓率也低。为此黄河在思考：可对传统的法律援助宣传工作进行调整，如偏僻落后地区的一些家庭没有电视，偏重电视的宣传难以奏效；而多用过去诸如墙报的一些土办法进行宣传，也许对基层、对落后地区会更有效。

再其次是要提高服务能力，将法律援助的服务延伸出去，让需要援助的普天下人都能得到法律援助。尤其让山区的村民，能得到与城里一样的法律援助。在偏远的山区，很多人特别是女孩子，一生都没有出过村，当遇到法律上的问题时，都不知道如何解决。为此黄河认为，下一步的工作重点，是密切落实与乡镇司法所的合作，让他们成为无所不在的法律援助的代受援和承办者。

黄河说：上面的想法，只是千头万绪的工作中的几点。在他的思想中，法律援助之路永远没有尽头，法律援助工作还任重道远……

大爱背后 家庭的传承

黄河的故事还很多，我们仅仅是从他众多业绩中采集了几朵浪花。那么，在他的扶弱济贫的人生背后，推动力又是什么呢？从他的家庭传承和教育中，我们找到了答案。

1964年，黄河出生在太原的一个普通知识分子家庭，排行老二，简单的

辛勤耕耘，无私奉献，黄河被评为山西省特级劳动模范

家庭成员中还有一个姐姐一个妹妹。父亲祖籍在上海，是太原西山矿务局的高级工程技术人员。母亲的祖籍在江苏，是一名医术精湛的医生。

20世纪50年代，父亲高中毕业。随即祖父母相继病故，父亲为了承担起养家的责任并响应国家支援内地的号召，离开生活优越的江南，来到黄土高原上的西山煤矿。在黄河的记忆中，父亲为人谦和、待人诚恳、技术精湛。虽然父亲的家庭出身不算好（祖父祖母是留日学生，曾在国民党政府任职，新中国成立后进入马列学院学习改造），但他有知识有技术而深受领导和群众的信任和尊重。在“文革”期间，父亲不但没有受到冲击，反而承担起煤矿大大小小的技术工作。父亲干一行、爱一行、还精一行，矿里在技术上无论遇到大事小事都会请父亲去处理。黄河小时候，家里有电话，在整个矿区也只有矿长和黄家的两部电话，同学们都很羡慕黄河。邻居们的各种紧急电话，常打到黄家，黄河就成了附近居民的义务通信员。改革开放后，国家不再讲出身论，父亲被提升为分管技术的副矿长。由于父亲的兢兢业业的工作和出色的表现，煤矿党委一致认为父亲符合共产党员的条件并介绍父亲入了党。如今父亲已从矿长的位置上退下来，但每天仍坚持看书学习、做家务。

黄河总在讲，父亲是他崇拜的偶像，对他的成长影响很大。尤其是父亲一心一意的敬业精神时刻都在激励着他，使他从小就向往，能成为一个有专长的专业人员。长大后他选择了学习法律这个专业性很强学科，就是受父亲的影响，希望自己成为一名好律师、好的法律专业人才。多年来，黄河在事业上成绩斐然，获得了无数次国家、省、市各级的奖励和荣誉，但他更喜欢在行业中得到肯定和尊重。他认为，一件事情无论大小，只要你做得好就会受到人们的肯定和尊重。

黄河又告诉我们：爱是一个人成长中，最重要的催化剂，而一个和谐的家庭正是孕育爱的最原始的土壤，并饱含优良的基因。他就从小生活在这样的家庭里。生性儒雅的父亲不仅在工作上非常敬业，还十分爱家、顾家，对孩子充满了慈爱之心。母亲不仅是一名好医生，还是个好妻子、好母亲。慈父贤母，便使整个家庭充满了爱和幸福。少年时期的黄河亦如许多精力过剩的男孩子，聪明却不爱读书。对于他的淘气、顽皮，父母没有像一般家长那样动辄呵斥、打骂，而是循循善诱，引导他喜欢上学习。父母为了让他养成自觉学习的习惯，曾想尽各种办法，但一直收效甚微。有一天，黄河玩耍回家，发现自己的书桌上摆满了五花八门的图书。当时他并没在意。又过了几天，他发现桌上的书又全换了新的题材和内容。原来，为了培养儿子的读书兴趣，母亲一个礼拜去一次图书馆，借回了多种多样又视野开阔的图书和杂志。多年后，黄河问起这件事，母亲告诉他："我是想，我把这么多书摆在桌子上，总有一样，你会喜欢的。"

父母的言传身教和循循善诱，使黄河渐渐对书产生了兴趣，日积月累的便养成了好读书的习惯。过去一起调皮捣蛋的伙伴再叫他出去玩，他总会婉言拒绝。到上高中时他已博览了古今中外众多名著，对历史著作尤其钟爱，不仅自己读，还常常讲给同学们听。

也许是命运的安排：1983年，黄河在高考前几天突发急性心肌炎，住院治疗。等他刚刚恢复了一点，还没出院，就挂着输液瓶，参加了高考，仅被山西省司法学校录取。虽然受大病影响而未能显示他的实力，不是最好成绩，但得知能学他所钟爱的法律，而且是山西省首批法学专业的学生，他还是毅然上了这所学校。他说：当时刚恢复法制建设，国家的法律体系也很不完善，全国只有 "九法一例"。法律教育资源更是奇缺，就连山西大学都还没有法律系。他是在毫无准备的情况下，被推进了法律行业，成了一名法律人。但黄河多年来大量广泛的阅读，奠定了坚实的基础，储备了丰富的知识养料，这恰恰对于法律这门综合性很强的学科而言，是极其可贵的积累。很快他就意识到，学习法律才是最为适合自己的专业。从此，黄河如鱼得水，自由徜徉在法学的海洋里，并能将看似枯燥的法律知识和条文变成了一个个快乐的遨游的音符。

黄河毕业后被分配到太原市司法局。凭着工作的扎实苦干、尽职尽责，他从一个有法律业务专长又搞行政工作的普通科员，逐步走上领导岗位。特别是他自从担任太原市法律援助中心的主任以来，用爱心浇灌着贫弱百姓的心灵，以无私奉献的精神和突出的业绩赢得了领导和同事们的肯定和尊重，也获得许多荣誉："全国十佳法律工作者"、"山西省特级劳动模范"、"全省十大优秀政法干警"、"全省维护农民工权益先进个人"、"全省司法行政系统百优先进个人"、"山西省十大杰出青年卫士"、"全省农民工维权先进个人"、"山西省五一劳动奖章"，荣记一等功一次、二等功两次，等等。

尾声　走在法律援助的大路上

黄河一往无前地走在法律援助的大路上，脚步坚实而凝重。他用飞逝的青春年华谱写了一曲法律援助事业的战歌。在多年的从业历程中，他恪守职业道德，为社会的弱势群体撑起了一片法律的晴空，维护了社会的正义公平。黄河告诉我们，他将继续走下去。因为在这片清贫而又富饶的土地上，他走得踏实，走得坚定，走得无限幸福……

滔滔千古，长河有情，孕育了伟大的民族。大浪淘沙，大爱无声，细细滋润着大千生灵及其历来以道义仁慈为本的文明。正是由此走来了法援人，在迷惘浮躁的沙尘中奋力书写着法律援助事业的理想与信念：播撒着良知的火种，绵延着奉献的传统！

爱心化作梧桐雨　扶弱济贫促和谐

——访湖南省长沙市法律援助中心主任郭灿霞

郭灿霞　中国共产党党员，毕业于西南政法大学法律专业本科、学士。1993年8月参加工作，先后任职于长沙市劳动教养管理所办公室科员、长沙市司法局办公室科员、长沙市司法局公证律师科科员、长沙市司法局干部处副主任科员、处长。现任长沙市法律援助中心主任。2006年以来，兼任长沙市五五普法讲师团成员、长沙市妇女法律讲师团成员、长沙市华商联合会顾问。

自从从事法律援助工作以来，她先后荣获了2004年度长沙市巾帼建功先进个人、2007年全国法律援助规范与质量先进个人、2008年第五届湖南司法行政系统先进个人和记三等功、2009年湖南省专项法律服务活动先进个人，此外她还在2003年、2004年、2005年、2006年、2007年多次被授予嘉奖。

印象 清香淡雅的山茶花

山茶花，你说他的家，开满山茶花，每当那春天三月，乡野如图画，村里姑娘上山采茶，歌声荡漾山坡下，年十七，年纪十八，偷偷在说悄悄话，羞答答、羞答答，梦里总是梦见他……

——邓丽君：《山茶花》

初见郭灿霞，她给我的第一印象，用一个词来形容，就是安静。在安静的外表里透露出的是谦让、随和、谨慎。在她的言语中，还略带一点点羞涩，仅从这点看，她就是一个活泼可爱的邻家女孩儿。而从她年轻、淡雅、清新的模样上，又让人很难相信她是一个出生于70年代初的人。这一切，不由得让我想起邓丽君在《山茶花》一歌中所描绘的“开满山茶花，每当那春天三月，乡野如图画，村里姑娘上山采茶……”

如果用最时尚的花语来归纳我对郭灿霞的第一印象，我会以“一朵洁白无瑕、清香淡雅的山茶花”作答。提及山茶花，人们总会将目光投向云南大理。然而，在湖南乡村的漫山遍野中，山茶花也随处可见。诠释她的花语是：“可爱、谦让、谨慎、理想的爱、了不起的魅力。”在郭灿霞的身上，我似乎找到了山茶花的投影。同时她又有倔强的湖南人那种坚定、执著、自信、聪颖、睿智，以及对理想和信念不懈追求的品格，也随着本次采访的深入而渐渐地显现出来……

沐浴阳光 如山似水的爱

1972年3月，正是山茶花盛开的季节。一天清晨，当第一缕霞光裹着薄雾冲破了黑暗而露出灿烂的笑脸时，在长沙县一个乡村里，一个女孩也呱呱落地了。与别的新生儿哭着来到这个世界不同，女孩的啼哭更像是在欢笑，粉扑扑的小脸上带着灿烂的笑意。父亲看着这个可爱的小生命，很快为她起了个与可爱相匹配的名字：郭灿霞。

一谈到父亲，郭灿霞眼里就流露出崇拜的目光。父亲于1931年出生在一个贫苦的农民家庭中。小时候，由于家里穷，祖父只能让发育期的父亲去给地主当长工，挣一点粮食以补贴家里的口粮。新中国成立后，党和人民政府送父亲去农校，学习文化和农业科技知识。父亲在党的教育下由一名贫苦的长工，成为了一名基层的领导干部。

父亲深受党的关怀，几次重病，都是党的政策挽救了他的生命。父亲感谢党，用更加勤奋努力的工作回报党的恩情。多少年来，父亲以一名基层党员的身份，实现着朴素的理想信念和他的入党誓言：为天下老百姓谋福利。

作为水库工地的总指挥，父亲以身作则，尽职尽责，牺牲小我，服从大局，日夜战斗在水库建设的第一线。很多次，父亲因劳累过度昏倒在工地上，被人们从工地上抬下来住院治疗。但在刚刚拔掉针管后，他便又回到水库工地，继续工作。而这一切父亲却一直没有告诉家里人，直到母亲去工地探视时，才知道了父亲生病住院的情况。

作为知青工作的负责人，父亲关心知青的生活，尽最大可能去满足知青的需求。他更关心年轻人的思想，经常深入知青点与大家促膝谈心，了解他们的所思所念，为知青们排忧解难。在他分管的地区，知青们安居乐业，健康成长，从没有发生重大的问题。

父亲还是一名一身正气、不徇私利、清正廉洁的纪委书记。他总是将人民群众的利益放在至高无上的地位，勤勤恳恳、兢兢业业，实践着党的执政为民的行政理念。党和人民政府在粉碎“四人帮”后，拨乱反正，纠正过去政策中的一些错误，父亲便负责落实政策的工作，经手承办而落实政策的人达百余人，他却只是认真履职，不求回报。有一次一位由父亲办理落实了政策的人找到父亲，十分感激父亲为其所做的一切，带了一份礼物要送给父亲，被父亲坚决地拒绝了。又有一次，父亲受政府委托，去上海采购一批钢材。钢材在当时可是一种十分紧俏的资源，父亲通过熟人，以政府牌价得到了300吨的指标。这个价格与当时的市场价相差2倍之多，有人便用数额巨大的“回扣”诱惑父亲转让这批钢材的指标，被父亲严词拒绝。为此，有人说父亲是大傻瓜，父亲正色道：“不是我们的东西绝对不能获取，这是我做人的原则。”

父亲为人刚正不阿，眼里不容沙子，路见不平也必管。有一次，已是80岁高龄的父亲在街上遇见小偷正在行窃，父亲急忙上前制止，后面的小偷便跟上来要打父亲，后来见路过的群众围了上来才落荒而逃。有人提醒父亲说：“大伯，您这么大的年龄，就别再管闲事儿啦。如果刚才，我们不围上来，小偷就会打你的。”父亲却凛然答道：“不怕！如果我也不管、你也不管、大家都不管，小偷会越来越猖獗的，那时大家的日子就会越来越不安稳了。何况他们都是纸老虎，他们怕群众。”

孩子们对父亲的一言一行看在眼里，融在心里，成为一生的榜样。父亲常说：“我能有今天的事业和成绩，要感谢党的培养和教育。没有共产党，就没有我，也没有我们一家人的幸福生活。所以我要为党多做点工作，回报党的恩情。”

俗话说“父爱如山”。在郭灿霞的心里，父亲就是一座山：巍然高大雄浑坚实又稳重深邃而有丰富的内涵。有太阳的执著、海纳百川的胸襟、取之不尽的矿藏。郭灿霞正是不断地追随着父亲的足迹，攀登一座座高峰险山，沐浴着党阳光雨露，茁壮地成长。

对母亲，郭灿霞又用“母爱如水”来形容。母亲温柔善良，心灵如月亮般的清澈又胜似水晶般的洁净，用甘甜的清泉浇灌着幼苗，滋润着孩子们的心田。母亲是个孤儿，父母在她很小的时候就相继去世。母亲靠吃百家饭、穿百家衣长大，也格外有爱心，终生感激所有帮助过她的人，又尽己所能去帮有困难的人。母亲从小就很有志向，常常躲在学校的窗前偷偷听老师讲课，自学文化。新中国成立后，母亲凭着听来的知识，当上了乡村教师。

慈爱的母亲也是十分敬业的好教师。在郭灿霞的记忆中，她从摇篮时代起就是跟着母亲在教室里听着母亲的讲课和学生的琅琅读书声、与母亲的学生们一同成长起来的。母亲爱学生如同爱自己的亲骨肉，在郭灿霞的脑海中，有一段永远无法忘却的记忆：

有一天，母亲下了课刚走出教室，突然听到一个孩子的哭喊声。母亲不顾上了半天课后的极度疲惫，急忙顺着哭声，赶到平时供孩子喝开水的水桶旁，只见一个学生活生生地竟然站在开水桶里。母亲和赶来的其他老师将他抱出来，紧急送到乡镇医院。由于是大面积的烫伤，乡镇医院做了处理后，母亲又急匆匆将学生送往市医院。当时正是夏天，正午的太阳格外毒，烘烤着大地。将孩子送到医院时，母亲浑身已像个水人。但她又刻不容缓地帮着联系医生，直到学生住进医院，才放心地回家，到家后都要虚脱了。然而，这个学生却不是她所教的班级的学生。此后母亲又多次到医院探望该生，为他补习功课。这才使该生出院后能回到学校继续学习，并被安排在母亲的班级。但由于烫伤严重，该生下肢的累累疤痕取代了汗毛孔，夏天不能出汗，十分难受。母亲就每天都利用课间休息时间为他做冷敷。这件事，一直持续到该学生小学毕业。

如今，这个学生已经大学毕业，在长沙一家著名的电脑公司做工程师。每逢节假日他总是开着小轿车前来探望郭灿霞的母亲。每当这时，看着这一对不是母子却胜似母子的师生在亲密交谈，郭灿霞的心里就充满了感动。

在父母的言传身教下，郭灿霞从小就十分的有爱心。在她朴实思想里，永远装着个优先于自我的“他”字。无论是对穷人、老人、残疾人，只要谁有困难，她都会伸出一双小小的手去帮助他们，尽自己的力量去扶危济困。

如同父母十分敬业一样，小灿霞在学习上也十分独立、刻苦，成绩一贯优秀。从上学的第一天开始，她就稳坐在班级的前三把交椅。初中毕业时，她考了个全县第一名。终生热爱教育事业的母亲，很希望女儿上师范学校，接母亲的班，当一名思想的园丁、人类灵魂的工程师，培养更多的千里马。而这时的郭灿霞，早有了自己的主张，与教师相比也许她更喜欢类似父亲从事的纪委书记的事业，当一名清正廉洁的司法工作者。

她便放弃了一所十分优秀的师范学校递来的橄榄枝，选择了长沙县一中，继续读高中以便再考大学。在那个教育资源稀缺的时期，对一名女孩子来说，这样的选择是有很大风险的。在多数人的观念中，女孩在小学、初中的成绩会在前列，但往往后劲不足，高考对于女孩子是一道鬼门关，很多优秀的女孩子都会在此落马，终了上大学的梦想。郭灿霞却丝毫不怕也不曾患得患失，她相信自己能够战胜困难，实现远大的理想。

郭灿霞的自信为自己争取到了上大学的良机。她也没有辜负人生的机遇，而以一个高分为自己赢得了选择西南政法大学的主动权。在中学生的心目中，西南政法是当时中国法学界的顶尖学府，能入读是难得的幸福、顶尖的骄傲。但许多人纵然仰慕，却往往又望而生畏而留后路而最终止步。郭灿霞可是一往无前、义无反顾。在填报志愿时，她将三个可供机动进退的志愿都工整地填写上了“西南政法大学”，却又在是否服从分配的栏目中断然写上了“不服从分配”。决心之大，自信之足，更可见山茶花另一面的内在个性。

郭灿霞用优异的成绩证明了自己的实力，实现了理想和目标，如愿以偿地进入了西南政法大学学习。4年后她带着一份优秀的成绩单毕业，回到了长沙。大学本科加学士学位的头衔让她顺利地进入长沙市司法局，从此也掀开了一名司法工作者的崭新的一页。

人生价值 用法律知识帮助人

1993年8月，郭灿霞毕业回到长沙，被分配到长沙市司法局。由于有当年分配的大学生不能直接进入机关的政策，郭灿霞又被下分到长沙市长桥劳动教养管理所，在办公室里做了一名普通的科员，从事平凡的行政工作

郭灿霞说：“这段时间，对我的锻炼很大。大学刚毕业，心气很高，总是认为自己有很大的空间可以自由翱翔。而劳教所的氛围，近乎是军事化管理。虽然在办公室工作相对于其他部门来说，比较自由，但管束仍然很多。可也正因此，我的进步才很大。它不仅增强了我所欠缺的自我约束能力，能严格要求自己；还让年轻人自由的心落了地，学会了脚踏实地地从小事做起、从细节做起，把工作做得井井有条。”

两年后，郭灿霞又被调到司法局办公室工作。从这里起步，她一路前行，由于工作的努力而很快就被选定为年轻干部的培养对象。2000年，她在经历了公证律师科工作的锻炼之后又进入了被称作培养干部的摇篮的局干部处。从科员到处长，郭灿霞是用一步一个脚印的认真扎实的辛勤奉献，赢得了群众的好评，也得到各级领导的肯定和倚重。

2005年，新一轮干部轮岗开始，本来可以在干部处留任的郭灿霞，主动向组织提出了请求到法律援助中心去工作的申请。她认为，法律援助中心离

郭灿霞（左二）赴广州学习交流

自己所学的专业最近，更能够发挥自己的专业所长。她告诉主管领导，自己当年上大学填志愿的故事，以及自己对学习法律的强烈愿望，目的就是希望运用自己所学的法律知识帮助人，尤其是那些生活在贫困线下的普通百姓，而法律援助中心正是集合了她的全部愿望的理想之地，希望组织上能够支持她，实现她多年的愿望。领导被她感动了，答应支持她去实现自己的理想。

其实郭灿霞对于法律援助并不陌生。早在1997年，长沙市就成立了法律援助中心并配备了5个地方事业编制。但力量很单薄，而且事业编制的性质也不适合法律援助中心履行行政管理的职能。而九个区县则由于编制紧张，还没有成立法援中心。2000年，正值全国的律师事务所改制，国办所全部改为合伙制。外省一些已经完成律师事务所改制的地方都将国办所使用的政法专项编制，从司法局收回。原来国办所使用的政法专项编制又正面临着严重流失的问题。当时在干部处工作的郭灿霞，敏感地看到：这是法律援助体制建设的有利契机。她积极向局党委建议，请求市委市政府将这批政法编制保留在司法局，用于充实建立市县两级的法律援助机构和“148”法律服务协调指挥中心。局党委便将这项任务交给了干部处，由郭灿霞负责落实。经过反反复复的沟通、做工作，2001年3月才由市编办发文而一次性地将44个政法专项编制，配备到市县两级法律援助机构。其中给市法律援助中心配备了14人，各区县中心平均不少于3人。编办文件同时明确定性：两级中心为行使行政管理职能的法律援助管理机构。从此，长沙市的法律援助机构才得以全面而又规范地设立起来，而且堪称是兵强马壮，面貌一新，服务量也快速增长，大量的困难群众和弱势群体因为有了法律援助机构的帮助，得以共享法制的温暖、正义的蓝天。

正是这次与法律援助的不期而遇，让郭灿霞认识了法律援助，从此也与法律援助事业结下了看似偶然其实又十分必然的不解之缘。

突破壁垒　打造长沙特色

2005年9月，郭灿霞带着理想和信心，走进长沙市法律援助中心的大门。新官一上任就着手对长沙市法律援助的对象进行了调查：外来务工人员有150万，贫困和残弱的居民有100多万。这么多潜在的服务对象、需要援助的人，更让她认为这次选择是正确的。

面对长沙市需要法律服务的巨大人群，郭灿霞开始着手整合资源。她认真分析了长沙市法律援助工作的现状，研究法律援助的未来走向，以此来寻找新的突破口。她紧紧依靠团队的力量，发挥人的主观能动性，调动全中心工作人员的积极性，为寻找法律援助工作快速发展的方向而献计献策，以优质高效的工作，服务于长沙近300万困难群众，切实地维护他们的合法权益。在郭灿霞的积极组织和指挥下，全中心上下一心，齐心协力、认真地规划着法律援助中心的宏伟蓝图。

经过多方调查研究，最终他们确定了工作目标：立足长沙实际、紧抓机构建设、明确工作职责、健全管理体制、坚持以民为本、扩大援助范围、提升工作品质、做强法律援助并争创全国一流，尤其要着力于制度机制创新和服务方式创新，努力增强法律援助的物质保障能力、组织建设能力、规范管理能力、服务提供能力、社会影响能力，将主攻方向落实到满足困难群众的法律需求上去。

一、优化内部管理，建立科学、合理、有竞争力的工作机制

上任伊始，郭灿霞做的第一件事，就是打破内部机制，建立责任明确、分工合理的内部管理机制。她的团队14人全部具有法学本科学历，4人为硕士，12人具有法律职业和律师执业资格证书，是一支结构合理、素质优秀的队伍。她将中心的组织结构和人员职责进行较大的调整和整合，中心下设管理组、业务组和综合组等3个组，每组之下分室。

管理组：设2人，主要负责中心的日常工作和内部管理、税务、统计、财务等工作。下设两个室：财务室1人，负责中心的财税、后勤和内职工作；人事室1人，负责人事管理、劳动保障等工作。

业务组：设9人，是中心的核心组，主要负责援助案件的受理、审批、指派和质量监督工作。下设4个室：①接待室：4人，包括中心接待2人，负责市中心的接待工作；政府政务接待1人，负责在市政府政务服务中心接待工作；信访局接待1人，负责在信访局值守，接待信访案件中的涉法案件的接待，以及政府交办的突发性事件和群体性事件的处理工作。4个接待人员全部由市中心的律师承担。②私密室：3人，负责涉及个人隐私案件的接待、受理工作，体现了精细化、专业化服务特点。③调解室：通过援助律师积极争取，促使双方当事人达成和解。事实证明，设立调解室是十分必要的，市中心的部分案件通过调解的方式结案，既节约了时间，又节省了律师资源。④案件质量监督室2人，负责全市的案件指派和质量监督评比工作。

综合组：设3人，主要负责信息收集、材料整理、理论调研、对外宣传以及新闻报道等工作。下设2个室：①宣传室：1人，负责法律援助的对外宣传；②材料室2人，负责法律援助的信息收集、材料整理和理论调研。

通过科学合理的组织结构的划分，既做到了职责明确，合理分配了人力资源；又保证了分工协作，分工不分家。同时对全体人员的工作实行量化管理，将中心全年的任务指标落实到人，包括联系单位和承办的案件数量。通过对每组、每人的周工作安排、月工作计划及年工作目标的落实情况的跟踪检察，实现全年任务指标的完成。这种将任务指标落实到人的管理机制，不

郭灿霞（左二）在组织开会布置工作

仅便于跟踪管理，更重要的是增强了全体工作人员的竞争力，使得工作开展得更有活力。

二、增加法律援助案件的投入，提高律师办案的补贴标准

郭灿霞认为，由于我国的法律援助工作起步晚，难免对于律师办理法律援助案件的补贴问题一直有争议，主要原因有两个。一是认识有误区，办案补贴受忽略。我国法律明确规定法律援助是律师的义务，大部分人认为所谓“义务”就等同于“免费”，就是不图报酬而尽职尽责地为困难群众提供法律服务。至于办案补贴的有无、多少，对于高收入阶层的律师而言根本无关紧要。从而使相关部门，不能充分地认识到办案补贴的重要性。二是经费保障不足，这是补贴标准难以提高的主要原因。而法律援助补贴标准的不合理性又往往直接导致律师办理法律援助案件的积极性受挫，影响了法律援助的服务质量。

针对这种情况，郭灿霞从上任起，就着手调整法律援助的补贴标准。为了形成一份科学的合理的符合长沙市市情的补贴标准文件，她四处查找资料，从各省制定的标准中汲取经验。她还与市财政局的领导到各省进行调研，走访基层，跟踪案件的办理过程，计算案件的办理成本，在大量的卓有成效的调研工作的基础上，形成文件。由于没有先例，又在行文过程中遇到了很大阻力。首先是与财政局联合发文很不容易，在此之前也没有直接就某项工作下文给各区县的先例。其次是文件涉及各区县财政拨款，而各区县的经济状况不相同，这就要求行文必须符合长沙的实际情况，具有可操作性。如果标准过高，区县的财力达不到，等于一纸空文；标准过低，又不能实现提高补贴标准的目的。为此他们对标准的设定反复进行了调整，她又一趟趟地跑市财政局，反复做协调工作。

用时1年终于形成了正式文件：《长沙市办理法律援助事项补贴暂行办法》，并由长沙市司法局与市财政局联合下发到全市及各区县。调整后的补贴标准明确规定：刑事案件的补贴标准为1,000元，民事案件补贴标准为1,200元，疑难复杂及特殊案件的补贴标准达数千元。标准还涵盖了异地、跨区、听证、执行、代书、咨询、值班、法律意见书、政府交办的特案等等，明目细、可操作性强。文件通过几年的执行，效果很好。不仅调动了各区县法律

援助工作者和律师的积极性，使得案件办理的数量节节攀升，而且吸引了一些有实力的律所中的优秀律师参与法律援助案件的办理，提高了法律援助的办案质量。

但在文件下发的初期，执行上还是遇到了不少麻烦，差一点前功尽弃。原来，文件下发后正赶上湖南省在长沙市的一个区做规范经补贴的试点，该区财政局针对文件中涉及的法律援助机构人员的案件补贴提出反对意见，他们认为，凡是补贴均属于取消之列，由此拒绝执行文件。作为三湘第一经济大区，其财力为长沙市各区县之首，如果不配合，文件就很难执行下去了。得知这一消息后，郭灿霞第一时间赶往该区财政局，向有关领导反复做解释，据理力争。她告诉财政局领导，此补贴非津补贴，这是律师办案过程中的部分成本开支，是事先垫付的交通费、文印费、电话费等等，而所以称之为补贴，是因为这是我们国家的通用惯称。再者，从补贴的性质来说两者也不相同，津补贴是跟着人走的，办案补贴是跟着案件走的。但是无论郭灿霞如何解释，该区财政局领导仍不松口。无奈之下郭灿霞又去找与其共同行文的市财政局的领导。

有道是“屋漏偏逢连天雨”。当郭灿霞找到市财政局，那位当初与她一起起草并出台文件的领导已然调离了，新上任的领导不了解法律援助补贴为何物。一听说是补贴立刻就与津补贴联系在一起，不仅没答应她请求驰援的要求，反而要修改原来下发的文件。这下子郭灿霞可急了，再三恳求并解释：全国各地都是这样做的。领导便让她拿出其他省市的文件来，她只得讲明：虽然各省在文件上没有明示，但是大家已约定俗成。郭灿霞又抓住问题的关键反复向领导强调：由于各区县的律师资源不足，很大一部分法律援助案件都是法律援助中心的律师自行办理，如果不能发给补贴，他们连自己的工资都会贴在一系列案件的办理中，这不仅会挫伤他们的办案积极性，而且会对已步入正轨、正在健康发展的法律援助事业造成灭顶之灾。法援工作千头万绪，都压到了区县法律援助中心，而且在他们承办的大量案件中还有相当多的是疑难复杂案件和政府交办的群体性案件；如果还要其倒贴自己的工资去办案，这合理吗？若因此而影响法援案件的办理，势必会动摇社会的稳定与和谐的法制的根基。所以文件绝对不能改，区县机构的办案补贴绝不能动。郭灿霞为了进一步说服领导们，又带着他们到其他省市调查……最终，这个文件保留下来了。

说到这里郭灿霞松了口气。可以看出，当初她所承受的压力。她说："法律援助的魅力就在于它能给你压力，让你在山穷水尽时找到出路，突破重重壁垒后看到曙光。让你的价值能充分体现出来，心有多大，舞台就有多大。而这个过程是一种美好的享受。"郭灿霞不仅享受着过程，而且在过程中完善了自己的思想。通过这件事，她将自己的研究和思路写成了一篇论文即《关于法律援助办案补贴标准的思考》。文中对我国法律援助的补贴标准的现状、现行标准存在的因果关系、完善补贴标准的思路，进行了分析和探讨，从理论上对法律援助补贴标准进行了总结和归纳，丰富了法律援助的理论体系。

自从郭灿霞主持长沙市法援中心的工作，用最短的时间便打开局面；逐步将法律援助工作引入了快行道，并借助长沙市自身的优势，不断地成长和进步。

三、创新发展思路，将法律援助工作纳入政府中心工作之列

长沙市的法援工作在不断的实践中，有自己的创新特色、发展优势、综合实力、价值追求和整体效能。他们每每能抓住有利的时机、可以依靠的政策，以加快推进法律援助事业向前发展，维护困难群众的合法权利、社会的公平正义，为了实现促进社会稳定和人民群众安居乐业的目标，而不懈地努力。

郭灿霞正是为了这一远大目标，不断地开动脑筋进行谋划，寻找机会开展工作。经过长时间的酝酿，她找到了工作的突破口。她认为，法律援助是政府的责任，只有将法律援助纳入政府的中心工作和发展规划中去，才能使法律援助事业有长足的进步和发展。为此她积极推动这项工作并制定出了发展目标：将法律援助工作写入政府工作报告以及纳入经济社会发展规划、纳入民生工程、纳入社会治安综合治理考核之列，即3个纳入。

郭灿霞说："从法律援助事业长远的发展来看，3个纳入是能让法律援助工作站稳脚跟的第一步。它的优势是让法律援助，成为政府重点关注和考核的工作。特别是被纳入到社会治安综合治理考核序列，地方政府会十分重视这项考核制度。凡是列入这项考核范畴的工作，地方政府都会在人力、财力

左图为2006年4月郭灿霞（左一）陪同中加项目组专家考察；右图为2008年3月郭灿霞参加中加项目培训

和政策上大开绿灯，给予大力的支持。凡是这项考核不合格的地区，都会直接给予黄牌警告，限令整改达标。这项措施能督促各级政府对法律援助工作给予更多的关注度，促使法律援助工作进一步完善和不断地发展。”

经过多方努力，长沙市法律援助工作，终于被写入长沙市政府工作报告以及十二五政府发展规划中，并实现了3个纳入的发展目标。通过3个纳入，长沙市的法律援助事业更有了坚实的发展基础，其3大优势也逐步显现了出来。

优势一：党委政府主导的维护群众权益的机制。为了营造长沙市大法援的格局，长沙市专门成立了一个机构，即长沙市法律援助领导小组，组长为分管副市长，成员由公、检、法、司、财、工、青、妇、残等部门的负责人担任。领导小组定期组织会议，讨论法律援助工作。通过这一机制的运行，对法律援助工作有很大的推动作用。

优势二：纳入社会治安综合治理考核，促使地方政府主动作为。2011年，法律援助被正式纳入长沙市社会治安综合治理考核之列，使法律援助工作日益得到了各级政府的高度重视。它由过去的请求政府关注，到政府主动关注，这一转变充分体现了这项考核制度对政府工作的约束力。当然，这对市法律援助中心，也是个不小的挑战。郭灿霞说：“虽然工作上更有压力了，但是从成效上看，我们乐意接受这份压力。只有这样，长沙市法律援助工作才有更快的进步和提高，困难群众才能够得到更大的实惠。”

优势三：纳入一建三联制度，为维护社会稳定发挥更大的作用。一建是指建立大信访的格局，三联是指联系困难群众、联系困难单位、联系困难企业。一建三联制度能分工明确又监管到位，同时实施了绩效考核制，促进这项工作的开展。法律援助也被纳入到这项政府工作中而主要承担起维护困难群众的合法权益，市中心也在原有的派人在信访局值班制度的基础上加强了工作力度，确保涉法涉诉信访案件能够得到及时、有效的解决。

此外法律援助还在重大事件和群体性案件中，发挥越来越重要的作用。很多重大事件发生后都有法律援助律师参与解决问题。在一些有关重大事件的会议上，法律援助律师都坐在市委市政府主要领导的身旁。在作出许多重大决议之前，领导们都会听取法律援助律师的意见。通过这些工作，法律援助律师的地位有了很大提升，他们用自己的法律知识为各级政府提供法律意见，做好政府的参谋，为政府排忧解难。

优势四：纳入财政预算，确保法律援助事业的经费来源。经费保障对于需求很大的法律援助工作而言，可谓是生命线；通过纳入财政预算，就有了可靠的经费保障。法律援助的经费随着长沙市经济的快速发展，每年都有较大幅度的提高。特别是法律援助被列入各区县的财政预算后，有效地缓解了办案经费不足的现象。市中心的经费由初期的20万元提升到现在的100余万元，县区中心的经费由3万～5万元升至15万～35万元。有了经费作保障就大大地提升了法律援助案件的承办数量，能为广大困难群众提供更多的法律服务。

通过三个纳入，提升了法律援助的形象，解决了长久无法解决的经费问题，同时也使得法律援助在维护社会稳定中的巨大作用凸现出来。郭灿霞所领导的市法律援助中心也在这项工作的实施中迅速地成长起来，更加有声有色地为广大的困难群众服务。

有声有色　为民办实事

“为民办实事”，这是郭灿霞从小就立下的志愿。她说：正是法律援助的广阔平台给了她实现理想和信念的舞台。然而说易行难，如何将为民做实事落到实处，始终是摆在郭灿霞面前的重要问题。为此她在大量调查研究的基础上，一步步将这一愿望落实到位。

郭灿霞认为，法律援助的为民办实事就是“以当事人为中心”，这是法律援助工作的中心任务和核心理念。所有的法援工作，都应围绕这一中心任务而开展。全市的法律援助工作也正是贯彻了这一理念，以法律援助便民服务、法律援助为民办实事、司法公正长沙行等三个活动为工作载体，不断推出便民利民新措施，提升了法律援助的整体效能。

一、开展法律援助便民服务活动

深入开展法律援助便民服务主题活动，力推法律援助便民措施，形成了法律援助便民服务的长效机制。

一是创新服务方式。简化法律援助受理程序，实行一站式服务。对农民工、城镇困难企业职工和零就业家庭申请的法律援助案件，降低门槛，缩短审核期限，优先办理。各级法律援助机构均配备了必要的服务硬件及方便残疾人和老年人的无障碍专用设施。在偏远地区和困难群众集中的区域，如建筑工地、劳动市场，设立流动工作站，定期或不定期地进行巡回受案，方便困难群众就近及时申请和获得法律援助。对老弱病残等有特殊困难的受援对象推行了电话申请、邮寄申请、上门受理和网上受理等等。

郭灿霞认为，作为服务窗口单位，应该想为民所想，作为民所做，只有这样才是个合格的服务窗口。她举了一个例子：有一次，一个律师事务所的主任来中心办理有关法律援助的手续，由于分管业务的副主任不在，接待人员便让他下次再来。郭灿霞在走廊上正好遇见该主任，寒暄中得知来意，又得知人家已白跑了一次，便主动为其办理了手续。事后她立刻找到接待人员并十分严肃地批评道：这样做是不对的，应该尽可能地让当事人少跑冤枉路。讲便民服务，无论是窗口接待，还是配置硬件设施，郭灿霞总是将当事人的利益放在第一位。如发放法律援助便民卡、委托社区工作站签订法援协议。尤其对于残障人员和老年人她更是考虑得十分仔细，如设置无障碍通道、提供上门服务等等。

二是加强异地协作。拓展服务空间，充分利用法律援助资源，提高援助效率。长沙市法律援助中心与北京、上海、太原、广州、郑州等35个城市，签署了《城际间农民工法律援助工作协作协议》。凡是签署协议的法援中心，彼此认可法援案件的工作函、介绍信和法律文书。他们又与贵阳市、南昌市、广州市等法援中心，合作办理了96件异地协作的法律援助案件，保证了外出务工人员在签署协议的城市，享受平等快捷的法律援助服务。

三是推行诉前调解。在新形势下，及时调整法援服务的思路和方式，在法律援助的接待咨询和办案工作中贯彻优先调解原则，充分利用非诉讼方式的灵活、成本低、效率更高的特点，满足困难群众不同层次的法律援助需求，取得了较好的法律效果和社会效果。

2007年以来，通过不断地更新思路、完善服务等一系列措施，长沙市的法律援助便民服务已深入人心，很好地诠释了法律援助为民服务的理念，促进了法援事业的发展。在此基础上又将法律援助写入县区、乡镇考核办法，使法援工作进一步深化。长沙的这一经验受到了司法部的表彰和奖励。而在荣誉面前，郭灿霞总是后退一步，将功劳和奖励让给她身边的工作人员。她说："工作是大家做的，我只承担责任，功劳归大家。"

二、开展法律援助为民办实事活动

法律援助被列入省市的为民办实事项目，推动了长沙市法援工作的发展。全市的法律援助工作者统一认识，加强协调，全面落实为民办实事的各项任务和措施。一是强化办案的力度。全市的法援工作呈现了蓬勃发展的态势，各级机构坚持多办案、办好案，将办案数量作为衡量工作好坏的重要标准。市中心、各区县中心，均注重鼓励并指导基层的法律援助工作站办理案件，将矛盾化解在基层。在确保办案质量的前提下，全市法律援助的办案量正逐年增加。二是拓宽案件领域。根据经济发展水平的变化，将经济困难标准调整为城乡居民最低生活保障标准的2倍。申请人凡提供户籍所在地或经常居住地的县级民政部门及乡镇（街道）、村（社区）出具的经济困难证明的，均认定为经济困难。

自2005年以来有1,673名困难群众，由于放宽了法律援助经济困难的标准而获得了法律援助。又由于扩大法律援助的事项范围：将残疾人、未成年人、老年人、妇女、农民工的合法权益受到侵害的，因劳动关系和社会保障的纠纷导致受非法侵害的，因暴力干涉婚姻自由及家庭暴力、虐待、遗弃导致受非法侵害的，因使用伪劣化肥、农药、种子、农机和其他伪劣商品而受非法伤害的，因土地承包经营、房屋产权纠纷而受非法侵害的，因公共卫生及环境污染、安全生产事故而导致受非法侵害的，以及有证据证明因保护公共利益而导致受到非法侵害的案件，纳入法律援助的范围；只要当事人确有经济困难，均给予法律援助；5年来，因此而获得法律援助的困难群众，有1,898名。

郭灿霞告诉我们，自开展这项活动以来，各级政府对法律援助的关注度明显增强。政府主动推进法律援助工作，到现场实地考察，在各种场合积极宣传、号召。市政府将法律援助作为对区县的考核项目，促使区县政府主动作为，给政策、给人财物。这些措施的实施大大推进了全市法律援助的均衡发展。过去长沙市法律援助发展不均衡，有短板，虽然市中心下了很大力气去解决这个问题，但始终都有阻力。通过为民办实事活动，这一问题最终解决了。以宁乡县为例，在法律援助未被列入为民办实事项目之前，宁乡县对法律援助的投入仅为5万~6万元，办案的数量很少。被列入后经费一下子增加到20万元，全县全年办理了案件400余件，案件办理量大大增加。

三、开展“司法公正长沙行”活动

开展“司法公正长沙行”活动，是由长沙市人大主动提出、组织并积极参与的一项重大活动。以此命名的活动，在全国也是唯一的。当郭灿霞得知这一活动的消息后，便主动向市局和市人大提出建议说：“司法公正，法律援助是不可或缺的部分。让贫困群众平等地站在法律面前，法律援助作为

左图为郭灿霞（中）在街头向市民发送《法律援助工作手册》；右图为2010年5月7日郭灿霞（左）在街头接受市民咨询

为困难群众提供法律服务的唯一机构，肯定应该纳入到这个主题的范围。”而且从推动的角度上看，人大开展的活动与政府不同，作为国家的立法机构和议会机关，对政府有监督作用。果然，这项活动开展后，得到了市人大的大力支持并有个明显的变化：市人大主动到法援中心听汇报、主动来开现场会，长沙市人大常委会主任亲自带领市人大全班人马到市法律援助中心来视察，了解法律援助开展的情况，并主动询问法律援助的需求，主动提出增加经费的建议，积极为法律援助开绿灯，这是史无前例的。

就在长沙市人大常委会主任视察市法律援助中心的过程中，参观了办公场所并查看了法律援助律师与当事人交谈及沟通的状态，了解了法律援助在困难群众心目中的地位和作用，他十分感慨地说：“对于法律援助，以前关注的不够。没有想到法律援助投入不多，却能够做得这么好，起到这么大的作用。”

开展“司法公正长沙行”活动后，通过汇报、调研、座谈等方式，研究并解决了法律援助工作中存在的诸多困难和问题，确保为困难群众提供更优质高效的法律服务。

一是提升了办案质量。在全市择优选录了300名法律援助志愿律师，建立了法律援助律师库。根据律师专长，从法律援助律师库中挑选律师，承办法律援助案件，确保了法律援助案件的办理质量。对案件进行百分制考核，要求案件承办人在开庭3日前，向法律援助中心报告开庭的时间和地点，并及时向受援人通报办理事项的进展情况。进而完善了案件办理的公示制度、质量跟踪检查制度、案件投诉监督制度，形成了系统的高效的质量监控机制，使法律援助的办案质量不断提高，维护了司法的公正。

二是加强了部门协调。完善与公检法部门的衔接配合机制，保证诉讼活动的顺利进行和案件审理的公正。与市中院联合转发《湖南省高级人民法院、湖南省司法厅<关于完善法律援助工作协调机制的意见>》，进一步加强了与法院的协调机制。各区县司法局在法院立案大厅设立法律援助联络点，实现援调对接，减少和降低受援人的诉累和成本。

三是加大宣传力度。创办《法律援助年度工作报告》《长沙法律援助》季刊，刊发法律援助的信息并及时向各级党委、政府报告工作情况。又加强与媒体联系合作，凭借电视如湖南经视、长沙政法、新闻频道、都市频道等，多次采访报道；又在潇湘晨报、长沙晚报、新浪网、红网等处，发表稿

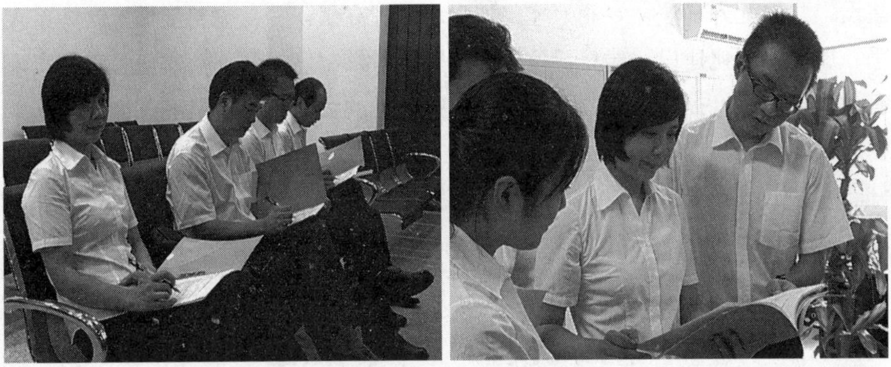

左图为郭灿（左一）霞在旁听案件审理；右图为郭灿霞（右二）在查阅案卷

件260余篇；使公众普遍了解法律援助制度，使困难群众懂得了运用法律援助维权，更确立了法律援助的重要地位和广泛的社会影响力。

为了进一步加强三项活动的作用，长沙市法律援助中心在2010年5月开展了一次轰轰烈烈的专项活动，在社会上引起很大反响。活动当天，长沙市人大常委会主任又带着全套班子来到人流涌动的现场，并亲自坐在咨询台上，感受了一下活动氛围。他不禁说："我刚刚从公检法的活动现场来，那里工作人员比老百姓多。这里却不同，人山人海的老百姓，说明法律援助深受广大人民群众的欢迎。现在哪项工作更接近百姓，我心里更有数了。"这次活动之后，市人大主动建议市财政为法律援助增加了10万元经费。郭灿霞说："经费的金额虽然并不大，但很能说明问题。说明法律援助事业，越来越受到各级领导的重视。"

为了将"以当事人为中心"的法律服务理念，更深入细致地贯彻下去，郭灿霞又花费大量的时间进行调查研究，并写下《以当事人为中心，提高法律援助服务质量之浅见》的近5,000字的论文。文章从提出"以当事人为中心"的背景、涵义、必要性，以及提高服务质量等方面，进行详细的阐述、论证。她说："我们就是要让当事人满意，让所有的群众满意。司法部赵大程副部长在《推进法律援助事业又快又好地发展，为全面建设小康社会和构建社会主义和谐社会服务》中说：'法律援助工作的成效最终体现在服务上，是否为困难群众提供了优质高效的法律服务，是评判法律援助工作的唯一标准。'围绕着这个工作要求，我们从提高法律援助队伍的人员素质入手，开展队伍专业化建设，配强配齐了法律专业人才，加强培训提高认识；从完善工作运转体系入手，加强规范化建设，建立长效机制，完善考核制度；从加强监督管理、实现有效监管入手，提高办案补贴，调动律师办案的积极性，规范案件操作程序，畅通投诉渠道，提高办案质量；从推行人性化服务及提高服务层次入手，从硬件、软件上改善服务措施，提升服务品质。”

牢记使命　共建和谐

郭灿霞认为，法律援助的核心目标，就是坚持以人为本，服务为民，着力维护广大困难群众及弱势群体的合法权益，努力化解社会矛盾、纠纷，能在维护社会公平正义、促进社会的和谐稳定中发挥出重要作用，彰显出法律援助的价值追求，这是法律援助人的艰巨的使命。为了实现这一目标，法律援助工作必须着眼于“三个重点”展开工作。

一、服务困难群众

法律援助是维护困难群众合法权益的一项重要制度。坚持把困难群众是否满意作为衡量法律援助工作的根本标准，围绕困难群众的法律援助需求，切实维护好困难群众的合法权益。2005年以来，全市共为3,297名残疾人、5,934名老年人、2,565名未成年人、4,989名农民工、1,714名破产企业职工、

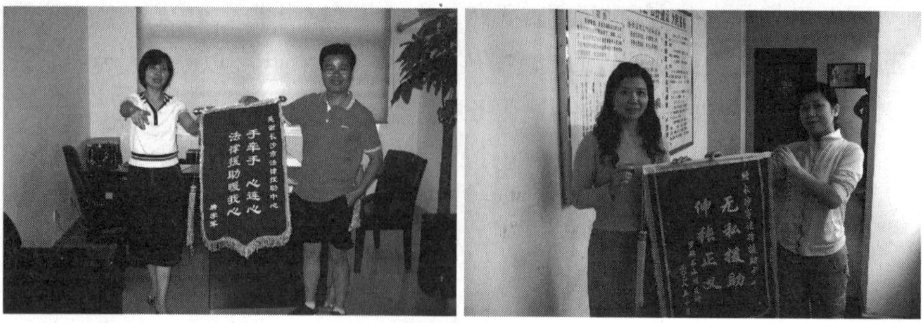

左图为2010年8月郭灿霞（左）接受受援人唐学军赠送的锦旗；右图为2008年10月郭灿霞（左）接受受援人罗麟书小朋友赠送的锦旗

5,241名低保户，提供了法律援助，为困难群众避免和挽回经济损失8,530余万元，办理涉及农民工群体性讨薪纠纷146起，为农民工追回了拖欠工资款1,853万元，有效保障了弱势群体的合法权益。14周岁的小丽（化名）父母双亡，收养期间被其养父强奸，市法律援助中心受理后，促使双方就民事部分达成和解协议，由被告人支付18万元的赔偿款，小丽是限制民事行为能力人，便主动请求市法律援助中心代其保管该赔偿款直至其成年，每年由其家属领取学费及生活费。这充分体现了法律援助无微不至的人文关怀，有效保障了未成年人的合法权益。司法部长吴爱英在长沙考察期间，正遇见此案件的受援人在长沙市法律援助中心领取执行款；听了案情介绍后，她非常高兴地勉励中心的工作人员：要成为“困难群众、弱势群体之家”。

二、维护公平正义

困难群众的合法权益得到平等保护是社会公平正义的重要标准，而实现社会公平正义对做好新形势下法律援助工作提出了新的更高的要求。因此，我们把维护司法公正作为法律援助工作的首要价值追求，使困难群众平等享有获得法律援助的机会，使有理无钱的穷人们享受到法律的公正，使人民群众切身感受了社会的公平正义。5年来，长沙市的法律援助机构依法履行辩护和代理职责，共为44,364名困难群众提供了法律援助服务，有效地维护了司法公正及社会的公平正义。如开福区芙蓉北路的法律援助工作站，依法通过调解的方式为在高空作业时坠落致残的农民工罗某，及时获得医疗费、误工费、后期治疗费等共计83万元，得到群众的赞扬，取得了良好的社会效果。

三、促进和谐稳定

法律援助工作在维护社会和谐稳定中具有重要作用，要充分发挥在党和政府主导下维护困难群众权益的机制中的积极作用，坚持把促进和谐稳定作为第一责任。要将法律援助咨询活动送进拆迁指挥部、建筑工地等社会矛盾多发地，与当地群众面对面，现场解决群众的法律问题。在法律咨询、案件办理过程中，注重理顺情绪、安定人心，引导公众理性表达利益诉求，依法维护自身合法权益。要开展法律援助的舆情分析工作，在办案的过程中密切关注可能影响社会稳定的苗头性、倾向性问题，及时向有关部门提出加强和改进社会管理的意见建议。如某服饰城与建筑承包公司，因未及时付款发生纠纷，拖欠200多名农民工的工资，农民工为追讨工资将服饰城大门堵住，群体性事件一触即发，雨花区高桥街道法律援助工作站及时介入，为农民工提供法律援助诉前调解服务，很快便为农民工追回劳动报酬共计217.5万元，维护了农民工的合法权益，促进了社会的和谐稳定。

和谐社会的根基是公平正义，法律援助的核心是实现公平正义，两者目标一致。由此郭灿霞又著文题为《法律援助，开启和谐社会大门的金钥匙》，对于法律援助工作与促进社会和谐这两者之间的因果关系，进行了详细的剖析，提出了加强法律援助工作，是保障社会和谐与人民安居乐业的前提条件。确保法律援助工作的有效实施，从而维护法制的公平正义与民生的安定，以共建和谐社会，是法律援助人不可推卸的光荣使命。

为了不辱使命，郭灿霞和她的同事们正在辛勤耕耘，无私地奉献着自己的力量。

夯实基础　增强法律援助的综合实力

常言道：“巧妇难为无米之炊”。郭灿霞认为，法律援助的发展基础在于其综合实力的广泛拓展和不断地提升。只有夯实其综合实力的基础，才能实现用法律援助为广大困难群众提供优质而高效的服务的目标，满足他们日益增长的法律需求。

一、完善法律援助网络建设

加强法律援助机构的基础建设和规范化建设，切实发挥法律援助工作站的作用。一是将法律援助的触角向基层全面延伸，建立基层工作站，不断拓展法律援助的网络。长沙全市169个乡镇（街道）、1,818个社区（村），已全部成立法律援助工作站，在全国率先形成了市、区县（市）、乡镇（街道）、村（社区）的四级法律援助网络。并出台了《长沙市乡镇（街道）、村（社区）法律援助工作站管理办法》，要求各工作站按照“五有”的要求（有明确的责任人员、固定的接待场所、规范的接待标牌、必备的宣传资料、健全的信息台账）统一工作站的名称、硬件设施，明确了各工作站的职责。又印制下发了《长沙市法律援助工作手册》，规范了基层法律援助工作，为群众提供更方便、更优质的法律援助服务。二是全面建立各部门的法律援助工作站。在市总工会、团市委、市妇联、市人力资源和社会保障局、市老龄委、市残联、市侨联、市边防站、市警备区、市农工党、坪塘监狱、长桥劳教所、长沙学院等单位，设立了法律援助工作站。市里又选派了能干的法律援助律师指导和协助各工作站开展工作。全市各区、县（市）共设立各部门的法律援助工作站60个，积极为失业人员、妇女、未成年人、残疾人等困难群众，提供法律援助。

二、强化法律援助队伍建设

为适应形势发展的要求，配齐配强法律援助队伍，创新培训的内容和形式，要把加强队伍管理作为法律援助规范化建设的首要工作来抓。一是充实法援队伍。积极争取各级党政领导和有关部门对法律援助工作的重视和支持，不断强化机构与队伍建设。市委市政府已为市县两级法律援助机构，核拨政法专项编制44个，市中心主任配备副县级干部。各区县也在人员紧缺的情况下优先选调具有律师资格的工作人员，充实法律援助队伍。二是注重法律援助队伍的业务培训。提倡加强业务学习，严格落实工作人员的轮训和新上岗人员的培训制度。采取集中授课、集体讨论、专题讲座、参观学习、交流体会等方式，并要求积极撰写心得体会和理论研讨文章，提高法援人员的语言表达能力、逻辑思维能力及写作能力和应变能力等综合素质。5年来，全市共举办法律援助培训83场次，累积培训了法律援助工作人员7,690人次。全市从业人员的政治素质和业务技能，均在不断提高。

三、规范法律援助制度建设

郭灿霞说："我们着眼于规范，不断完善法律援助的规章制度体系，制定配套的规章制度和规范性文件，对法律援助工作进行全面规范。"一是完善规章制度。根据法律援助条例和上级的有关规定，先后制定了案件受理、首问责任、人员管理、办案规程、服务标准及质量监控等等一系列的条规，形成一整套体系比较健全、制度比较完善、管理有效而运作规范的内部管理的制度系统。二是实行目标考核。根据年度工作目标，制订科学的考核标准，将队伍建设、专项经费、宣传报道、内务管理、办案的数量与质量等项目纳入考核的范围，量化各项考核标准，细化计分要求，到年底统一对市区县各级法律援助的机构进行绩效考核。以考核成绩，作为衡量其工作的重要依据。全市上下的法律援助机构正是在规章制度的全面规范下及考核机制的激励下，形成了良好的竞争氛围。

任重道远　长沙法律援助的未来

对于长沙市法律援助工作的未来，郭灿霞有她的构想和奋斗目标。围绕着国家的十二五规划所设定的目标，他们将要在法律援助服务的细节上下工夫，把提升法律援助的各项服务落到实处，使受益群众的范围更加广泛，真正做到让困难群众满意，科学合理地发挥法律援助事业对于中国现代化建设的不可或缺的作用。

一、面向未来，重新给市法律援助中心定位，提升法律援助工作的执行能力

目前对于法律援助机构的定位普遍偏低，因此给工作带来一些阻力。虽

左图为2010年7月20日郭灿霞（右一）陪同司法部吴爱英（右二）部长视察长沙法律援助中心；右图为2011年1月14日郭灿霞（左三）陪同司法部赵大程（右一）副部长视察长沙法律援助中心

然市中心的主任由低位高配而是副处级，但中心仅定位为科级。而区县法律援助中心属于区县司法局的二级机构，但并没有明确其定位为副科级部门。这些，都导致整个机构的地位偏低，法律援助工作人员的政治待遇很难提高，工作的积极性也难免受到影响。同时，由于机构的定性偏低而使许多工作开展起来，往往会受阻于级别问题。因此，郭灿霞认为，法律援助要想发挥更大的作用，机构定位问题需要重新考虑，否则会影响法律援助工作的执行力。

二、优势互补，充分发挥各职能部门的协作精神，扩大法律援助的服务领域

国家的《法律援助条例》只规定律师在法律援助中的义务，并未规定其他部门在法律援助中的责任。而维护受援人利益不光涉及到律师的帮助，还需要有关部门的支持。例如在刑事案件中，法院往往没有按照诉讼法规的相关规定，提前10日指定案件，有时甚至在开庭的前一天才将案件指定到法律援助中心，导致援助工作非常被动。另外有的法院的司法救助工作（民事案件缓交、减交、免交诉讼费，刑事案件指定辩护和执行救助等）和法律援助工作的衔接不够，甚至相互脱节。如民事案件中的缓交诉讼费，预交人在败诉后需要承担诉讼费但又确有困难，能否转化为诉讼费减免，并及时办理相关手续；而预交人胜诉后由对方承担诉讼费的，何时追缴或执行，能否确定相关规定，及时予以追缴或者移交执行；还有受援人胜诉后，由于对方经济状况不佳，导致执行难，如何强化执行中的司法救助等等，都是需要解决的问题。存在这些不协调的问题，都会使法律援助的便民服务措施大打折扣，不利于法律援助发挥更大的作用。

三、放宽门槛，扩大覆盖面，拓宽法律援助的案由，尽量做到“应援尽援”

在自由裁量的范围内放宽法律援助的资格审查，让更多的困难群众获得援助。其一是放宽法律援助申请的事项范围。除了《律师法》和有关的法规、规章，所明确列举的案件类型外，只要是符合经济困难标准的特困群众，确实需要法律帮助以维护其合法权益的都可予以受理。二是放宽法律援

助申请的案情审查条件。对其案件，法律援助的审查人员不必苛求具有最大限度的胜诉可能性，只要仍有最低限度的胜诉可能性，即可。三是放宽法律援助申请的经济困难条件。将经济困难的参考标准，从最低生活保障线提高到最低工资标准线或是上年度的职工月平均工资线，乃至法律援助机构所能承受的更高值。

四、经费管理，实现统一支付

随着法律援助经费的不断增加，经费管理已成为法援工作中的一个新问题。郭灿霞对此做了详细准确的统计：目前，长沙市法律援助经费主要来源于以下几方面：一是市、区县（市）本级财政拨款；二是中央、省级财政拨款；三是中央专项彩票公益金的法律援助项目资金。其中，绝大部分经费，来源于同级财政拨款，约占94%。法律援助经费的使用主要包括案件办理、宣传报道、教育培训、装备费用、聘用人员工资、质量监督等其他管理费用。其中占前三位的，是案件办理、宣传报道、质量监督及管理费用，分别占业务经费总量的18%、23%、32%，体现了市级法援机构的职能，以管理为主、办案为辅。长沙市中心在法律援助经费的管理上，设有独立账户。九个区县（市）中心也均在司法局的账户中单列科目。各级法律援助机构，均不断完善其经费的内部监督机制，对法律援助各项经费支出的预算、报告、审核、审批、监督等，均有明确的规定，并严格执行财政、审计部门的相关规定，主动接受监督。所有经费支出，做到了专款专用，而且报财政审批并接受财政对经费项目使用效能的评估。这就保证了及时足额发放办案补贴和开展其他各项法援工作所需的经费。而对未来的法援经费的管理，郭灿霞又倾向于统一支付：它不仅可以准确地将有限的法律援助经费进行合理的分配、使用，又避免了经费的滥用和流失。

五、机构管理，更加科学合理

在社会力量逐渐成为法律援助案件办理的主力军的前提下，法律援助机构的职能也应逐渐从以办案为主转变成以管理为主。机构工作人员，应将主要力量放在接待、咨询、审查、指派、调解、管理、监督、指导等方面，而将具体案件交给更加专业化的法律工作者和社会律师来办理。正如俗话说：好钢用在

左图为2010年3月郭灿霞（左一）在全省法律援助工作会议上作经验交流发言；右图为2010年3月郭灿霞（右二）代表长沙市法律援助中心领取“第三届全国法律援助先进集体”奖状

刀刃上。为此，要建立健全社会执业律师和基层法律服务工作者履行法律援助义务的激励和约束机制，因地制宜地规定律师和基层法律工作者每年应义务办理的法援案件的数量，由法律援助机构给予必要的办案补助。对超过此义务数量的要适当提高法律援助办案补助的标准。由法律援助机构将办案补助直接发放给承办律师（基层法律服务工作者），或是监督律师事务所（基层法律服务所）将代领的法律援助办案补助发放承办律师。对切实履行法援义务、办案质量好且效果显著的社会专业律师及基层法律服务工作者，要予以奖励。对出于本人原因而未按量完成法律援助义务的社会专业律师及基层法律服务工作者，由法律援助机构，建议相应的管理机构下年度不予年检注册；对于不认真履行指派、乃至拒不承担法援义务的律师等人员，由法律援助机构查实后出具意见，交司法行政机关核查，可予以相应的行政处罚。

面对未来，郭灿霞深知自己肩上的担子有多重，压力有多大。她说：“长沙市的法律援助事业还任重道远，要做的事情还很多。为此，我们还需多多努力。”

尾声 梧桐雨纷纷

对郭灿霞的采访已进入尾声。这时，窗外飘起了绵绵细雨。街道两旁的梧桐树却在难得的春雨中张开了它们茂盛的枝叶，仿佛一排巨伞，遮盖在人行道上。这就令纷纷的雨点没能扰乱行路人的心绪，更可在巨大的梧桐伞下，悠闲地散着步、聊着天。

我蓦然有感。不由得问郭灿霞："你幸福吗？你认为什么是幸福？"

郭灿霞轻轻地笑了："幸福。当然幸福！法律援助工作是我最大的幸福。"

我似乎不甚理解地看着她，又追问："为什么？"

她慢条斯理地答道："我给你讲个故事。我曾经办过一个案子，案件很小，做的工作也不足挂齿。案件办完后，当事人黄妈妈却把我们当作了恩人，每逢节庆日，都会带着她自己养的芦荟来看我们。她说芦荟美容，让我们这些孩子都漂漂亮亮的。又有一次，在法律援助中心的门前放了一只鸡，我们问遍了，找不到送鸡的人，只好把鸡杀了，煲了汤分发给中心的每一个人。喝着美味的鸡汤，我心里暖烘烘的。每逢这个时候，我就感到自己是世界上最幸福的人。"听了她的话，连我心里都涌动着某种幸福感……

崇尚自然，郭灿霞在大自然中

郭灿霞又告诉我们，不仅她自己感到幸福和自豪，就连她的小小的儿子也认为妈妈的工作很有意义，为有这样一个妈妈而感到自豪。她说："我这次来北京，正好赶上儿子的升学摸底考试。这次考试关系到能否上长沙的重点中学。临走时，儿子告诉我，别人的家长都会去考场为他们加油。言下之意，有些不舍。但我把来北京的意义告诉儿子，儿子就理解啦。还告诉我，他一定考好……"来自儿子的理解，也是她最大幸福？

采访结束了。告别郭灿霞，我走进了春雨中。在梧桐树巨大的伞下，我居然久久没有感到纷纷的细雨打湿了衣衫。我不禁想到：遮风挡雨，庇护弱小，寻求着公平与正义的法律援助人不就像一排排巨大的伞？张开了理想信念，点染着和谐社会的春天……

湖光霞蔚法援情

——访浙江省杭州市法律援助中心主任何金林

何金林　浙江省桐庐县人，1960年6月出生，华东政法学院法律本科学士，浙江大学法学硕士，中国共产党党员。曾于1984年7月至2000年10月期间，任职于杭州市法律学校，担任杭州市法律学校教务处常务副处长、培训处处长、副校长。2000年10月至2002年12月期间任职于杭州师范大学，担任杭州师范大学法学院副院长。2002年12月至今担任杭州市法律援助中心主任。2008年被司法部评为全国法律援助先进个人。

印象 西子湖畔法援人

我曾有闲在素具“人间天堂”之美誉的杭州，小住月余，深深为西子湖畔的秀美景色和杭州人的富足、悠闲、安宁、祥和的生活所折服。作为长期关注法援人的作者，一旦漫步在“水光潋滟晴方好，山色空濛雨亦奇；欲把西湖比西子，淡妆浓抹总相宜”的西子湖畔的娴静中，不免会生出个无厘头的想法：这里的人们，对法律援助的需求会怎样呢？

杭州市法律援助中心主任何金林的到来，解答了我这个小小的疑问。

初见何金林，与我印象中杭州人的恬静、闲适又略带一点慵懒，截然不同。我从他身上看到更多的是纯朴、勤奋、踏实、坚韧、务实、睿智的内涵。对他的采访，令人内心感到很踏实也很纯净。他话语不多，但句句入理，引人深思，倒也染上了西子湖的深沉？

寒门苦读跃龙门

俗语说：“寒门出才俊”。作为上个世纪60年代初出生的人，何金林可谓是在苦水里泡大的。然而，凭借着自我奋斗的精神，他一步步向前、进取、提高、升华，最终走上了一条为贫困百姓谋福利的康庄大道。

苦而有味的童年

最困难的1960年，何金林出生在浙江省桐庐县的普通农家。家有儿女7人，他是最迟到的老小。按常理，老小在中国传统家庭里都很幸运，能得到父母更多的爱，而且大多能享受到哥哥姐姐们众星捧月般的呵护。但小金林不太幸运：恰好生在长达3年的天灾人祸最严重的开端，家乡虽是富如天堂的江南，大灾之年也难以幸免，日子也苦不堪言。更遗憾的是那时母亲已年过四十，父亲更是年近五十。而且很快，哥哥姐姐们也都自立门户并相继又生儿育女了。金林的出生，虽给贫穷的农家带来不少欢乐，但父母年过半百，毕竟体力和精力均已接近强弩之末；在靠力气吃饭的农村，生活日渐入不敷出；每年到年底结算时不仅没有收入，还要工分倒挂。金林的童年，正是在极度艰苦的生存环境中熬炼。

小金林从八岁时就承担起了许多家务活，还上山砍柴、养鸭养鹅、打猪草，已可谓里里外外无所不做。常言道“穷人的孩子早当家”，小金林便用稚嫩的肩膀扛起了一大家庭的生活。可到了上学年龄，也不免缠着父母要上学。但父母年迈已无力挣工分，而且大字不识几个的老农也自然认为读书无大用，顶不上饭吃；只希望金林追随哥哥姐姐，学一门手艺自食其力。但倔强的他，从幼年就有某种启蒙的意识；虽然尚未清晰地知道读书走向未来的意味，却始终坚持一个信念：我一定要读书。父母扭不过，只能依他去读书。

当时的学校是五天半学制，他正好用一天半时间干农活，挣工分，挣学费。令人惊诧的是他年纪虽小可干起农活来毫不示弱，竟往往不比成人少干活。为了挣足学费，他又常常在完成功课之余去学大人的榜样，四处找点副业干。他早早地便独立自主地解决了学费和学习工具上的缺憾。他比同龄人多受磨难，但成绩反倒在学校名列前茅。即便如此小金林还是两度险些儿辍学。在保证自赚学费、养活自己的基础上，他才得以继续读书。

三起三落遭挫折

为了起码的生存和进而过上好生活，在1972年刮起一阵“跳农门”之风，农村人上上下下想方设法要跳出“农门”。当时最热门的是搞文艺，宣传样板戏。年仅12岁的小金林也有机会参加了县文工团的演员招生。天资聪颖又颇有艺术天分，他一考即中。可到头来只由于没有门路，在录取时被人掉了包。这让他有生以来，尝到了第一次刻骨的挫折。

但在困境中长大的何金林没有被生活压垮，反而在许多方面崭露头角。早在13岁时他就能为家里挣得3.5分的工分，身体也越来越健壮。15岁就有了宛如成人的身板，也为他争得了很多机会，比如参与“跳农门”的竞争。16岁那年，国家要在他家所在的生产队征地并分配给一个进城参加工作的名额。由于竞争太激烈，生产队决定抓阄。何金林意外幸运地抓到了唯一的阄。可村民急红了眼，集体反对，理由是他还在上学、还不到公认的上班年龄。在一片坚决反对下，他再次接受了不公平的裁决，感受了第二个挫折。

终于到了1978年，那个美好的秋天，他迎来了参军的机会。参军在上个世纪70年代末还是世上最时尚也最崇高的职业，也是一般农家子弟最好的选择。何金林更是满腔热忱地希望用青春和热血去报效祖国，报名参军。但天公不作美，他由于体力劳动过度而导致肝下垂过大，体检时被淘汰。1979年，他高考上了线，但仍落选，却又被母校召回参加高考复习。同年10月，征兵又开始，他仍把参军作为“跳农门”的捷径，偷偷跑回家又一次报了名。这次一切如愿，体检全部合格，高考上线更是部队难觅的人才。带队征兵的连长对他十分满意，先期决定招他入伍。可偏偏，又有个同样求贤若渴的中学校长不希望一个能上大学的好苗子轻易放弃高考，抓住他不放。对他劝说不成，校长又亲自找到部队招兵处向带队的连长交涉道：“当今社会，能参军的人很多，能上大学的不多。国家在百废待兴之际，对人才，尤其是大学生，需求很大。要为祖国的明天储备人才，与其把一个大学生的苗子放到军营里，不如让他上大学，发挥更大的作用。”听了校长一席话，深明大义的连长才十分不舍地放弃了何金林，并劝他好好读书，争取考上大学。

他这几番参军不成，也可谓人生的第三次挫折，但却成就了他上大学的梦想。

然而上大学的路，也非一帆风顺。经历了三次高考，他才终于圆了大学梦。

三次高考跃龙门

1978年何金林正在乡中读高二，就已参加了人生的第一次高考。这是中国自恢复高考以来的第二次招生考试。由于刚上高二，学资不够，他只考取了258分。虽然没有达到当年的本科278分的分数线，但也相距不远，也算上了大专线。这给了他很大的信心。

1978年10月，县重点中学分水中学，将他抽调到高考重点班。经过将近一年的努力他又第二次参加了1979年的高考，考了309分。而那年，人才荟萃的浙江省的高考本科录取分数线是300分，他仅超出9分。这只能报考师范院校，才有录取的希望。但从小受小农经济影响较深的何金林不愿意一辈子围着孩子打转，他喜欢更有开拓性的职业而宁愿冒险填报更理想的院校。自然，落榜也在预料中了。不料当他回家时，重点高中的老师也得知何金林落榜便接踵而至，劝说他继续复读。因为学校的领导和老师都认为：论他的成绩来年再考一定可以考上重点大学。老师还深入做工作，劝他的父母支持儿子复读。但无奈当时何金林的家庭太困难了，母亲年过六十，父亲年近七十，已不能参加集体劳动，太需要他来赚工分养活父母，因而不同意他返校复读。做说客的老师只得向领导汇报。独具慧眼的分水中学的校长却不忍眼看着一个大学生的苗子就此埋没，便亲自找了当地的乡领导和村干部一起帮助做工作。并承诺：只要何金林能去复读，免除他的一切学杂费。何金林的父母在此感召下，终于同意了。何金林也鼓起勇气，再次返校复读。

又经过一年的苦读，到1980年，他以400分的高分：超出了早就令他梦寐以求的华东政法学院的录取分数线55分而被录取。读书求学的梦想实现了：终于让著名的华东政法学院的校徽在他胸前闪耀着灿烂的光芒，而且成为全家乃至周边村镇的第一个大学生。

不忘恩师引路人

接到大学录取通知书的何金林十分高兴。他第一时间，就把录取通知书交到了他的高中班主任皇甫潜老师的手里，并深深地鞠了一躬。老师接过录取通知书，看了又看，布满沧桑的脸上露出了灿烂的笑容，泪水却又模糊了视线。两人又相拥而泣。任何人见了都会认为这是一对深情的父子。这一老一少，虽无血缘关系，却是胜似血亲的师生父子。

皇甫潜在北京大学法学院本科毕业于1951年，便就职于内蒙古某旗的法院。工作近一年又因不适应内蒙古的气候和生活，通过同学关系调到分水中学，当了教师，后任学校的教导主任。1957年他被打成右派，遣回原籍桐庐县务农改造。1977年，右派平反，仍安排他在分水中学任教。学识博深，人品又好，学校便委他以重任：任高考班的班主任。此时的何金林回校后正废寝忘食夜以继日地复习。为保障复读学生的健康，学校规定了晚自习只到九点半，十点必须熄灯。因此，何金林经常在路灯下看书。这一幕，被细心的班主任皇甫老师发现了，立刻让他到自己的宿舍学习。有时太晚了，怕影响同学休息，他就睡在老师家里。老师在学习上让他受益匪浅，生活上给他无微不至的关怀；更影响他一生的是老师坚实丰富的学识和坎坷的经历，给他的启示。复读不到一年，师生便结成了忘年交。

何金林结束了高考，却仍离不开老师的教导。以高分在全县脱颖而出，他却又在填报志愿上遇到了麻烦。当时的招生，事先不公布分数线。志愿表分两大栏，第一栏是第一批录取的重点大学栏，第二栏是第二批的普通大学栏，各可填报五所。录取时主要看每一批次的第一志愿，如果录不取，该批就大体淘汰了。而当时，以何金林400分的成绩，填报北大和人大等全国重点大学也都有较大的录取希望。因此，他只在第一栏上填报了中国人民大学、北京大学、中央财经等重点大学，根本没考虑第二批的志愿。可一旦，过于集中的第一志愿竞争太激烈，高分也可能被淘汰。皇甫老师得知后，提出了担心，并根据自己掌握的情况和经验，给出了意见：要在第二批的普通大学栏，补报个志愿，以防万一。并建议填报华东政法学院的法律专业。老师认为，随着改革开放的脚步，法律也必会同步跟进并在未来的社会生活中发挥重要的作用。老师的远见，日后无不应验。而在何金林的高分背后还隐藏一个致命的缺陷：由于乡中缺乏外语的师资力量，几乎没有外语课，他在高考时也基本上放弃了外语，分数接近零。而象北大、人大等重点大学，外语分数的高低也必然在招生录取的综合考虑中。假如那次没听取老师的意见，他又有高考落榜的危险。

何金林如愿以偿地被华东政法学院录取，但这仅仅是万里长征的第一步。年迈的父母早已无力供养他读书了。中学时由于家贫，没钱付学费，他也曾两度差点辍学。在他不断的坚持下才又回到了学校。而现在，上大学、进上海，要学费、生活费，凭他的家境又怎能负担这一笔不小的支出呢？他绞尽脑汁，一筹莫展。老师看出来了，对他说：“你只管放心去读书，生活费节省一点，我再给你补一点，就过去了。你的任务是好好读书，学好了本领报效祖国，赡养父母。”老师的话很普通，如同一个父亲对儿子的嘱咐，但在何金林的心里却胜似波涛翻滚，让他泪如泉涌。这一年来，情同父子的师生相依相伴，让他早已把老师视作亲生父亲，每当他困难的时候，老师总是伸手相助，从不问回报。

何金林在国外考察

何金林终于走进了高等学府，在学习法律的殿堂里，渴求着丰富的知识，实现着老师在谆谆教诲中启传给他的人生理想。而在悠悠四年中，老师从没忘记对学生的承诺，经常拿去五元十元的接济他，补贴他的生活费。何金林也没有辜负老师，在时尚的浪潮中从没浪费一点时间地刻苦学习，并在四年后以优异的成绩毕业。吃水不忘挖井人：老师无私的爱心和磊落的人格时刻激励着何金林。追寻老师的足迹，他的人生也变得更加有意义。

讲述到这里，何金林的眼眶里充满了泪水。他说：“老师对我恩重如山，真是让我无以为报。自从大学毕业后，有了收入，我每隔一段时间就回去看望老师。而见到老师是我感到最充实的时刻。后来我走上法律援助的岗位，老师却因病去世了。但我相信老师在泉下有知一定会为我的工作而高兴。为困难群众提供法律服务，也是他一生的愿望。”

力争上游求进取

1984年7月，何金林结束了4年的大学生活，带着对未来的美好憧憬，期待着为中国的法律事业奉献自己的力量。然而事与愿违，他被分配到了杭州市法律学校当老师。

这件事让风华正茂的何金林挨了重重一击。5年前，他为了不当老师而宁可放弃了本来能上师范院校的机会，复读一年后，好不容易考上华东政法，满腔热血要为国家的法律建设出把力，偏偏又被分配当老师，好像命运在捉弄人。他想不通，找大学、找人事部门要求调换分配单位，但无功而返。事后他才了解到：那年，国家刚刚恢复了司法系统正需要大量的应用型法律人才，但10年“文革”，使法律人才奇缺，在这种背景下，一大批大学毕业的优秀人才被分配到学校，以加大力度培养国家急需的人才。品学兼优的何金林，自然也成为各学校争先录用的人才。当时，杭州市法律学校尤其缺乏教师，一旦被分配到学校就再无任何回旋余地，只进不出。就这样，何金林带着遗憾进入了杭州市法律学校。

刚刚进入杭州市法律学校时，他的情绪很大，心理状态很不稳定，很有一种被人绑架又关押了的感觉。经过一段时间的适应，情绪才有所缓和。一向勤奋向上的他，便开始思考自己未来事业的发展。他认为，教师虽然不是自己理想中的事业，但也是个光荣而又神圣的职业。唐代大文豪韩愈曾在《马说》中论道：“千里马常有，而伯乐不常有。”如果当初不是皇甫老师这位伯乐对他的发现和培养，就没有自己的今天。想到这些，何金林的胸襟一下子豁然开朗，怨气一扫而光。他下定决心：要担负起恩师的未竟之愿和老人对自己的殷殷期望，用所学的知识去发现人才、培养人才，力争做一名新时代的伯乐。

“要做就把事情做好”，这是何金林一贯的处事原则。虽然遗憾仍然存在，但他一旦进入了工作状态就会毫不吝惜自己的时间和精力，全身心地投入，务必将工作做到了尽善尽美才罢休。他不断地钻研法律知识，以大学的所学为基础，广泛涉猎政治经济及人文学科的各个领域。在图书馆里，经常可以看到他的身影，厚厚的图书将他的健壮身躯紧紧地包裹了起来。透过高高的书山，他的知识结构在不断翻新，教学受到学生的喜爱。学生们普遍认为听何老师的课可以开拓思维，他让枯燥的法学理论课程变得轻松有趣。

刚刚走出校门1年的何金林，在1985年加入了中国共产党。虽然在大学毕业前，他已通过了考察等等一系列的程序，但如果没有这一年的忘我工作，入党还是很难。由此可见他的表现得到了学校和同事们的一致认可。政治思想上的积极进取，使他的思想境界更加高远，眼界更开阔。教学上的

2005年何金林（右三）参加国外法律援助交流

不断进取、精益求精，使他很快就成了学校在法律教学上的业务骨干。他用突出的表现，赢得事业上的突飞猛进。1990年3月，30岁的他就被任命为杭州市法律学校的教务处常务副处长，从此走上领导岗位。此后又连连晋升：1995年担任杭州市法律学校的培训处处长；2000年担任杭州市法律学校的副校长；同一年他又调任杭州师范大学法学院的副院长等等。他一路奋斗，一路前行，实现着自己的人生价值。

随着他工作和事业的蒸蒸日上与成熟、丰收，个人生活也在娶妻、生子及升职的不断变化中趋于稳定。10多年里，他对事业和生活，始终保持着高度的热情和责任感。生活的幸福与满足感也不断地充实着他的心灵。然而在硕果累累的事业背后，他的内心深处仍存有一丝隐隐的遗憾：一个法律专业的人才，却很少接触到法律实践；而对于他从事的法律专业这个实践性很强的学科而言，没有实践作基础，再有学问也等于是纸上谈兵。

2002年12月，何金林迎来了他的人生路上一个重大的转折点。

随着中国的法律援助事业的不断发展，杭州市的领导对法律援助工作重视的程度也在不断地增强。为了加强杭州市法律援助工作的力度，杭州市司法局决定挑选一名具有法律专业的学历背景、懂管理、开拓意识强的人才，去主持法律援助中心的工作。于是，司法局的领导把目光锁定在原杭州市司法局下属单位的杭州市法律学校、后并入杭州师范大学法学院中的正担任法学院副校长的何金林。当司法局领导找到他，并告知希望他调任杭州市法律援助中心主任时，出乎人们意料：他没有犹豫，就一口答应了领导的要求。

何金林告诉我们，他当时之所以如此爽快地答应，有三个原因：一是他始终认为一名学习法律的人必须有实践经验，而学校不具备这个条件；二是他内心里始终都不适应学校的环境，总有某种被绑架感，跳出校门正是他长久的愿望；三是法律援助工作可以充分发挥他在法律专业上的优势，而且还是个具有开拓性、创造性的事业，同时也可以发挥他的管理才能，与司法局领导所考虑的条件不谋而合。于是，他十分爽快地接受了调动。

践行理论的拓荒人

2002年12月，何金林如愿以偿，走进杭州市法律援助中心的办公室。却蓦然发现这里与他工作过的学校十分不同：办公环境很简陋，队伍也大大缩水。他从领导近百人的队伍而一落千丈：包括他在内只有7个人：即主任、内勤、财务各1名，加4名律师。

工作环境变了，条件差了，领导的人也少了；但是何金林的内心世界，却变得快乐和丰富起来了，迸发出了前所未有的动力和热情。何金林说："法律援助工作给我的最大的动力就是它的创造性。鲁迅说：'世上原本没有路，走的人多了便成了路'。实际上从骨子里我就喜欢走没人走过的路，做个拓荒人。法律援助工作当时正处在探索期，这就是我喜欢它的原因之一。此外，法律援助的工作性质也是我一直追求的。用法律为普天下的困难群众维权并争取合法的利益，这也是当初老师对我的希望，也是我的理想。"

当时全社会对法律援助制度，刚有了一点点认识，工作中的困难还很多。但是何金林毫不畏惧也不担心。他在仔细研究了法律援助制度的性质和工作特点后，结合杭州市法律援助中心面临的实际情况，开始有步骤地改变杭州市法律援助工作的落后局面。

2007年5月何金林（左一）在杭州市流浪儿童救助保护中心法律援助工作站挂牌仪式上授牌

他首先提纲挈领地审视了法律援助制度的性质：法律援助是一个普济贫困群众及维护社会和谐的惠民利国的法律制度，有无限光明的前程，必将在未来社会里发挥巨大的作用和贡献。其次是法律援助工作的特点，在于服务群体广泛。随着经济社会的发展、人民物质生活水平的不断提高及国家维稳惠民政策的不断实施、以及法律援助制度是政府责任的执政理念的不断明确，必将有更多的人群、更宽泛的服务内容，被列入法律援助的服务对象和服务范围。到那时，法律援助服务将成为政府工作中一个不可替代的重要环节。

由此，何金林拟定出一个拓展工作的宏观思路，和一系列的具体办法。

第一，夯实基层法律援助工作，修改法律援助条例，拓宽法律援助范围

何金林经过充分的调查研究，认为杭州市法律援助工作徘徊不前的原因，是法律援助的立法脱离实际而无法起到推动工作向前发展的作用。他认为立法的着眼点要高，针对性要强。主要有几点：一是明确法律援助制度的性质。即法律援助的服务对象、服务内容和服务范围。当时，杭州市法律援助工作主要是围绕着市法院所指定的刑事案件而展开法律服务，而且都集中在市级法律援助中心，定位较高，根本没涉足民事部分。而当时由于杭州市的社会经济处在转型期，经济活动十分活跃，贫富差距越来越大。一些困难群众的合法权益受到损害而又无法伸张，民事案件发生率极高，困难群众对法律服务的需求及呼声越来越强烈。因此在立法修订时，务必将更多困难群众急需的民事案件纳入法律援助的服务中去。为此，何金林进行了诸多尝试。首先，实行刑事指定辩护权的“回归”，即把原来集中在市级援助中心的刑事指定辩护权回归各区县，实现了法律援助工作重心的第一次下移。其次，将民事法律援助的服务，纳入对基层法援工作考核的范畴，促进了基层民事法律援助工作的开展。第三步，是加强对基层法律援助工作的监督、指导，规范并有力地推动了基层的法律援助工作。第四步，是加强业务培训，提升基层法律援助服务的能力。

何金林说：“除了依法实施法律援助之外，我们在扩大援助的范围上，也做了一些有益的尝试。前提是，当时法定的援助范围，还存在不合理之处，如果固守这些范围，一些困难群体的权益将难以得到保障。比如法律规定，在一般的人身伤害中，可以得到法律援助的只有三种情况，即工伤、医疗事故、交通事故等。但在现实中，有许多困难群体是在打工的过程中造成

的人身伤害，但由于拿不到工伤认定书，就不能得到法律援助。我们为了帮助这样的人群，在操作中适当放宽了范围，尽力援助他们。从实际效果看，我们的这些尝试也确实得到了广大困难群体的欢迎。同时，也让一些可能引发的社会问题、上访事件消弭于萌芽时期。”经过几年的努力，不仅全市的办案总量翻了几番，从几百件增长到几千件；而且民事案件量，在援助案件总量中所占的比例，也从10%提高到70%。

2008年，杭州市人大对《杭州市法律援助条例》进行了修改，何金林根据其多年的实践经验所提出的修改建议被采纳。如依据经济困难程度，设定法律援助范围的建议。将经济困难分为特别和一般两种。凡持有政府核发的困难家庭救助证、依靠政府经济救助的属于经济特别困难，法律援助的范围不设限，全开放；凡持有乡镇街道临时出具的经济困难证明的属于一般困难，对其实行选择式设定，有选择地开放法律援助的范围。这既符合当前的实情，又较有理性。又如设立政府指定法律援助的建议。对于群访、突发、重大及疑难案件等等，当事人有需求，政府认为有必要，便可启动“政府指定法律援助”。何金林对于法律援助工作的准确把握，成就了杭州市法律援助工作扎实、理性地发展。

第二，积极解决经费困难问题，保障法律援助服务有质有量地进行

在何金林刚刚进入法律援助中心时，法律援助的经费还很少，难以满足法律援助工作的需要。为了解决这一问题，他多方呼吁，宣传法律援助制度对社会的贡献。

2003年，《浙江日报》登了一篇文章，题为《帮得越多“亏”得更多？》，讲述了杭州市法律援助中心指派律师帮助一个因道路维修而造成人身伤害的儿童维权的事迹。并针对律师办案的补贴标准问题，进行了深入的分析和报道。案件承办律师说：“代理这个案件我完全是在尽一个援助律师的职责。若真要算起账，当时给的援助经费是300元，我到东岳村来来回回跑了10多趟，这点钱连路费都不够。”

当时记者也采访了何金林：“杭州市法律援助中心主任何金林也感到很无奈。他介绍说，今年财政拨款给中心的援助专项经费有28万元，比去年

2008年12月何金林（右一）在杭州市法律援助中心开展“双十佳”和“典型案例”表彰大会上发言

增加了近一倍。但这些经费平摊到每个案子上仍然只有几百元，援助中心的律师平时出去办案，能坐公交的就不打的，能骑车的就不坐公交，尽量把每一分钱都用在刀口上。中心很希望能为每一个有需要的弱势群众提供法律援助，但经费紧缺，不可能都指派给律师事务所办理，因而只有抬高援助对象的‘门槛’。年初至今，中心虽已办案近200起，数量同比增加50%多，可还是有不少符合援助条件的群众无法得到实质性的法律援助。何金林更担心的是，律师办理法律援助案件，连必要的交通、住宿补贴也给不了，还要支付各类调查费用，这势必会增加律师的负担，进而影响到他们的办案积极性和质量。他很希望全社会、尤其是那些相关的政府部门能给予切切实实的关心和帮助，以使更多确实需要法律援助的困难群众受益。”

从这段报道中不难看出，当时法律援助经费的紧张，直接影响了案件的承办率。为此何金林抓住一切机会宣传法律援助制度，希望更多的领导能够关注法律援助事业。

何金林告诉我们，经费问题从法律援助制度建立以来，始终存在。经费不足的问题直到2003年才开始有了转机。2003年9月，浙江省财政厅、司法厅联合下发了《浙江省法律援助经费使用管理办法》，规范了经费的使用管理与法律援助案件补贴的幅度。2006年6月杭州市司法局下发了《关于开展法律援助规范化建设的意见》，统一规范了杭州市十个方面的法律援助工作，统一了全市刑、民事法援助案件补贴，实现同城同待遇。

为此，何金林针对补贴标准问题展开了调查研究，并写出一篇名为《关于杭州市法律援助办案补贴的调研报告》的理论性文章。该调查报告，针对法律援助的办案补贴的现状、存在的问题以及提出自己的建议等3个方面，进行深入科学的分析和论述。

针对法律援助制度发展的现状看，他认为可以分为三个阶段：

（1）第一阶段（1997年至2002年）是机构初创时期。首先在这个时期将法律援助制度定性为“法律援助是律师的责任”，并通过《律师法》明确规定下来。这一过程所展现的是律师的个人慈善、义举行为，是律师行业的责任、律师的责任，而没有认识到是政府的责任。其次是对法律援助案件的补贴，只是象征性的办案交通费，主要源于《刑事诉讼法》规定的“应当指定辩护”案件，由法院直接指派给相应律师的做法。三是对于法律援助认识不足，没有经验，且都是地方行为，各自为政，显现了较强的地方特色，大家都是摸着石子过河。因此这一阶段的法律援助案件承办，灌输的是行业责任理念。

（2）第二阶段（2003年至2005年）是《法律援助条例》实施和推广期。2003年国务院的《法律援助条例》颁布实施，将法律援助正式确认为政府责任，法律援助从行业责任向政府责任转变。已开展法律援助工作的地区，政府也陆续将法律援助经费纳入当地的财政预算而予以保障。这一阶段的办案经费，存在标准不统一、设置不规范等问题。经费的划拨缺乏系统的机制，随意性较大。在办案经费的争取中，没有统一的标准，往往还要靠领导的人格魅力来争取“感情费”，缺乏制度的保障。

（3）第三阶段（2006年至2007年）是调整和规范时期。2006年6月，杭州市司法局下发了《关于开展法律援助规范化建设的意见》，统一了全市刑事、民事法律援助案件的补贴，实现了同城同待遇。这一阶段，法律援助办案经费的标准虽有所提高，但仍无法适应与弥补案件数量的日益增长所带来的经费的巨大缺口。

针对法律援助制度现阶段存在的问题，何金林提出：

（1）现行的办案补贴标准不能与市场接轨。仍是固定一个数额一成不变，不论案件有无标的、难易程度如何，都是统一按照民事案件900元，刑事案件700元进行补贴。

（2）办案补贴的发放范围过窄。现行的补贴发放标准是以案件作为基础，其他的法律援助工作例如咨询、代书等等，都得不到补贴。

（3）经费处置不合理。根据财政规定，年度内按照预算下拨的经费都应在当年的12月25日之前用完，否则，财政将无条件收回，包括法律援助办案经费。

（4）经费使用范围规定不合理。将案件承办经费、表彰奖励经费、宣传教育及培训调研等经费乃至其他的必要开支，合并在一起，这种捆绑式的经费使用规定，违背了专项经费专属性的要求，会造成办案经费乱用滥用，冲淡了经费使用的专属性。同时这种规定也会造成经费使用主次不分的现象，使得经费的使用脱离办案补贴的主航线。

针对法律援助事业的未来的发展，他又提出几点建议：

（1）办案补贴实行固定与浮动相结合的计算法。参考当前社会律师收费标准制定法律援助新的办案补贴标准，将现有纯固定数额补贴法修改为固定与浮动相结合的方法。

（2）办案经费设立专户，独立于其他经费的使用。鉴于法律援助办案补贴会因为有关经费使用规定被收回，导致下一年经费无法应付实际办案所需的窘境，应该将办案经费作为专属性的经费设立单独的账户，使之独立于法律援助机构其他经费的管理。

（3）扩大费用支付范围，提高相应标准。（具体见《关于杭州市法律援助办案补贴的调研报告》）

何金林通过对法律援助办案补贴深入浅出的分析，使有关领导认识到办案补贴的问题绝非一个简单孤立的问题，而关系到法律援助制度的未来的发展和生存问题。

2009年8月何金林（左四）参加“公述民评”活动，并作评述

在他不断的努力下，办案补助问题再次进入政府主要工作议程中：由杭州市第十一届人民代表大会常务委员会第八次会议在2008年4月22日通过、并在同年的8月1日由浙江省第十一届人民代表大会常

务委员会第五次会议批准的《杭州市人民代表大会常务委员会关于修改〈杭州市法律援助条例〉的决定》第三次修正案，出台并实施。这次修正的很大一部分内容，正出自他的《关于杭州市法律援助办案补贴的调研报告》。

和谐社会的卫士

2010年2月，杭州市信访局将“长睦邻里”经济适用房的纠纷案，以政府指定的法律援助的形式指定到杭州法律援助中心。该案件是由于开发商没有按期交付房屋而引起的群体性重大纠纷，涉及2.4千余户、5,000多人。此案经省市两级信访处理，但都未取得满意的结果。由于政府认为，此案不属于政府责权范围，政府无权处理。住户们对于政府的解答很不满意，认为政府在推卸责任。这使住户们的情绪十分激动，决定在2010年1月赶在浙江省两会期间，召集2,000多人进行集体维权上访，并扬言要冲击两会会场。

接到案件时，何金林丝毫不敢迟疑。此时已临近上海世博会开幕的关头，维稳工作是当时全党全国的第一要务，时间万分紧迫，任务复杂重大。他当天就紧急召集中心的业务人员开了分析会，分析案情和当前的形势。该案系房屋开发商交房违约，住户们要求开发商按规定承担违约责任，而开发商认为其所以违约，是政府的原因造成的，不愿意承付违约金。案情本身还算简单，但当时形势严峻，又由于涉案人员多，都是困难人群，而且当事人的情绪都很激动，很不好处理，必须高度重视。这就要求杭州市法援中心所有的工作人员要用十倍的精神重视本案，并就该案的操作流程进行了梳理和分工。

第二天，何金林又电话联系信访人员，通过对多方面情况的协商与沟通，一致认为可以采用按一定比例选派代表参加座谈会的方式，与住户进行协商。第三天，何金林便组织召开了有信访人员和住户代表参加的座谈会。会上，通过向代表们认真分析案情，反复解析有关的法律规定，并针对代表们提出的问题，作了细致、耐心的解答，很快解除了代表们的疑虑。又凭借深入的沟通，大家达成了两点共识，一是该案的处理的确不在政府的职能范围之内，应通过法律的途径解决问题；二是选择部分代表进行第一轮诉讼，并就材料的准备进行了分工。3个工作日后，信访代表送来第一轮参加诉讼的954个当事人的申请材料。中心仅用两天时间，就完成了954人申请法律援助的制表、审批及指派工作。为了使该案的起诉、受理、审判更为顺畅，经过与相关法院沟通，召开了有法院立案庭人员和承办律师参加的协调会，由法院在法律允许的框架内，提出立案材料要求，然后由承办律师根据要求准备起诉材料。经过紧凑、严密的准备，终于在世博会开幕之前成功立案。

2010年12月何金林（左四）在杭州市法律援助中心接受上访群众集体送来的锦旗

为了使案件能够取得决定性的成效，何金林建议当事人，向法院提出了封存开发商账户的申请。经过一审、二审，受援人的诉求得到两级法院100%的支持。为了使该案有一个更圆满的结局，何金林又同法院一起做通了开发商的工作，促使开发商不仅自动履行了已诉当事人违约金的兑付工作，同时向该案尚未诉讼的其他所有住户承兑了违约金。

这个轰动一时的案件就此完结，住户们心悦诚服。住户代表为了感谢杭州市法律援助中心和市委市政府、信访办等单位的帮助，向这些单位送来锦旗，表达由衷的感激。通过这起案件让住户们认识到，遇到问题不要冲动，而要运用法律来解决矛盾纠纷，尤其可通过法律援助服务来维护他们的合法权益。他们承诺：如今后再遇到什么困难，直接来找法律援助中心进行咨询，依法寻求解决问题的途径，绝不再采取集会等过激的方式。

何金林透过此案更深刻地认识到，法援工作在社会维稳方面作用巨大。而且通过法律援助服务所圆满办理的案件，基本上没有后患。可以说，任何问题引发的纠纷，最终都要归宗于法律，法律是化解社会一切矛盾的终结者。基于此，他认为：更有建立舆情分析和重大事件上报制度的必要性。由法律援助律师参与“大信访”工作，从中发现问题并及时将矛盾纠纷引向通过法律途径化解矛盾的方向，更可实现维护社会和谐稳定的目标。

首先，建立舆情分析制度。在信访和法律援助的接待服务中，经常会遇到一些具有集体性上访倾向的人员和事件，经过法律援助工作者和律师的及时分析、会商，可以有针对性地提出解决问题的意见和建议，上报给分管领导、市委市政府领导，以便为政府今后的工作提供先行的预警和意见，让领导在决策中作为参考，尽可能避免问题的发生。

其次，建立重大事件上报制度。法律援助中心在接待过程中，经常会发现一些长期未能解决的信访案件尤其是群体性案件。针对这一类案情，何金林认为：重大事件的上报制度可以起到终止其案件发生和发展的作用。例如在一次咨询中，有一起因企业改制的遗留问题而产生的企业与员工的纠纷，涉及人员有200多人，并派代表来市中心做咨询。何金林一面向代表们详细了解情况及其诉求，并耐心地做思想工作，指出必须通过合法的手段解决问题和纠纷；以群体上访的形式，不仅不能达到目的，而且适得其反，会影响社会的和谐与稳定。他一面立即又向领导反映情况，希望上级领导重视，支持法律援助中心为困难群众维权并化解可能形成的较大的群体性事件。经过做工作，代表们一致保证，只要法律援助中心来管这件事，他们就不再上访。在有关领导的关注下，棘手的问题也很快通过协商的方式妥善地解决了，最终避免了一起群体性事件。由此可见，法律援助制度是建立现代和谐社会不可缺少的一个环节，在维护社会稳定中更有其特殊的作用和优势。

总之，法律援助服务是确保社会公平正义的基石，是维护社会和谐的平安卫士。

一切了为了农民工的利益

2009年春节之前的1周，杭州市法律援助中心来了一群农民工，反映他们打工的服装厂老板突然销声匿迹了。73个工人从几千元至上万元不等的工资，顿时没有了着落，而且辛苦一年的民工正等着血汗钱回家过年，情绪异常激动。何金林一边安慰他们一边进一步了解到：他们打工的服装厂是台湾老板开的，厂房是租用某社区的空房。老板在工人们多次讨要工资的紧迫时也曾承诺，春节前一定按时足额发给他们，并信誓旦旦地向每个工人出具了欠条。诚实的工人们相信他，放松了警惕，可临近放假时就再也找不到他了。

何金林立即启动了讨薪的绿色通道，先承办，后补办手续，仅花了两天的时间便完成了立案和查封工作。并协同相关部门，与该厂所在的社区进行沟通，由社区先向每个工人预发3,000元工资，让他们能回家过年。春节前三天，工人们拿着社区垫发的工资安心地回家过年了。春节后又经多方联系，终于找到老板。原来老板因流动资金紧张，想采用回避的方式躲过春节这一阵。很快，通过教育、调解，工人们如数拿到了应得的血汗钱。

何金林特别能理解农民工兄弟的心情。尤其从这个事件中，他看到了农民工进入城市后万般无奈的窘境，心里久久不能平静：如何让他们和谐地融入城市生活、使农民工兄弟的合法权益与城里人一样得到保障？并应从他们进城之际，就有充分的法律保障……

经过何金林长久的酝酿，题为《杭州市农民工法律援助工作的实践与思考》的一篇研究性论文出炉了。他认为：关注农民工群体、保护其合法权益，是实现社会公平、全面建设和谐社会及生活品质之城的重要任务。而法律援助制度的实施，对农民工合法权益的保护具有重要的意义。结合杭州市的实际情况，他从农民工法律援助工作发展历程及其工作特色、存在的问题、未来的发展等4个方面，进行了全面、科学的分析和阐述。

一、杭州市农民工法律援助工作的发展历程

何金林首先分析：杭州市已成为浙江省外来务工人员的主要集中地之一，全市的现有常住人口约700万，农民工约有260万，占人口总数的37%。可见农民工已是杭州市人口的重要组成部分。而由于文化程度、经济状况等原因，农民工犯罪的案件时有发生。另外又由于用工企业法制意识不强，随意拖延、扣减农民工工资的情况也不少。从司法上保障农民工进入城市早已是客观存在，也是未来社会发展的趋势。维护农民工的合法权益是国家保护弱势群体政策的重要组成部分，而法律援助制度正是其实现的重要途径。

杭州市法律援助中心，正需充分认识到这种社会发展和政策倾向的趋

势，及时地有针对性地调整工作方式和方法，以应对在不断发展过程中的农民工权益保障的新问题。

根据杭州市农民工法律援助工作的状况，何金林将其发展历程分为三个阶段。

第一阶段（1997年至2001年）：自1997年成立杭州市法律援助中心后，在办案模式上采取以承接法院的刑事指定辩护的案件为主，因此，当时的刑事法律援助案件量占总援助案件量的90%，民事案件仅占10%。其中的农民工法律援助案件，由于受援助范围的限制又仅占民事法律援助案件的10%。从两个10%的比例，可见在这一阶段，农民工法律援助案件仅占案件总量的1%。究其原因，一是受限于经济的发展。当时城市的农民工大军尚未完全形成，其维权问题尚未很突出，法律援助工作也刚起步而没有经验。二是受了传统地域观念的影响及种种困难和局限，在实际的操作中，疏忽了对农民工群体的保护。

第二阶段（2002年至2005年）：在这一阶段，杭州市法律援助案件中的民事案件已占援助案件总量的40%，农民工援助案件占民事案件的40%。从两个40%的比例，可见这时的农民工法律援助案件已占援助案件总量的16%，比第一阶段有明显的提高。同时也说明法律援助作为一项政府的责任越来越被广泛地接受与认可，为农民工法律援助工作的全面发展奠定了思想基础。法律援助制度，让农民工平等地享受到法律的终极关怀。

第三阶段（2006年至现在）：2006年以来，党中央和国务院十分重视农民工的民生和维权问题。胡锦涛总书记多次在会议上，强调要关心、解决农民工存在的实际问题。温家宝总理曾多次亲自督办拖欠农民工工资的案件。2006年3月，国务院下发《关于解决农民工问题若干意见》，针对农民工维权及法律援助申请的问题，提出了解决对策。同时在建筑等行业部门中下发多个保障农民工权益的文件，整治清理拖欠农民工工资的现象。国务院出台的《意见》和相关规定，极大地保障了农民工的合法权益。这一阶段，杭州市的农民工法律援助案件量也呈直线上升趋势，已占援助案件总量的47.7%。市政府积极响应党中央和国务院关于重视搞好农民工法律援助工作的号召，保障法律援助工作的实施，为广大农民工免除法律服务费1,500余万元，并挽回其经济损失2,010余万元。政府从自身实践出发提出了“建设和谐之城，共享品质生活”的口号，将农民工群体纳入到城市建设与利益共享的主体中来，对农民工的维权问题给予充分重视。无论是在立法与制度层面，还是在机构建设与实际操作的层面，都不同程度地向农民工倾斜，实现了法律援助大门向农民工敞开的目标；把农民工维权工作，作为实践科学发展观、建设和谐杭州的重点。

二、杭州市农民工法律援助工作的特色

何金林告诉我们：自2006年以来，杭州市对农民工的法律援助，在加强地方立法的制度化的驱动下广泛开展并基本上达到了“应援尽援”的局面。这主要得益于市委、市政府的一贯重视农民工的生活及维权保障工作，得益于杭州各级法律援助机构从援助工作的实际现状出发，为农民工这类社会弱势群体维权，摸索和开展了一系列有特色的工作。

（一）加强农民工法律援助的地方立法

何金林认为，法律是最低限度的道德。“没有规矩，不成方圆”。任何再好的人类社会文明及道德体系和各项具体制度，没有法律、法规的保障，就缺乏了生命力。

为了进一步加强杭州市的农民工法律援助工作，落实国务院《关于解决农民工问题若干意见》的精神，2008年4月22日，杭州市第十一届人民代表大会常务委员会第八次会议审议并通过了《关于修改〈杭州市法律援助条例〉的决定》。新修订的《杭州市法律援助条例》降低了法律援助经济困难标准，从原来按最低生活保障线的1.5倍执行降低到现在的按最低生活保障线的2倍执行，使更多的案件可纳入援助的范畴。随后又制订《法律援助案件质量全程监督实施办法》《关于规范法律援助工作站的意见》《关于开展法律援助规范化建设的意见》《关于进一步加强农村法律援助工作的意见》《杭州市法律援助“十一五”发展规划》等十几部文件。这些规范性文件的出台，体现了杭州市政府对切实解决农民工法律援助及维权工作的高度重视，并提供了政策与制度层面的支持。

（二）完善农民工法律援助的网络建设

杭州市司法局对法律援助中心的职能，与“12348”法律咨询进行了整

合，为开展农民工法律咨询服务提供了极大的便利。同时，市律师协会也组建了为农民工维权服务的律师志愿团。仅在2008年上半年，就办理涉及农民工维权的案件276件。各区、县（市）也将法律援助工作的触角延伸到乡镇（街道）、村（社区）、农民工聚居地，加强对于可为农民工就近服务的基层法律工作站的管理、指导和人员的培训，发挥其应有的作用。

（三）畅通农民工法律援助的绿色通道

近年来，涉及侵害农民工合法权益的案件时有发生，特别是讨薪案件和拖欠克扣工资的案件直接影响了农民工的生活和生存问题。因此，杭州市法律援助中心探索了用“绿色通道”的办法来解决法律援助工作中实际存在的问题。一方面，在案件的受理程序上坚持效率优先的原则，对涉及农民工讨薪、工伤赔偿的案件，不作经济困难审查，对其他的农民工案件也采取“就宽不就严”的原则，最大程度地给予援助。另一方面，通过提高工作效率来缩短审批及指派的时间，从原定的7个工作日缩短到1个工作日。对于一些较为紧急和特殊的案件，先指派办理，后补办手续，最大限度地维护了农民工的合法权益。

（四）加大农民工法律援助的宣传力度

在对农民工法律援助制度的宣传上，杭州市根据农民工的实际情况，采取了灵活多样的宣传方法。如以广播电台、电视台、报纸等为载体，通过报道法律援助的典型案例的形式来深入浅出地解读《法律援助条例》；在农民工学校开展现场法律咨询、法律援助及维权知识讲座等等等；发放法律援助宣传资料，如法律援助联系卡、法律援助手册、法律援助张贴画等；在农民工租住地、聚集单位和工地，开展法律援助送温暖活动。全市的法律援助机构和工作站，根据不完全统计，截至2008年10月，共免费发放各种法律援助的宣传资料近百万份。通过一系列形式多样、贴近生活的宣传，广泛提高了农民工的法律意识与维权意识，并引导他们学法、知法、懂法、用法，用法律的武器维护其合法权益。

（五）加强农民工法律援助案件的受理和监管

杭州市加强对农民工法律援助案件的受理和监管，是确保法律援助工作有序发展及增强办案人责任心的重要途径。为此，实行了受援人“点援制”和

2009年3月何金林（中）接受受援人（地震灾区农民）送来的锦旗

法援机构“指派制”相结合的方式。一方面根据受援人的指定，进行指派，对农民工开展“个性化”服务。另一方面根据案件的需要，指派资深的、有经验、有特长、有敬业精神的律师，承办农民工的法律援助案件。同时对伤、病、残等行动不便的农民工，主动提供上门服务。大力设置办公场所的无障碍设施并完善法律咨询，从措施上、服务上、硬件上，为农民工提供最广泛的力所能及的法律援助。在确保农民工法律援助的办案质量方面，采取庭审旁听、案中检查及案后督查等多种监督方法，避免办案“走过场，走程序”的问题，使农民工的法律援助案件不会因为受援群体的弱势而受到轻视，切实把为农民工维权作为工作的主轴。

三、杭州市农民工法律援助存在的问题

虽然杭州市的农民工法律援助工作开展得比较顺利，并且摸索出了适合杭州农民工法律援助工作的一些“杭州经验”。但是在具体的操作实践中，还存在一些层次较深而又影响着未来发展的问题，值得我们重视。因此，“法律扶贫”的任务依然任重而道远。

（一）农民工法律援助办案经费和人力资源普遍不足

随着国家各种保护政策的出台、农民工维权意识的进一步增强，请求法律援助的农民工越来越多，造成农民工法律援助的经费和人力普遍不足。目前，农民工法律援助案件已经占了整个法律援助案件相当大的比例，而且还将继续加大。统计表明，2005年全国办理的民事法律援助案件中，农民工维权案件占20%。浙江省农民工法律援助案件，占全省民事法律援助案件的60%以上。调查显示，农民工急需解决的问题中，很大一部分属于法律援助

的范畴，如医疗事故纠纷、交通事故赔偿等等。但是，杭州市的法律援助资源，无论是经费保障还是人员配置等方面都难以完全保障法律援助的需求。例如杭州市法律援助中心的人员编制在1997年成立时共有8人，直到2008年编制仍是8人，但此时农民工法律援助案件的数量已是1997年的几十倍。在经费上，政府预算也是采取一刀切的办法，使律师办案的经费严重匮乏，有时甚至自掏腰包，大大影响了律师办案的积极性。制约农民工法律援助工作深入开展的一个重要原因，便是法律援助的经费和专业力量的不足。

（二）农民工自身法制意识和获得法律援助的意识淡薄

农民工法律援助工作的开展又依赖农民工自身维权意识的提高。大部分农民工的文化水平要比城市市民偏低，其中多数人在外出前不掌握必要的专业技能，不了解工业生产的基本规范，不熟悉城市生活，只能从事体力劳动和技术简单的工作，往往不具备与用人单位或业主平等谈判的资本，在劳动力市场中处于弱势地位。尤其是法律意识淡薄，使很多农民工在权益遭受侵害时不知道自己有哪些权利和义务，也不知向谁求助。以往在农民工法律援助的实践中，常有几种情况：有的农民工，没有及时到劳动争议仲裁部门申请仲裁而错过了期限；有的在权益受到侵害时不愿通过法律途径解决，或是在得到用人单位很少的补偿之后便放弃应得的其他有关权益；有的在发生侵权后，往往不信任其务工地的司法部门和法律援助机构，而回家乡请求维权，错过了仲裁诉讼时效，增加了维权成本。

（三）农民工法律援助案件中的政府部门协作力度不大

目前，农民工遭受侵权后，即便进入了法律维权程序，也会面临重重困难。在多数的农民工维权案件中常常是耗费了大量的时间和精力，最后得不到满意的结果。这就不免降低了广大农民工对法律援助制度的信任度，有时只是抱着试试看、碰碰运气的心态来向法律援助机构求助。尤其在工伤案件的认定中，由于很多工伤保险待遇的获得，需要反复经过多次的劳动争议仲裁与民事诉讼程序。在繁琐的程序进行中，有的政府部门的工作人员缺乏必要的同情心，就程序而程序，造成了农民工不能及时获得救助。“迟来的正义乃非正义”。例如某法律援助中心，办理一起农民工工伤赔偿案，从2003年7月立案，仅仅就工伤认定问题一直拖延至2005年7月，经多次申请行政复议、诉讼，最后就在得到了劳动部门的工伤认定之后正向法院提起诉讼的过程中，当事人因无钱医治而死亡。

（四）农民工法律援助案件的维权成本过高和执行困难

目前，农民工法律援助案件的成本居高不下，在杭州市各级法律援助机构中都一再出现办案经费紧张的局面。一方面，是由于繁琐复杂的司法程序。另一方面，在很多的农民工法律援助案件中是由于民工的法制意识淡薄，使取证非常困难。很多农民工根本不知道需要签订劳动合同，甚至没听说过合同。有的农民工连工资卡、饭票都拿不出来，甚至不知道雇主的姓名或用人单位的名称、地址。因此，在发生纠纷时往往难以证明劳动关系的存在。同时，雇主或企业，会利用各种关系打通关节，为自己开脱，拒不出证，或故意设置障碍来阻挠律师调查取证，甚至损毁证据。证人也考虑自身利益不愿或不敢作证，有的医院也因为农民工拖欠医疗费而拒绝出证。有的案件，法律援助的承办律师要花很大的精力及财力去调查取证，仅为农民工追回几千元，律师的花费却大大超过其诉讼标的。

有的案件在仲裁或诉讼过程中，由于农民工经济困难，往往在申请法院对侵权人的财产采取财产保全或先予执行时，无法按照法律规定，提供相应的担保，导致农民工赢了官司却得不到丝毫的赔偿，胜诉判决成为一纸空文。又由于维权案件程序多、时间长，案结时用人单位已不存在或是老板已逃之夭夭，使案件执行困难或无法执行。最后往往导致许多失去工作的拿不到工资的或是因工伤残废的农民工，不得不以放弃权利而告终。

四、杭州市农民工法律援助工作未来发展的若干思考

何金林认为，在市委、市政府的关心和支持下，在杭州市各级法律援助机构共同努力和其他政府部门的积极配合下，杭州市法律援助工作取得了很大成绩，在维护困难群众特别是农民工合法权益中起到了积极作用，实现了良好的社会效果。思考和研究杭州市法律援助的发展动向有利于和谐社会的构建、生活品质之城的构建、和谐劳资关系的构建。

（一）强化农民工法律援助，是构建“生活品质之城”不可或缺的支撑

何金林认为，由于受经济、政治、文化等方面的因素制约，历史性地使

农民工这个弱势群体在经济发展的杭州不能享受到和城市市民同等的待遇。农民工是个日益庞大的特殊的弱势群体。他们在建设城市、创造财富。但与之形成鲜明对比的是他们贫穷无奈的生活状态。随着社会的不断发展，农民工进入城市是不可避免的趋势。对现代城市中这个新弱势群体的权益保障是现阶段独有的重大社会问题，是中国平安稳定的一个突出支点。

首先“生活品质之城”应是和谐稳定的城市，而作为其支点的保护农民工合法权益更离不开良好的法律援助制度。帮助农民工减轻来自经济、社会、心理等方面的压力，使其不再因付不起费用而得不到律师的帮助，维护其合法权益，保护其人格尊严，疏导其心理情绪，引导其行为方式，是化解矛盾、维护稳定、促进城市和谐发展的基本保障，也是实施农民工法律援助的社会功能和价值所在。在构建“生活品质之城”之际，已是社会一份子的杭州市农民工也应当与每个市民一样共建“生活品质之城”，并共享其成果。

其二“生活品质之城”应是公平正义的城市，法律援助是公平正义的守护神。伴随着经济体制的历史转型和利益格局的调整，在城市不可避免地会产生贫富悬殊及事实上的不平等。就农民工这一群体而言，由于主客观的原因，其处于社会中的弱势地位在一个阶段内不会有实质性的改变，绝大多数人只能从事收入低、有较多风险的职业。农民工与用人单位处在明显不平等的层面，劳动争议和冲突也不可避免。有了纠纷，他们无力打官司又缺乏法律知识及诉讼技能。只有法律援助能保护他们，实现在法律面前人人平等。法律的设立绝不是使弱者更弱、强者更强，而恰恰相反是抑制强者、保护弱者。法律援助制度正是维护社会公平正义的尖兵，是政治和法律层面的“希望工程”和“阳光工程”。

其三“生活品质之城”应是文明文化的城市，法律援助是城市文明的践行者。文化建设是提高城市品位的主要途径，而首先涉及人的品位。人的素质是文明的主导因素。农民工作为一个不容忽视的规模巨大的特殊社会群体，其素质事关安定、发展、城市文明文化的进步。农民工文化程度普遍较低，新生代虽有一定的文化，但卑微的生活环境也使他们在遇到问题时大多会采用极端方法处理矛盾纠纷。由此可以说：法律援助在一定程度上肩负着改变和塑造农民工文化心理的历史重任。通过多种渠道、方式，使每一位农民工都能得到法律信息、受到法制教育，成为政策法规的遵守者、维护者、宣传者。从而在其自身劳动享有的权益受到侵害时，懂得寻求救济的途径，即使在经济困难的窘迫下也能寻求法律援助的帮助和保护。因此完善法律援助制度，是提高农民工文化素质的保证，从而也是现代文明文化城市的一个重要的标志，是把杭州建成“生活品质之城”的有效途径。

（二）理顺体制，整合资源，建立具有杭州特色的农民工法律援助发展模式

何金林认为，杭州市法律援助工作要取得进一步发展，并保持在全省乃至全国的法律援助工作的排头兵位置，就需在具体实践中，积极探索具有杭州特色的新的工作模式。

首先是要尽快地理顺现行的工作体制。杭州市自1997年开展法律援助工作，已逐步地分别在市、区县两级设立了法律援助机构，具体负责法律援助的相关工作。在杭州市一级率先成立的市法律援助中心，已定性为全额财政拨款的事业单位，编制为8人，负责全市法律援助工作的管理和部分援助案件的办理。但各区、县（市）的法律援助机构，仍呈现性质不明、职级不清的混乱状态。在操作模式上大体仍是司法行政部门的内设机构，在工作人员的数量上大多仍为3人以下，尤其缺乏具有办案资质的人员。因而区县一级的机构还停滞在主要负责本级行政区域内的法律援助的管理和实施，基本上不直接办案。

其二是科学合理地调配各种人力物力资源。我国设立法律援助制度的宗旨是确保让所有符合条件的困难公民都能得到及时而有效的法律援助，实现法律援助与经济社会的协调发展。由于经济发展很不平衡，尤其是城市和农村的经济水平相差甚大。导致了法律援助工作及资源分配的不同步。为此，要拓展法律援助的资源，确保其合理分配和使用。

而解决上述两方面的不足和困难，都要从杭州的实际出发，尤其应侧重于当务之急的农民工法律援助问题。实事求是，探索发展的新路子，建立有地方特色的工作模式。

（三）保障经费，完善宣传，实现杭州市农民工法律援助“应援尽援”

广大农民工无论在收入水平还是在受教育的程度上，作为社会中的弱势群体都处于社会的底层。修改后的《杭州市法律援助条例》，结合该市近几年开展农民工法律援助工作的经验，将农民工法律援助的困难标准，从最低生活保障线的1.5倍降低到2倍，进一步放宽了对一般经济困难的农民工的法律援助范围，已从经济困难的层面对农民工实现了全开放。对于持有政府核发的经济困难救助证的农民工，和农民工中的残疾人、妇女、未成年人及老年人的法律援助范围不设限。这些惠及农民工利益的规定，如何确保落实，又成为一个现实的问题摆在面前。我们要有长效机制、长远眼光，进而要用国际化标准认真对待变革后的杭州市农民工法律援助工作，保证实现“应援尽援”、“应援优援”。

首先，务必凸显政府的职能、保障办案经费。何金林认为，法律援助事业的兴旺发展是以政府的财力作为基本保障。为法律援助提供必要的经费，是政府的法律援助责任的核心体现。法律援助服务，来自政府的指派，并由政府买单；而市场化的法律服务来自当事人及其亲属的委托，由委托人承担费用，即案源和费用的承担者不同。但在现实的大背景下也可考虑让法律援助的办案补贴方式与市场接轨，实行以固定和浮动相结合的计算方法来确定办案补贴的金额。而扩大法律援助补贴的范围、变更发放的方法，更是全方位地体现法律援助是政府责任的需要。总之，加大法律援助经费的投入力度已迫在眉睫。

其二，对农民工加强法制宣传、增其维权意识，即从源头抓起。农民工是法律援助服务的受援人也是保障其自身权益的第一道屏障。惟其有了法律意识并懂得利用法律的武器维护自身的合法权益，法律援助才能取得最优化的社会效果。而在法制宣传中要多开展符合农民工特点并能令其广泛接受的模式，注重宣传的方式方法及其效果，让广大农民工能听进去、学进去、学而能用。比如在收视率较高的《开心茶馆》《本塘第一剧》等电视栏目中可多编一些有关法律内容的节目，让杭州的农民工和市民群众寓教于乐。

其三，建立农民工的人身损害医疗救助机制，增强政府的救助能力。农民工进入城市后所从事的一般都是最苦、最累、最脏、收入最低的工作，缺乏必要的安全生产知识又在工作中很容易受到人身损害。由此产生大笔的医疗救治费用，通过走“一裁二审”的法律程序来解决又很不现实。因此，只有为其建立人身损害医疗救助机制，才能从根本上解决农民工在遭受伤害后的燃眉之急，避免“二次伤害”，更杜绝产生第二次社会问题。

其四，整合政府的资源，凝聚各部门的力量。以往在维护农民工合法权益的法律援助实际工作的进程中，由于政府各部门行使不同的管理职能，经常会出现没有哪个具体部门敢于承担责任或者敢出面解决问题的现象。有时一个原本很简单的案件，却由于无法得到及时解决而陷入更加尴尬的困境。对此，应建立“大法援”格局，整合政府的资源并实现政府各个部门之间的优势互补，共同做好维护农民工合法权益这篇大文章。

农民工的维权问题是一个新型的综合的社会问题，绝非仅仅依靠一个单位、一个部门或一个群体就可彻底全面地解决。当前的关键，是各级政府的相关部门应把对农民工的法律援助看作自身的工作、神圣的职责；整合资源，联合互动；多途径、多方法地相互配合并适应形势的发展，积极主动从大局出发，真正将维护农民工的合法权益落到实处。

被改制遗忘的伤残老人

2008年6月的一天，中心接到一封求助信，信中反映：李老太，女，68岁。1970年被招录进某工厂工作，1971年一个冬天的夜晚，在下班回家的途中，被歹徒跟踪，由于惊吓过度而昏厥在马路旁，醒来时已是三天后的事情了，由于昏迷时间过长，造成了她的部分身体功能丧失，至今不能行走。开始厂方还安排人陪护，一切待遇照旧，时间一长厂方也失去了耐心，实施不问不顾不管的“三不”政策。上个世纪90年代初，厂方安排了劳资科的工作人员上门慰问，同时带去1万元钱，让李家签了字。从此厂方就无了音信，连李老太的基本生活费都停发了。现在老人没有退休工资、没有医疗保险，仅靠丈夫每月不足2千元的退休金生活，日子过得太艰苦。为此，他们多次去找原单位，也询问祈求过其他很多单位，一直都没能解决。十多年过后，年纪大了，跑不动了，信心也跑没了。

李老太在一个偶然的机遇里，通过电视了解到法律援助，便抱着试试看的心情给市中心发来了这封信。读完信后，何金林的心中升腾起一种强烈的

左图为2007年8月何金林（右二）带领工作人员上门为残疾人服务；右图为2008年5月何金林（左一）为老年妇女提供上门服务

责任感。他认为，维护老年人合法权益是法律援助的责无旁贷。考虑到李老太年老又残疾，行动不便，何金林立即启动了法律援助绿色通道。当时正值夏天，他带领律师，不顾炎热，上门服务，办理了相关的援助手续并进一步了解了案情。然后便迅速展开调查，很快得知：李老太的原工作单位早已改制，现单位对她的情况一无所知。又经向其上一级管理部门了解，并查阅了相关档案才搞清了情况的来龙去脉。原来，早在1981年，李老太原单位上门送来1万元时，就连同一份解除劳动关系的材料一起让李老太签了字，将她做了清退处理，而当时李老太丝毫不知情，还以为是领导关心。李老太的问题，明显属于改制的后遗症，改制后的单位理应负责到底。经多次与改制单位讲事实、释法律、摆道理，单位终于答应：只要有关社保部门同意了就为李老太补交社保、医保金。何金林又找社保、医保部门，进行沟通。经反复做工作并向各级领导反映了情况，同时正值政府提倡“老有所养”、“老有所医”的对老年人实施的“五养”政策，考虑到李老太的实际情况，社保、医保部门同意补办。

经过一年多的努力，终于为李老太赢得了养老的权益。当何金林将这个消息告诉两位风烛残年的老人时，他们激动得连话都说不出了。随后又拉着何金林的手，流着泪，不断地表达着感激的心情：“感谢党和政府，感谢法律援助，感谢何主任和律师，是你们让我的后半辈子生活有了保障。”两个月后，李老太拿到了退休金，安享晚年有了保障。

何金林说：“像这样的案例不少。随着法律援助工作的深入发展，杭州市对特殊人群的法律援助服务也更加贴心，更加细化。并对于残疾人、未成年人、老年人、妇女这四种特殊的对象，重点实施“应援尽援”；只要被侵权，都可以申请法律援助。又针对这个群体的行动困难等问题，采取短信、电话、信件、上门服务等便民方式，实行人性化的有针对性的法律援助服务，为他们提供方便、及时、快捷的服务，解决其急迫的需求。”

法律援助之我见

何金林经过8年多的探索，对法律援助制度的实质了然于胸；在法律援助工作的大量实践中逐渐形成自己的认识，并加以理论性的归纳和总结，提出一系列的观点和主张。

一、法律援助工作必须坚持发展与规划同步的原则

何金林认为，在法律援助工作的初期，由于没有参照物，可借鉴的经验十分有限，“摸着石头过河”是当时工作可使用的主要方法。然而，十几年过去了，如果还沿用这种方法开展法律援助工作，显然很不合乎发展的需要。为此，何金林提出，法律援助工作必须走发展与规划同步进行之路。这样就可以在发展的同时，尽可能少走弯路，防止进一步再退一步的情况发生。何金林说：“回顾杭州市法律援助事业走过的路，有过不少这样的例子，有的想法是好的，但是严重脱离实际，走过一段路后，发现根本行不通，只好又退了回来。这样不仅影响了法律援助工作的开展，还造成了资源的浪费，很是可惜。”

由此他又认为：随着现代社会管理科学的发展和进步，法律援助工作已经完全可以借鉴其成熟的经验，采取先规划、后实施的管理模式。并在此基础上，对法律援助的工作进行全面的研究和论证、创新和改革；务必使法律援助制度，沿着科学发展的道路前行。

首先，创新思路必须符合实际。何金林认为：在扩大法律援助的覆盖范围上，各地纷纷提出了实施法律援助全开放及“应援尽援”的主张，而盲目的全开放和“应援尽援”并不适合当今中国社会发展的实际情况，也不符

合法律援助制度的基本原则：即为了保障公民平等享受法律所赋予的权利。而原则的核心，在于国务院《法律援助条例》的规定：法律援助为当事人提供无偿的法律服务的对象，一是生活困难并无力担负法律服务费用的弱势群体，二是特殊案件的当事人。如果毫无边界地扩大其覆盖面，会造成资源的浪费，更让真正符合条件的困难群众及特殊人群得不到法律援助，不能把党和政府对困难群众及特殊人群的关怀和实现社会公平正义的法律思想，落实到社会底层。这就有悖于法律援助制度所实施各项政策的初衷，势必会顾此失彼，影响法律援助事业的健康发展。

其次，法律援助对象的经济收入难以核实。何金林认为：当前中国的社会管理水平还很落后或是不完善，对个人财产及收入登记的制度尚未建立，尚无规范的核定标准，或者说是根本就无法核实。如一些人没参加工作，若按正常的计算，可谓无收入，但事实上他们是大有收入的，如自由职业、房屋出租等等，有诸多的隐性收入未纳入收入管理。因此无法准确地核定这些人群的收入及经济状况。但何金林认为，这个问题可以随着社会管理科学的进步而解决。目前也可采取改进的措施，如由社区乡镇开具收入证明等等。

其三，法律援助资源与社会需求如何合理规划、同步发展。何金林告诉我们，杭州市法律援助事业的发展至今已历经四个阶段。而在上文，已谈到三个阶段，从2008年至今为第四个阶段。相对于前三个阶段，第四阶段更加趋于成熟和理性，在法律援助工作的决断上也更加科学并符合社会发展的实际。如对法律援助案件的补贴问题，杭州市在对于律师服务收费标准和社会需求情况进行了细致周密的调研的基础上，进行了第四次调整，所制定的新补贴办法正与社会案件的收费标准逐步接轨。一是让法律援助案件的补贴已占社会律师办案收费标准的60%，而法律援助案件补贴是纯收入，不必缴纳个人所得税及其他各项费用，又可增加几个百分点。据了解，社会律师的纯收入只占案件收费的50%，可见新的补贴标准基本上与律师的收费案件相差不多。二是律师办理法律援助案件的社会效益也增加了律师的个人荣誉感，并通过媒体对一些案件的报道，对律师个人也起到了宣传作用。何金林说："通过此次调整，使律师办理法律援助案件的收益与办理一般性案件基本上持平，他们的积极性被调动起来。以前是我们求律师，或是靠硬性的指派，对于办案律师的水平无法选择，办案质量也得不到保障；现在是，律师们主动找上门来要求办理法律援助案件，我们的选择余地大了，办案质量也有了很大提高。”三是根据案件的难易程度和办案地点对案件补贴进行合理分配，既节约了办案经费，又体现了多劳多得的补贴原则。如规定了刑事案件补贴1,000元至1,500元，按阶段分为6类；民事案件补贴200元至1,800元（代书补贴200元）；异地办案根据实际情况，最高补贴3,000元等等。

二、法律援助工作的科学管理。

何金林认为，法律援助发展至今，已不能延续初期的粗放型管理模式；必须是在科学管理的基础上建立有法律援助工作特点的服务体系，这项事业才能良性、稳定的发展。

首先，科学地严格地建立法律援助的律师队伍。何金林告诉我们，他正在考虑在杭州市采用项目招标的方法，选择10个有实力的律师事务所，作为承担法律援助业务的主要律师队伍，一年一投标，择优录用，这样既容易管理，又可以保证承办案件的质量。

2009年6月何金林（右四）陪同浙江省厅领导赴余杭进行“法律援助服务质量标准”检查调研

其次，开发法律援助案件的网络监管系统，对案件进行实时跟踪，随时掌握案件的承办情况。通过网络对律师承办案件进行公示、反馈，一旦发现服务污点，立即处理。

其三，增加法律援助机构的人员编制，实现同城无差别待遇。在杭州全市采用各级机构的同城同标准、同待遇、无差别的同步发展的原则，推动杭州市法律援助工作的一体化及系统化的运行机制的完善。例如案件补贴的同城同标准、同待遇，可以调动律师的办案积极性，同时有利于全市各级机构的案件指派工作。又如法律援助经济困难的标准及法律援助范围的同城同标准，更可体现在法律面前人人平等，进一步彰显公平正义。

其四是机构建设务必符合实际工作的需要。在机构内实行责任划分，建立内设机构和外设机构两个独立的系列，便于开展工作。一是内设机构即法律援助工作处，主要负责法律援助机构内部的管理工作。根据国家规定，内设机构不能对外开展业务，便协调了内部机构管理与对外开展业务的关系。二是外设机构，即法律援助中心，主要负责案件的指派和监管等业务性的工作。对外开展业务，不受行政许可的约束，更有利于开展法律援助案件的指派和监管工作。三是工作模式可以采取混编制，实施、管理起来更为便利。

三、对杭州市法律援助未来的思考

首先，应该逐步将法律援助工作的重心下移。以诸多司法所为依托，建

左图为2007年7月何金林在（左二）在指导人民调解委员会委员开展人民调解工作；右图为何金林（左一）与法律援助律师接待群众咨询

立网络化的基层法律援助受理点，为法律援助的服务对象，提供更加广泛、便利、周全的服务。

其次，实现法律援助由行业责任向政府责任的实质性的转移，逐步达到完全由政府购买法律援助服务的目标，更可体现在现代社会中，法律援助制度的本质和宗旨。

其三，希望法律援助事业能逐步成为一种福利化的社会产品，可以让更多的市民享受到满意的法律援助服务，更全面更彻底地实现社会的公平正义。

总之，随着杭州市法律援助事业的快速发展，何金林对未来充满了希望。其生生不息的对法律援助事业的理性思考与满腔热情，犹如他对生命的爱恋，永不衰退。

尾声 淡淡茶香

喝茶当于瓦屋纸窗之下，清泉绿茶，用素雅的陶瓷茶具，同二三人同饮，得半日之闲，可抵上十年尘梦。喝茶之后，再去继续修各人的胜业，无论为名为利，都无不可，但偶然的片刻优游乃正亦断不可少。

——周作人《喝茶》

也许周作人强调的是生活中暂时的休息：从你为生存、为事业奔波劳碌的周而复始的过程中暂时停下来，放下来，超脱一下。只用一杯清茶，几个好友，这时的“闲”，就具有了脱尘超俗的乃至审美静观的内涵。人不仅要工作，也需要休息片刻。为了事业去叱咤风云而奋斗不息，和享受闲暇、品味瞬间即永恒的每个细节，同样具有生活的意义。

自古在君子的爱好中就不可无茶、无书。饮茶读书是内敛自修的一片境界，而放情地游历于大自然更是一介身心的回归。何金林喜饮茶、爱读书、乐游历，崇尚简单的生活便与君子的崇尚不谋而合，也正体现了江南文人的清心寡欲、随遇而安的气质。在紧张的工作之余又能从个人的爱好中找到片刻宁静，也是一种享受并领悟人生的意境。而何金林对于幸福的理解和诠释可再普通不过了：家庭和睦、家人健康、工作氛围的轻松和谐。

写到这里我不禁又想起初见何金林时的情景，也印证了我的感觉：他的谦谦君子加儒雅文人的气度，简朴从容、淡泊宁静，正是令人产生踏实和纯净之感的本源吧？

正是在潋滟的湖光山色、空濛的云蒸霞蔚中，氤氲着一脉法援人、一片法援情。

西湖边上，淡淡茶香……

霓虹灯下　法律援助在行动

——记上海市法律援助中心主任关明泉

关明泉　中共党员，2009年至今，任上海市司法局法律援助工作处处长兼上海市法律援助中心主任。

1956年10月1日，关明泉出生于革命烈士家庭，1970年12月入伍，先后任空军航空兵某师作战科参谋，某军作战处参谋，航空兵某团参谋长、某师作战科科长和空军某基地指挥所所长。1999年10月转业，历任上海市法律援助中心副主任、上海市法律援助中心主任、上海市司法局法律援助工作处处长。多次被上海市司法局评为“优秀党务工作者”，“优秀机关工作人员”，2009年被司法部评为“全国法律援助先进个人”；2010年被上海世博组委会评为“窗口服务优秀组织奖”。

引子 霓虹灯下

上海，几乎是时尚、洋派、繁华的代名词，十里洋场，霓虹灯闪烁。无论是旧上海久已飘逝的灯红酒绿，百乐门的衣香鬓影，南京路的车水马龙；还是今天陆家嘴日益凌云的高楼林立，大商场的人流如梭，街头人们的匆匆脚步，都显示出大上海作为国际大都市的形象。然而，上海绝不是简单的一面的，而是多面的复杂的，在摩天大厦的背后也不乏低矮的老平房，在繁华的背后也有清冷的角落。

毋庸置疑的是，在上海这个繁华的大都市里，也依然有一群生活在贫困之中又每每遭受不公平待遇的人们。他们在遇到问题时，更渴望得到社会的帮助。伸出援助之手帮助弱势和困难群众维护自身的合法权益，正是法律援助制度的基本准则，也是党和政府执政为民理念的具体实践，更是国家宪法赋予的“在法律面前人人平等”的法治精神的深刻体现。法律援助制度，是困难群众维护自身合法权益的重要保障。

曾几何时，人们欣慰于《霓虹灯下的哨兵》中的南京路上好八连，为了保卫新上海的胜利成果而日夜执勤站岗。而今天，法律援助工作者的奉献，正是好八连精神在新世纪中另一种形式的再现。他们用法律的武器，维护着社会的和谐与安宁，为贫弱者主张权益而体现社会的公平正义。走在霓虹灯下，我们更希望看到在繁华背后的那些不为人知又默默倾吐着

霓虹灯下，大上海和谐、迷人的繁盛景象

爱心的人们。关明泉，正是这支法律援助队伍中的领头人。

鲲鹏振翅领风骚

关明泉出生于河南上蔡县一个革命家庭。祖父是中共地下工作者，曾担任中共上蔡县县委的领导干部，在抗日战争刚刚结束之际，不幸被还乡团发现并英勇就义。父亲也被秘密追杀，直至敌人发现已成年的父亲由于长期分开居住，对祖父的事情什么都不知道，方才逃过一劫。对于祖父的革命事迹，最初家人并不知道，直到新中国成立后家中挂上了烈属的门牌，家人才逐步了解到祖父的真实身份。由于地下工作的需要，祖父自从参加革命工作之始，就为了保护家人安全，很少回家或与家人联系。对于祖父如何献身于无声的战线，具体做了什么，怎样被发现，就义前说了什么，家人更是一概不知。祖母是个善良的明事理的农村妇女。对于丈夫，她一无所求。她虽然并不知道丈夫所从事的革命事业是什么，但一生都在默默信守着她的婚约，从无怨言。

上图为关明泉参加上海市摄影展览上的照片；下图为关明泉在航校学习的工作照

1970年12月，由于从小受到爷爷无形中的影响，加上当时的社会环境，14岁的关明泉报名参了军。由于根红苗正，身体好，政治条件过硬，他成为接兵的首选，并进入福州军区的空军教导队，成为学员兵，半年后又成为空军某航校的学员。关明泉在最初的航空理论学习和初级飞行中，成绩都不错，顺利地通过考试。但他在进入高级飞行训练的阶段后却被发现：在做空中翻滚动作时，容易晕眩，产生黑视，这对于飞行员来说是非常危险的。空军对飞行员的要求，和民航不同，尤其是战斗机的飞行员必须做空中翻滚动作的训练以应对作战中可能面临的复杂情况。对难以做空翻动作的关明泉来说，面前只有两种选择：做航校老师，或是下部队。1974年，中越在西沙发生了海战，部队进入加强战备期。热血青年关明泉，毅然选择了下部队。对于自己未来的前景他还不知道，只是一心向往美好，想迅速投入到部队紧张的战备训练中。

1976年，理论基础扎实的关明泉，被师里看中，调入师作战科工作，成为一名年轻的仅20岁的作战参谋。之后又去福建、广西、云南，跟随部队到处轮战；又从师部作战科进入空军学院参谋系、军部作战处，他在不停地实践、学习、再实践。在空军学院的深造打下扎实的军事理论功底，繁忙的战备训练和演习丰富了实践经验。此间他已进入军事理论研究的丰收期，先后有20多篇论文在军内刊物发表。其中一篇理论文章《从德军的闪击战看我军的快速反应》引起军委的重视。文章分析了二战时期德军攻打东欧和苏联的闪击战战略，又提出处于装备劣势的我军，面对超级大国的强大军力，应从德军的闪击战中引发思考，做好准备，要对突然袭击做出快速反应。该文在总参谋部组织的战略研讨会上，作为主题进行讨论。才华出众的关明泉，由此也被总参谋部看中，到军部来要人。可是军领导怎么舍得让这个人才离开？何况当时军党委已决定任命关明泉担任所属某团的参谋长。于是双方说好：再过两年，等有了合适的人来接班，他就可以到总参谋部工作。可是，机会失去了便没有再回来。

1987年5月，30岁的关明泉，调任某飞行团的参谋长，指挥1千多号人。年轻而踌躇满志的他，面临巨大的挑战和压力。由于所在团是军区的落后

左图为关明泉（中）在轮战前线与战友研究地形；右图为关明泉在指挥所指挥部队行动

在回家探亲休假期间，关明泉（中）兄弟三人合影

团，局面一时很难打开。关明泉着急啊，反复和其他团领导商量对策，着手开展军事改革。不懈的努力获得了丰厚的回报，很快，所在团在各种竞赛和演习中，取得了很好的成绩，从落后团一下子成了军区的先进团，彻底打了个翻身仗。四年后，由于工作需要，他再一次回到师部的作战科，但已不再是普通参谋，而是作战科科长，需要不断地组织部队到前方轮战。1千多人组成三个梯队：空中梯队、摩步梯队、铁路梯队，各种设备多而贵重，稍有不慎，装载安全出问题，行动计划受影响。通过组织部队的轮战演习等重大行动，关明泉的总结是：他得到了很大锻炼，组织能力在提升，处理事情时能想得更加周全。1993年，他进入某空军基地，任指挥所所长。通过参加各种军以上的会议和理论研讨会并组织指挥部队重大的战备行动，他的军事才干得以进一步提升。

人生总是充满了艰难的选择。在1999年精简军队的大环境下，多年前还在考虑是到航校当老师还是到部队的关明泉，再一次面临选择：是留在部队，离开上海？还是留在上海，离开部队？但一想到离开部队，他心里就隐隐作痛。多年的军旅生涯早已让部队的气息渗透到他的骨子里。就是在这里，他被评为学雷锋标兵、空军优秀参谋人员等等，被提前晋级、晋职各一次，荣立三等功2次、嘉奖20余次。在这里，他先后写出30多篇论文，被《军事学术》、《航空杂志》等军事刊物和师以上的军事学术研讨会采用，多篇论文获奖。这是见证自己成长的地方，是自己从青涩少年蜕变为军事指挥员的地方，是近30年来生活和战斗的地方，是自己另一个难舍的家啊。

可是另一方面，孩子正在升学的关键时刻。而多年来，对于这个家庭，自己又曾尽过多少起码的义务？对妻子和孩子，自己亏欠的实在太多。如果让他们再一次随自己转战到一个陌生的地方，自己心里不忍。而且继续留在部队，按部队的服役年限自己很快就要退休了。这么早退休，每天无所事事，生活岂不是没了激情？而如果到地方上就可以工作到60岁，自己还能多做点事情。想到这里，关明泉毅然决定转业。

决定转业后的关明泉再次面临选择：上海正酝酿组建公安空中巡警总队，正需要他这样具有指挥经验的人才，但由于编制还没批下来，只能先做临时工。而另一个选择是到新组建的上海市法律援助中心。虽然对于法律援助，当时的关明泉还和大多数中国人一样，没有任何概念，但由于是新组建的单位，更是全新的事业领域，这两个特点，便足以吸引了喜欢挑战的关明泉，让他毫不犹豫地做出了决定。

立马横刀展英豪

关明泉作为作战参谋，从不打无准备之仗。既然决定到政法部门工作，就不能对法律和法律援助一无所知。转业前的一段时间，部队里已没有什么具体工作，只是等待转业流程的完成，因而相对空闲。关明泉利用这段时间，在复旦大学进修了一个法律课程。而转业之后，他也毫不放松，又报考华东政法学院在职研究生，并完成了整个必修课程的学习。就这样，他为以后的法律援助工作打下了一个坚实的基础。

1998年，美国总统克林顿一行到中国访问，并对在上海的行程提出了要求，希望能看一看旧上海的遗迹。提交的参观名单是：虹口区的犹太人小教堂，上海市第三女子中学，上海市法律援助中心，以及另外两处。据说，他们要看犹太教堂是为了博取美国犹太势力的好感。而第三女子中学，原是美国教会办的中西女中，改革开放后的上海市政府又批准美国驻沪领事馆在女中内办了美国小学，可以说是美国文化在上海落户的见证。至于要参观上海市法律援助中心，当然，是因为西方国家一直在质疑中国的法制建设，攻击中国的人权状况；而人权有没有保障，首先要看法律援助。

后来总统由于时间安排的原因没能亲自来，而是派国务卿奥尔布莱特来到刚刚组建不久的上海市法律援助中心。原定2小时的会议，开了4个多小时。奥尔布莱特国务卿在会后表示，通过这次会面，体会到中国是在实实在在地开展法律援助事业。

那次会议结束后，中美双方又策划进行法律援助方面的交流。关明泉接到了司法部让他代表上海写一篇论文的任务。他开始思考：上海是个特大型的城市，城市化程度和美国的许多城市差不多，上海法援工作的重心在哪里？美国的法援又注重于哪些方面？应将双方共同感兴趣的问题，拿来探讨和交流。在深入的调研中，他又认识到法律援助不能仅仅靠法律援助中心来开展；这是个社会性的事业，需要全社会各个方面的共同关心、支持、参与。经过多方调研，花了两三个月的时间，他运用我国新兴的社区概念写成了具有前瞻性的论文：《中国城市社区法律援助的实践与思考》。

关明泉（右）参加中美法律援助制度比较研讨会

2000年6月，司法部组织召开“中美法律援助制度比较研讨会”，关明泉带着论文来参加这次法律援助的盛会。刚接到通知，做准备时，他还没太领会，到北京后才发现了这次大会的重要性：美国总统克林顿亲笔写了致辞，由美国大法官亲自带队来华交流，阵容空前庞大；我国也派出了法学界的专家团。看到这阵势，关明泉不由得满心忐忑：我才入行半年多，是个新手，怎能与这么多国际国内的专家探讨？可转念再一想：法律援助在我国是新生事物，我每天战斗在第一线，对法律援助有了不少实践和体会，也有一定的法学功底，不会比别人差。于是，带着这份信心，关明泉作为主要发言人之一走上了大会讲坛，宣读论文，阐述自己的观点。他的论文被大家一致评为了优秀论文。美国专家对中国法援事业的进程，更感惊讶和佩服：在美国已有百年历史的法律援助也才正向论文中讲的方向走，而起步晚的中国早已走在前面了！

这次会议大大提升了关明泉的信心，对推进法律援助工作的创新和发展也有了更大胆的想法和信念。根据上海的情况，依据法律援助的功能和定位，关明泉带领同伴们在实践中推出了一系列的创新举措，取得了在全国法律援助战线的八个第一。

首先，在全国率先把法律援助机构建设列入政府的实事工程

上海市法律援助中心在建设初期与其他省市一样，面临着谁来做、如何做的问题。人员机构编制、工作场所及经费保障这三大难题，是法援事业发展初期的瓶颈，谁能解决这三难，谁就能快速发展。2000年，经过深入调研，法律援助中心提出个建议：把法律援助机构的建设列入政府的实事项目，以解决上述三个问题，保障百姓的法律援助需求。最终形成个议案："建设20个规范的法律援助中心"。所谓规范是指人员机构、办公场所及业务经费都保障到位，以确保法律援助工作的开展。出人意料的是，该议案提交至市长办公会议讨论时获得高票第一通过。通常，政府的实事工程比较注重与人民生活密切相关的项目；选择法律援助项目且高票通过，说明上海市领导对法制建设的重视。上海是全国第一个将法律援助的机构建设列入政府实事工程的省市，这对全国开展为民办实事的民心工程开了个好头，起到了示范作用，具有里程碑的意义。直至今日还有不少省市到上海来观摩取经，学习如何将法律援助建设，列入政府的实事项目。

第二，全国第一个建立法律援助工作在市、区县、街镇、居村委等四级组织的网络化全覆盖的省市

上海是个特大城市，仅仅靠20个援助中心来满足2,000多万人口的法律援助需求是远远不够的。从2001年起，上海市法律援助工作逐步向社区和基层延伸。2002年，全市乡镇一级共234个乡镇街道，全部设立了法律援助工作站。法律援助工作站由当地司法所人员兼任，负责本地区居民的法律援助咨询和申请。关明泉和他的同事们在工作中发现：法律援助面对的贫弱群体，大多对法律援助了解很少甚至不知道；基层工作站也总是在等老百姓上门，但申请者却不知道也不明白法律援助的申请程序和相关条件；许多人往往在打官司的过程中才发现可以申请援助，但已经晚了，给维权带来很大被动。怎样才能让法律援助更贴近需要的人群？2005年，上海市法律援助中心提出：在有条件的村居委设立法律援助联络点，以便在第一时间里为有需要的群众提供便捷的法律援助服务。两年之间，他们在全上海5,105个居村委已全部建立了法律援助联络

点，实现了更广泛、更便捷地维护困难群众的合法权益。

第三，全国第一个建立律师代理申请法律援助机制的省市

由于我国法律援助发展的历史不长，社会知晓率不高，许多人不知道如何申请法律援助，遇到了法律纠纷也大多首先到律师事务所进行咨询。上海仅有20个法律援助机构，但有1,000多家律师事务所。如果在律师事务所，实行代理申请法律援助，将会大大方便困难群众的申请并获得法律援助。为此，2002年，上海在全市1,000多个律师事务所建立了律师代理申请法律援助的机制。目前占总数15%以上的案件，已由律师事务所代理申请，既减轻了法律援助机构窗口接待的压力，又避免了申请人来回奔波的劳顿之苦。

第四，全国第一个建立法律援助骨干律师队伍的城市

上海现有1.3万多名专业不同的社会律师，有部分律师常年不做诉讼业务，故不适宜做法律援助案件。为了确保法律援助的办案质量，2002年，上海市在提高法律援助办案补贴、调动律师办理法律援助案件积极性的同时，又由各法律援助机构，挑选专业对口、热爱法律援助事业并具有很强的责任心的社会律师，组建成一支骨干律师队伍，并且分类管理，有效地提高了法律援助中心的办案质量，在实践中取得了良好的社会效益。

第五，全国第一个实行民事法律援助“调解优先”的办案机制的省市

这个提法是法律援助理念的一个重大突破。以前提到法律援助，人们会简单地认为就是免费帮穷人打官司，岂不知去目的是更有效地维权，而非只为了打官司。2008年，在中央提出构建大调解格局的大背景下，上海市法律援助中心积极响应，提出并建立“一般民事案件先调解后诉讼”的办案机制。此前，上海法律援助的调解案件占不到9%，而今其比例已上升到60%以上，出现了颠覆性的逆转，取得良好的社会效益。该办案方针目前已被司法部总结为法律援助“调解优先”的办案机制，在全国各地倡导施行。

第六，全国第一个确立法律援助经费全额保障的省市

原则上已将法律援助定性为我国政府务必充分履行的责任，其宗旨是对全社会符合条件的困难群众提供符合标准的法律援助服务。但由于经济发展水平有限，尚难充分满足需求，许多地区主要受法律援助经费的制约而难做到“应援尽援”。经过艰苦协调和不懈的努力，目前上海市已在全国率先实现“法律援助经费全额保障”，并将其定性为救灾款，根本性地从法律上明确了法律援助的经费保障机制，进而保证了法律援助工作的顺利开展。

第七，全国第一个开通“12348”法律援助专线24小时人工服务的省市

这一举措充分有效地满足了众多“上班族”对法律援助的需求，使其在下班后处理个人事务时能及时得到法律援助服务，对保障社会和谐也大有作用。“12348”专线有时不仅能帮助困难群体解决法律方面的问题，还能维护社会的安全稳定。去年，在世博会期间曾有人半夜打进热线电话，诉说个人对生活的不满，威胁要采取危险举动；值班的律师和警方及时疏导并化解了可能发生的严重事件，维护了和谐与安定。每年在上海都要发生十多起类似的问题，而且多是夜间打来。而“12348”开通24小时法律援助专线的人工服务，不仅方便了广大群众，还添了个守护上海社会和谐稳定的卫士。

第八，全国第一个实行法律援助零距离服务的省市

虽然现在法律援助工作已经走进基层社区，但从服务时间、服务网络、服务方式和服务设施等诸多方面与社会需求还是有距离的。因此，上海法律援助中心提出了“零距离服务”的口号，具体体现为四个方面：一是在服务时间方面，实行“全年无休”，消除服务时间的盲区；二是在服务网络方面实现“全覆盖”,使困难群众能就近及时得到服务；三是在法律援助服务方式方面做到全方位，通过接待窗口、电话、网络均可申请法律援助，满足不同人群的法律援助需求；四是在服务设施方面做到“无障碍”,方便老年人及残疾人等等特殊人群并努力提供人性化、个性化的服务，使困难群众得到满意

的服务。

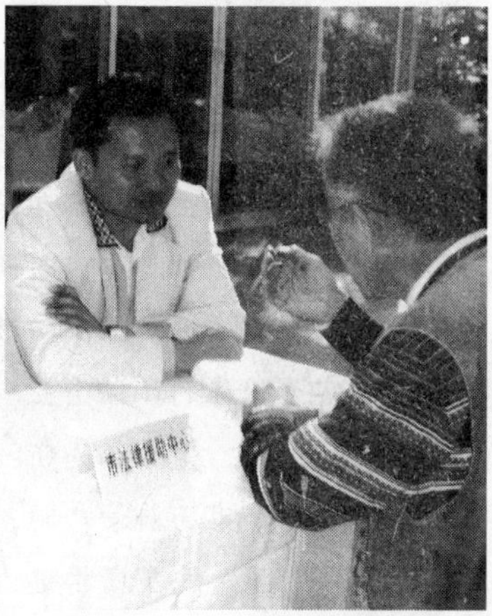

关明泉（左）在社区接待居民法律咨询

司法部的领导多次带外国法律援助考察团，来上海考察交流。国外的客人在考察后都认可上海在很多方面，已走在前面，比素有法制传统的他们做得还好。而所有这些都是关明泉和他的同伴们，多年来的艰苦努力、开拓创新，所取得的丰硕成果。

讲述到这里，关明泉不禁感叹：我国的法律援助制度才建立10多年，虽然目前我们在硬件设施及管理规范方面的水平还不如一些发达国家，但法律援助的实际工作在很多领域的探索和实践上都已超过他们。这主要是因为法律援助在我国不仅具有维护困难群体合法权利的功能，还有保障社会和谐与稳定的作用，尤其得到了党和政府以及社会各界的大力支持。法律援助是个朝阳事业，必然前程似锦，大有可为！

和谐社会排头兵

2002年春季，上海的文新报业大厦，出现了怪现象：每天都有近200人围堵在报业集团的门口大叫大嚷，大吵大闹，无论保安人员怎么劝说，都不肯离去。这到底是怎么一回事？事情就缘自《新民晚报》从1998年起，持续刊登一家公司的广告。

> “投资2万，无风险回报：专利环保产品——移动式投币免冲厕所为市星火项目，本公司采用售后回租回购的形式，确保您高回报率（30%左右）和投资安全”。（1998年11月6日）“投资环保，回报丰厚：上海洪昌环保设备制造有限公司是沪上实力雄厚的环保企业，生产

的移动式投币免冲厕所是上海高新技术成果转化项目，列入国家重点科技成果推广计划，市场前景广阔，现已在地铁、高架、各路段及外省市大量推广。为了加快市场推进力度，本公司特向社会推出售后回租方式，产品由公司回租后统一布点经营，您只要投资2万元/台，即可获半年期8元/天·台，到期由公司扣除1,000元折旧回购产品。”（1999年12月5日）“投资环保回报丰厚。上海洪昌环保设备制造有限公司是沪上实力雄厚的环保企业，生产的移动式投币免冲厕所为国家实用新型专利产品，是上海高新技术成果转化项目，列入国家重点科技成果推广计划，市场前景广阔，现已在高架、地铁、各路段及外省市大量推广。为了加快市场推进力度，本公司特向社会推出售后回租方式，产品由公司回租后统一布点经营，您只要投资2万元/台，即可获12元/天·台的租金，到期由公司扣除1000元折旧回购产品。超值回报，机会难得。”（2000年1月18日）

大做广告的是上海洪昌环保设备制造有限公司（以下简称洪昌制造公司）、上海洪昌环保设备销售有限公司（以下简称洪昌销售公司）和上海洪昌厕所经营管理有限公司，三家公司的老板都是同一人：顾洪昌。此人也是个传奇人物：曾是复旦大学的高材生，提出零投资理念，主张个人不投资，全靠社会资金进行运作，并有过几个成功的案例。据说他经过市场调查、测算，推出了移动式投币免冲厕所的项目，既可满足上海市公共空间对厕所的需求，而且除去了人工工资又能有所收益。

关明泉（右）到困难群众家庭发放法律援助证

广告持续刊出后，引起人们的兴趣。由于投资总额低，回报率高，且前期投入的人们也能拿到租金，该项目很快获得追捧。很多下岗工人在没有别的投资渠道的情况下纷纷用下岗获得的津贴补助购买流动厕所，以期得到稳定的收益。洪昌公司又称只要投资5个以上的流动厕所，就可获得一份看管厕所的工作机会，等于又多了一份工资的收入。在利益的驱动下，人们纷纷参与，顾洪昌前后共集资高达2.8亿元。

但任何投资都伴随着风险。就在一切似乎都很顺利时，变故发生了。该公司生产的移动式投币免冲厕所在技术上和后期配套及善后方面均存在问题，因而未能通过环保测评，没获得市场准入证，无法投入市场。在已产生前期投入而后期无法支撑的情况下资金链也出现问题，投资人的回报无法获得。2001年8月，顾洪昌及其企业也下落不明。2002年1月24日，杨浦区公安分局经侦支队以合同诈骗案，立案侦查。

当时对于下岗人员来说，2万元是很大一笔钱。一下子没了去向，自然对于经济状况本来就紧张的家庭无疑是雪上加霜。没了活命钱，跑了顾洪昌，怎么办？大家想到了刊登广告的《新民晚报》。于是出现了前面讲的近200人天天聚集在文新报业集团门口闹事的情景。纷纷攘攘中，人们说：报纸做虚假宣传，理应承担责任。既然现在顾洪昌不见了，报社就必须赔钱，还得赔偿利息损失。否则他们就把事情闹大。

面对这样的群体，文新报业集团没了办法，只能让相关人员出面解释。可怒火烧心的人们根本不听那么多，继续吵闹。就在这时，市政府指派市法律援助中心，作为解决群体纠纷的主力介入此事，对下岗工人及其他当事人进行法律援助。市中心一接到任务便把此案件列入督办的法律援助重大案件，立即行动，在骨干律师中反复挑选并指派具有解决群体纠纷经验的律师事务所，将200多人全部受理。同时开通了特事特办通道，快速办理立案手续，落实办案款项。法律援助律师的公开介入，刚开始还受到很多人抵触。他们担心：由政府指派的律师，会尽力帮助自己吗？暗中会不会偏袒有政府背景的文新报业集团？能公平地处理事情吗？这会不会是缓兵之计呢？

承办此次法律援助案件的律师事务所是全国法律援助先进单位，具有丰富的调处群体纠纷的经验，面对质疑，没有回避，反而在现场设立滩头，开展咨询，耐心地解释法律对此类案件是怎样界定责任。慢慢的人们从不信任，到将信将疑地咨询。法律援助律师又从法律的层面明确告知各方责任，详细了解当事人的诉求。但并非一味地迎合迁就，而是首先讲明：投资必有风险，既有风险，自己要承担相应的责任。报纸刊登广告在审核和事后跟踪方面是存在责任问题，但不能承担主要责任。律师又对当事人进行了情绪安抚和心理疏导，降低当事人的期望值，说明法律保护的范围，劝告当事人要对其诉求做适当调整，不能把诈骗犯的责任转嫁到《新民晚报》甚至上转到政府。当事人明白了法律依据后，虽不情愿，最终仍从2.8亿降到只有1,000多万元的法律诉求。这对于后续化解工作的顺利进行，奠定了很好的诉讼基础。

对于报社方面，法律援助律师指出：其连续几年刊登广告，有责任进行严格的审核及后续情况的跟踪，发现问题及时中止宣传，减少投资人的风险。法律援助中心最后又向市政府提出建议，希望政府也拿出部分资金，解决群众的生活困难。投资失败的下岗工人如果得不到政府帮助，基本生活可能出现问题，引发大事件。同时法律援助中心还积极地与相关部门联系协调，帮助下岗工人找工作，以获得收入来源。

最终当事双方达成了调解，原本让人挠头的事件得到了解决，各方面都感到十分满意并引起良好的社会反响。文新报业集团写给市政府的报告中，感谢法律援助中心所做的大量工作，帮助群众梳理了法律责任，解决了难题。各当事人也写信，说本来没指望能拿回的钱也总算拿到了一部分，已感到很满足，对此深表感谢。市政府也充分肯定了法律援助中心的工作，并由此更加认识到法律援助在解决群体纠纷中的重要作用，更重视利用法律援助机构来处理类似问题。此后，很多群体纠纷，如每年春节前后的农民工讨薪案件，法律援助中心都主动介入，而且法律援助律师又代表了政府的身份与欠薪企业交涉，比社会律师更具震慑力。相关企业的法律顾问虽可与社会律师进行唇枪舌剑，但面对可能采用行政手段的法援律师，就会收敛很多。这对于增强受援人和办案律师的信心有很大作用，在办案的实践中取得了良好的社会效果。

见招拆招主意高

“等年底拿到工资，就给儿子买台英语学习机。”年初，来自四川的老孙一再暗自许下了诺言。对于出身贫困、只能干苦力的他，能给孩子创造好的学习环境，让孩子不再重复自己的路，是他最大的心愿。这一年老孙尽职尽责，做好工作，可到年底老板竟然卷上款子逃跑了。老孙的心理堤坝，面

上海市与河南省共同签订农民工法律援助协议，图为关明泉（左三）在签字仪式上

临崩溃了……每年春节前，追讨欠薪已成为一场轮回上演的“连台本戏”，而法律援助中心的工作人员也都秣马厉兵严阵以待。可年年处理，欠薪的趋势仍越来越严重。“拿到工资，安心过年！”这八个字已成为千千万万遭遇欠薪的老实的劳动者，临近年关时最大的期望、共同的心声。

作为帮助农民工讨薪的主力军，关明泉和同事们除了积极参与调查、调解和诉讼代理之外，还就老板欠薪的招数进行总结；并见招拆招，设计了各种预防的办法。

最常见的欠薪招数是：老板突然人间蒸发。对此，法律援助中心分析，关键是很多劳动者尤其是外来务工人员和其单位一年只结算一次薪酬。老板便利用这点，到年终便“消失”一段时间，以把员工的薪酬“赖掉”。预防此类问题的对策是：员工们应及时和单位老板结算工资，每月工资次月要结算干净。不要听信老板们信誓旦旦的保证和“年终统一结算”的说法，而要记住一句话：拖的时间越长，风险越大。

常见的欠薪招数之二：故意挑剔，拒付工资。拖欠工资有很多常用借口，“工作质量不尽如人意”就是最典型的一个。预防此类问题的对策是，劳动者在工作开始之前事先和用人方约定好劳动结果的呈现方式，以防用人单位事后改口“变卦”。

常见的欠薪招数之三：巧立名目，暗藏陷阱。比如说迟迟不办理营业执照，最后以无法继续经营为由，遣散员工，拒付工资。预防此类问题的对策是，劳动者务必在上班之初就了解清楚用人单位基本情况。用工单位是否具有法人主体资格，是劳动部门能否对其进行处理的先决条件。如果单位并无法人主体资格，通常只能看作是个人和个人之间的纠纷，劳动部门难以处理。另外，劳动者还应注意保留其工作过的一切有关证据，如各种票据、任务完成的结算单等等，以便为今后的维权提供证据。

常见的欠薪招数之四：股东换人，相互推诿。以各种理由，通过转嫁责任的方式对劳动者讨薪的要求一拖再拖，也是欠薪单位的常用伎俩。出现此类情况时劳动者无需和其单位拖泥带水，可迅速找相关部门或通过司法途径，保障自己的合法权益。

“你好！经过你们出面交涉后，老板已经把工资给我们了。谢谢你们！谢谢法律援助中心！”每当接电话，听到这样的话时，关明泉和同伴们就感到非常欣慰，心中的大石头落了地。然而，尽管劳动合同法及其实施条例早已颁布，尽管各个法律援助中心不停地介入各种讨还欠薪的艰苦工作，“羊”和“狼”的讨薪路程依旧漫长。

上海市法律援助中心为讨薪者们提供了一系列的便民措施，可让劳动者能更快更好地保护自己的合法权益。针对有些讨薪案件比较紧急，各法援机构又开辟了可免去申请者提供相关证明的环节而直接予以援助的“绿色通道”。情况特别紧急的还可先指派律师进行帮助，然后补办手续。对此，关明泉又详细解说道：“各法律援助中心对涉及外来务工人员讨薪和工伤的法律援助申请，不再审查申请人的经济状况，可以直接办理申请手续。对于外来务工人员的其它法律援助申请，一般也要在两日之内审批完毕。另外，外来务工人员一般经济较困难，且打官司旷日持久；因此法律援助中心更强调‘调解优先’的原则，尽量以调解达到讨薪目的。中心在给外来务工人员指派了律师后会对法律援助的全过程进行监督，及时解决问题，保证办案质量。”

此外还围绕着农民工欠薪的相关问题，上海市法律援助中心提出了一系列的预防和解决的对策，上报市政府、有关部门，以制定相应的措施。例如对事实清楚的欠薪行为可冻结欠薪单位的账户资金，查封或扣押物品，让老板无法蒸发无法跑掉，有效地解决了此类问题，维护了社会稳定。2008年金融危机发生后，前来咨询劳动争议的案件骤然增多，且多为群体纠纷，这引起关明泉的重视，立即组织人进行调研，发现是全球金融危机导致许多企业倒闭，老板跑路，工人得不到工资，便来法律援助中心寻求帮助。这一问题带有普遍性，如不及时采取有效对策，将会引发大规模的群体性纠纷并严重危害社会的和谐稳定。敏锐的关明泉立即写了相关的舆情报告，引起了有关部门的重视而及时采取了应对措施，使金融危机引发的矛盾纠纷得以妥善解决。

扶弱济贫不容辞

“笃笃笃”，上海某区法律援助中心门外，传来熟悉的拐杖声。中心的办事人员们个个紧张得脸色微变，互看的眼神在说：今天不知该轮到谁了？只见来人是一位身高不足1米5的老太太，拄着双拐，头发花白，绝望的表情中流露着执著。一位办事人员忙对她说：“方家阿婆，你申请的事项是医疗纠纷，不是医疗事故，按规定不好进行援助的，这不是跟你说过了吗？”老太说：“谁说不行？我今天听广播了，你们的领导在广播里都说了，有困难可以找法律援助。不行我就去上访！”办事人员又苦笑道：“我们提供法律援助的事项，是有范围的，不符合规定的我们做不了。”老太顿了顿拐杖道：“你这小姑娘也是的！都没跟领导汇报，怎么就说不行呢？你们领导在广播里说过的。你给我汇报上去，要不我就不走！”办事人员道：“好好好，我立刻就帮你汇报。”老太还不依不饶：“那你什么时候给我答复？两天够了吧？我过两天再来找你们。”办事人员阿弥陀佛：“好的好的，阿婆，你过两天再来吧。”老太终于拄着拐杖离去了。办事人员相互看看，长吁一口气。今天这一场磨嘴皮子算是幸运得结束挺快！哪次老太来，不耗上两三个钟头？赶紧向市中心的领导汇报吧！

执著的老太太姓方，两口子都是重度残疾。老头子曾住院治疗，因为各种原因而医治无效过世了。方老太认为是医院的医疗事故，才导致老头子去世，只由于担心老头子的遗体在医院放置时间太长要收费，才匆匆将遗体火化。遗体处理完，方老太就和医院之间开始了长期的纠纷。她坚持认为是医疗事故，医院不承认，于是方老太走上了漫漫的上访之路。市里各部门都多次接待过她的上访，区法律援助中心也是方老太经常光顾的地方。但医疗纠纷不在法律援助的范围内，法律援助也爱莫能助。

报告很快就递交到关明泉的手里。他看完报告，做了认真的思考。虽然该纠纷因遗体火化而无法进行医疗事故鉴定，但鉴于当事人家庭生活困难，院方在治疗中也有明显的差错，如果不对方老太提供法律援助，势必造成当事人无休止的上访，引发社会的不稳定因素，因此应当给予援助，并且要指派懂医学的骨干律师办理此案。考虑到当事人是重残人士，且多年上访，情绪比较激动，关明泉又亲自带领办案人员上门为方女士提供受理申请服务，并做了心理的疏导、稳定工作，使老太太为感动。

之后的事情就好办多了，首先熟悉医疗专业的律师指出了医院的错误，让医院有所退让；然后和当事人沟通，说明医疗事故有专门的认定程序，该纠纷因无法鉴定而难以认定为医疗事故，属于医疗差错，从而调整好受援当事人的心态。办案律师居中不断地沟通调解，反反复复做工作，不厌其烦，从双方分别主张的10万和1万元的差距，最终调整到3万元达成调解协议。

在调解书上签字时，方老太表示：其实到最后，自己就是要争一口气，法律援助中心如此帮助自己，现在气已平，自己今后不再上访了。医院也表示：这件事情的了结，使医院终于甩掉了一个包袱，感谢法律援助中心帮了大忙。

方老太事后提笔写了一封信给市司法局局长，不过这次不是上访的信，而是表扬信。市司法局吴局长在来信上批示："如果我们处理每一起信访案件都能像关明泉和法律援助中心一样，我们再难的问题都能解决好。"通过办理此案，关明泉的感受是：如果我们对当事人的问题能够及时妥善处理，方式方法得当，态度认真，是能得到当事人的理解和认可的，矛盾纠纷也就迎刃而解了。

办完方老太的医疗纠纷案，大家都松了口气，这件事情总算结束了。

结束了？没有，只能说是告一段落。没过多久，方老太再次出现在上海市法律援助中心。这一次又是为了什么呢？原来，方老太的丈夫去世后，作为唯一继承人，她有权对老公遗留下的房产进行处置。可是，就在其办理房产手续进行公证时，被告知其丈夫的父亲还在世，要想处理房产，必须得到其公公的许可。为此方老太感到十分困惑，自己和丈夫生活了40多年了，公公也早已过世，这到底是怎么回事儿啊？她确信这件事弄错了。公证处要求方老太出具其公公的死亡证明。可时隔多年，其公公原居住地宁波经济发展迅速，旧城改造已基本完成，户籍管理机构变动很大，到哪里找人开死亡证明？当年的户口如今又在哪里？怎么办？一筹莫展的方老太想到之前帮助过自己的法律援助中心，想到对自己热情相助且工作细致认真负责的关明泉。

很明显，这样的事情不在法律援助的范畴。可面对困难群众，面对那张渴望帮助的脸，该怎么办？帮助困难群众，是共产党员的职责，出于这样的信念，关明泉再次伸出援助之手。他亲自联系宁波市法律援助中心，就此事请求宁波方面给予帮助。接到此事，宁波市法律援助中心立刻开展工作，历经千辛万苦终于传来了好消息，开出了方老太公公的死亡证明。

当方老太在电话里听到上海市法律援助中心告诉自己事情已经解决的时候，她喜极而泣：本来不是法律援助范畴的事情，而且是一件陈年旧案，在法律援助中心的帮助下这么快就得到解决，真是想也想不到！今后的生活问题解决了，看病的费用也有着落了，自己真是遇到了大好人！法律援助中心是真正满腔热情帮助困难群众啊！激动之余的方老太，分别给上海市市长韩正和宁波市市长写了感谢信，对两地法律援助中心给予了高度评价。她在信中深情地感谢党和政府建立的法律援助制度，帮助她解决了生活中的困难和问题。此后，方老太还经常在广播电视上现身说法，宣传法律援助的意义，让更多的人了解法律援助。由此，法律援助中心多了位义务宣传员。

关明泉表示，从这件事情上，自己获得的最大的体会是：做任何事情都可能存在困难，但只要是对社会有好处的有意义的事情，我们就应该尽心竭力地去做，不要拘泥于职责范围之内的事情，要更多关注社会问题。如果社会上大家都能彼此相互帮

关明泉（右二）在接受受援人赠送的锦旗

助，就能很好地构建和谐社会。

张伟（化名）是一名服刑改造的犯人。他原是一名工头，有不错的收入，在一次外出过程中被一辆货车撞倒，受伤严重。在医院治疗期间，他做了伤残鉴定，交警部门也将交通事故定为对方全责，但尚未对其进行赔偿。可就在就医期间，张伟经人诱惑而误入歧途，从事毒品买卖而被捕，由于其贩毒量大，被判死刑缓期执行，按照法律援助规定，上海市法律援助中心指派律师对其提供了刑事指定辩护。一次在进行工作情况通报时，办案律师无意中提到：张伟目前状况很惨，老婆离家出走，有一未成年的女儿，由张伟的哥哥看护。但张伟的哥哥表示，自己也经济困难，无法继续看护张伟的女儿。张伟女儿的生活和上学都将面临严重问题。听到这里大家商议：之前张伟交通事故的索赔还没有完成，如果能够拿到交通事故赔偿金，对其女儿的生活保障和上学都会有很大的帮助，同时对于张伟本人的服刑改造也有积极的意义。

对于交通事故的赔偿，张伟本人是想都没想。被判死缓的他，早已是破罐子破摔地本着过一天是一天的心态，什么也不想，当然也不会提出交通事故的赔偿，唯一让他还有所牵挂的，只有女儿。法律援助中心开始了主动的法律援助，何谓主动？因为按照相关规定需本人提出申请，法律援助中心经审查符合条件的才能提供法律援助。而该案张伟并未提出申请，是由法律援助中心主动想到对其提供援助。刚开始的工作存在一定的困难。张伟服刑的监狱从没有过类似的主动法律援助，因而有所顾虑，在法律援助律师提出与张伟会见时遇到了障碍。因为根据正常的会见程序，服刑犯人可以会见的人有两种，一是直系亲属，二是有法律关系的人，如受委托的律师。没有见到张伟就无法得到他的委托；而没有他的委托，律师就不能会见张伟。不能会见就不能办理委托，无法进行后续的法律援助。对于这一情况，关明泉和张伟被关押的监狱积极沟通协调，说明如果交通事故赔偿得以落实，张伟女儿的生活和就学就不再是问题，这对于张伟本人服刑改造有着积极的推动作用，最终获得了监狱的支持。

和张伟会见后，办案律师根据了解到的信息，到张伟家中拿到证据，与交通事故的肇事方会见面谈。法律援助律师的突然出现，让肇事方大感意外，在他们心里，早已认定这件事已经过去，不可能有人再找到他们。律师从法律上对肇事方讲清楚其应承担的责任，同时介绍了张伟家庭的状况，张伟在监狱服刑，老婆离家出走，女儿尚未成年，失去经济来源的孩子，面临着生活和学习上的双重困境。经过律师的耐心说服，最终为张伟赢得了20多万元的交通事故赔偿。这20多万元钱，为张伟女儿日后的生活和上学，提供了很好的经济保障。为了让这笔得来不易的钱能有效地使用，关明泉又与办案律师商定，让张伟的哥哥签订保证书，只能根据需要每月领取，而不是一次性支付。当办案律师最后一次到监狱，告诉张伟事情的处理结果时，张伟痛哭流涕，他没想到自己作为死刑犯，还能获得法律援助，更没想到自己想也不敢想的事情能得到这么好的结果。他当即表示：自己一定在监狱认真服刑改造，洗心革面，如果今后有机会能出狱，自己将会努力工作，回报社会。

如果没有高度的责任感，张伟的事可能也就是一次饭后的谈资，就此过去；如果没有高度的责任感，当面对困难时，大家可能就此放弃，不存在后续的故事。

对此，关明泉表示：对于监狱服刑的犯人，社会上不能抛弃，应该给机会让他们悔过自新；同时也要尽力维护其合法权益，从而消除其对社会的敌意，避免在服刑期满出狱之后再次对社会构成威胁。对于服刑犯人的家属，更不能轻易放弃，避免其因得不到社会的关爱，而对社会产生不满。从法律的角度看，监狱犯人更是法律上的弱势群体，因为他们被剥夺了部分权利；而一旦出现冤假错案，他们可能付出的代价是生命。对于刑事法律援助，同样应该予以重视。

通过这件事情，张伟、监狱和肇事方，都对法律援助律师肃然起敬。在此之前他们认为当今社会已经没人爱管闲事了，现在不但有人管，而且非常认真负责。该案件在上海电视台播出后，对监狱犯人是否享有合法的权益，是否应获得法律援助，法律援助是否仅对“好人”服务，也在社会上展开了讨论，引起了良好的社会反响。

崇高事业我自豪

法律援助是帮助困难群众的一项阳光事业，既然是为人民做好事，是不是就能轻易得到认可和赞扬呢？关明泉告诉我们，不然，法律援助中心有时也会接到投诉。

引起投诉的原因是多样的。其中有申请人期望值过高，法律援助中心无法满足其期望而造成投诉；也有工作人员态度欠佳，接待不热情，回答问题简单武断而被投诉的；还有些长期的上访人员，故意找茬。对此，关明泉进行反思：上海是个国际化的大都市，人们的法律意识很强，我们的工作不能存在随意性。尤其是上海已经把法律援助作为行政执法的事项，并且向社会进行了公示。向社会公示意味着，一方面明确了法律援助工作的性质属于行政执法，具有行政执法权力；另一方面则需要接受社会的监督，无论是行政执法的依据、范围、程序，还是救济手段，都要接受社会监督。在这种情况下，怎样做好法律援助工作？光说是不够的，必须认真努力去做，才能把好事做好。决不能由于我们工作上的瑕疵，给法律援助事业带来负面影响。

遇到中心工作人员和当事人发生争议和冲突时，关明泉会首先责备自己和有关的工作人员。当事人情况各有不同，但相同的是都有求于法律援助中心，因而这时法律援助工作人员应该充满爱心，不能从自己的利益和权利出发，为了省事怕麻烦，在没有具体了解的前提下就轻易判断当事人不符合条件。如果简单拒绝，说明办事人员的态度不对，站的位置不对，把自己放在了强者的位置，认为当事人是有求于己。但事实上法律援助不是法律援助机构的权利，而是困难群众的权利。如果换个角度，真正把法律援助看做是公民的权利，把当事人看做是衣食父母，站在为当事人打工的角度上就会完全不一样，就会发现官僚作风的不妥。法律援助工作最不应该有的就是官僚作风，官不大，却对老百姓冷漠武断粗暴。法律援助不能轻易对百姓说NO，当事人实在不符合法律援助条件当然免不了说NO，但是不要轻易就说。遇到事情，符合法律援助标准的就纳入法律援助程序来做；如果不符合条件，也要听老百姓说完，帮他们指出一条路，找到解决的途径和方法，而不能简单地说，这不是我的事情我不管。

结合多年的工作实践，关明泉总结提出了做好法律援助工作的三项基本原则。即：一个符合，两个有利于。所谓一个符合，是指法律援助首先要符合法律法规和上级精神。两个有利于是指有利于法律援助事业的发展，有利于改善工作环境。

法律援助，首先要符合法律法规，依法受理，依法办案。但我国的法律法规目前是滞后的，因为任何立法，都是在社会提出这方面的需求之后才会开始。而由于我国正处于改革开放的时期，问题、矛盾相对集中，新问题、新情况层出不穷，法律的修订又需要一个过程，所以与社会的快速发展相比，相关法规会显得相对滞后。可难道说在法律法规出台前，法律援助就不作为？关明泉不这么认为。他觉得，如果没有法律法规的明确规定就无所作为，根本也不存在法律援助这项事业。法律援助本身在发展之初也没有相关的法律法规，因为改革开放、社会进步，才对法律援助立法。在没有法律法规的情况下，法律援助要根据上级领导的精神和要求，积极开展工作。上海近年来所推行的各种举措，从实事项目，到调解优先的办案机制，再到零距离的服务等等，都是根据中央精神而实施的。中央精神强调要关注民生，而法律援助正是民生的重要保障；中央要求构建大调解格局，化解社会矛盾，法律援助工作就应该充分发挥调解的优势。中央强调执法为民、服务为民、便民服务，法律援助机构就要想方设法去消除服务中的盲区和距离，为人民提供满意的服务。

两个有利于也都是出于对法律援助事业的热爱，而提出。第一个是要有利于法律援助事业的发展。凡是有悖于法律援助事业发展的事情，坚决不能做；属于法律援助的责任，绝对不推卸，按规定充分履行职能，为当事人及时有效地提供服务，不作秀，不忽悠。第二个是有利于改善法律援助工作环境。工作环境的好与坏，对于拴心留人作用很大。如果从事法律援助的人本身需要援助，则工作不可能尽心尽力，因为他首先会考虑自己的后顾之忧，因此，良好的工作环境是干好事业的重要保障。

对于零距离服务，我们很好奇，怎样才是零距离？如何能够做到和保证呢？对此关明泉做了具体介绍。零距离服务，主要包括以下四个方面：

一、服务时间全天候

其一是法律咨询专线提供全天候接答服务。市法律援助中心和有条件的区县法律援助中心的“12348”法律咨询专线，实行24小时值班，安排资深律师接答法律咨询电话，从时间上消除服务盲区，为市民提供优质高效的法律咨询服务。其二是接待窗口延长服务时间。各区县法律援助中心在午休时间正常接待来访群众，市法律援助中心实行“全年无休”接待服务，鼓励有条件的区县法律援助中心节假日照常接待，延长法律援助机构的服务时间，更好地满足“上班族”的法律援助需求。其三是建立法律援助24小时值班制度。各法律援助中心采取开通值班电话或配备值班手机的方法，全天候提供服务，并将相关的电话号码在接待窗口门外的显著位置公示，方便群众拨打，及时为困难群众提供法律援助服务。

二、服务方式全方位

其一是拓展服务平台。充分利用法律援助机构的各种设备建立接待咨询、专线咨询、来信咨询、网络咨询等综合服务平台，更好地满足市民多层次、多样化的法律援助需求。其二是提供上门服务。对80岁以上的老人和行动不便的残疾人等特殊对象实行电话预约，上门服务制度，变坐等群众为主动服务。其三是开通绿色通道，对80岁以上的老年人、见义勇为者、军人和残疾人开辟法律援助绿色通道，优先受理法律援助申请，简化审批程序，不断提高法律援助的办事效率。

三、服务网络全覆盖

其一是对社区居民的全覆盖。完善本市村居委的法律援助联络点的工作机制，使居民不出社区即可就近申请法律援助。其二是对特殊群体的全覆盖。建立健全法律援助机构在工、青、妇、老、残等群众社团的法律援助分中心或工作站，以方便老年人、妇女儿童、残疾人和困难职工等特殊群体的申请并获得法律援助。其三是对困难诉讼当事人的全覆盖。在本市基层和中级人民法院全部设立法律援助接待窗口，使困难群众在享受司法救助的同时获得法律援助，实现法律援助与司法救助的无缝衔接，进一步解决困难群众“打官司”难的问题。

四、接待服务无障碍

其一是改善残疾人无障碍设施。按照建设部、民政部和中国残疾人联合会制定的《城市道路和建筑无障碍设计规范》的要求，进一步改善法律援助机构残疾人无障碍设施，确保残疾人的使用便利。其二是设立私密谈话

关明泉在服务世博动员会上讲话

室。在接待大厅开辟私密谈话空间，以保护当事人的隐私，为当事人提供人性化的服务。其三是为盲人、聋哑人提供个性化服务。提供盲人版的《法律援助指南》和手语服务，方便其了解法律援助相关法律法规，为他们提供有针对性的服务。其四是加大法律援助的宣传力度，提高社会知晓率，使更多的困难群众能够及时获得法律援助服务。

关明泉当主任这么多年，引以为自豪的是稳定队伍。法律援助中心成立之初，定位为事业编制，很多人进入法律援助中心，由于每天接触法律法规和案件，不断地学习和实际操作，很快就考出律师资格。在上海，一般的律师只要尽力去做，都能获得中等偏上的收入。而当时的法律援助中心，因为是事业编制，不能享受公务员待遇，许多人感觉没名没利，留下来没什么意思，因而人才流失严重。对此，关明泉认为，法律援助履行的是政府职能，是政府设立的部门，进行的是政府服务，应该享受政府公务员待遇，不应该是社会性质的编制，因而向上级提出了法律援助中心工作人员参照公务员法进行管理的建议。经过多年不懈努力，最终这一建议被采纳。参公管理有效地提高了法律援助人员的素质，因为所进人员首先需要通过公务员考试，无形中提高了进入法律援助中心的门槛，在进人时已经把好了第一关。参照公务员标准，在工资待遇方面也有所提高，对于有效留住人才大有助益。2011年春节，上海市组织全市法律援助中心举办联欢晚会，市司法局机关的领导到场，明显感觉到法律援助队伍的素质普遍很高，整场晚会展现着积极向上的风貌，效果非常好。而区县法律援助中心的人则表示，这不仅仅是唱歌的事情，而是将整个队伍的士气唱出来了。

待遇和工作责权利是相配套的，待遇提高了，工作的标准也应提高。关明泉提出法律援助工作不能还停留在过去规范服务的标准上，而应当是让人民群众满意。怎样才能让人民群众满意？要有积极的精神，负责的态度，耐心细致的工作作风。如果有积极的精神，就会认真处理所有的申请和来访，而消极的人，只会机械地按条条框框办事。例如因病致贫、因学致贫、因灾致贫的家庭，从表面上看，家庭收入达不到援助的标准，但实际上他们比有些符合条件的还要困难，为了看病就学或因为闹灾，他们甚至举债生活，难道不应该给予他们法律援助？具有积极精神，就不会简单地把他们拒之门外。而消极的人，可能轻易就给NO，在没有完全搞清楚事情之前，就说不能帮助，当事人当然着急，当然不满意。而在了解事情的来龙去脉之后，对于不在法律援助范围的事，也要跟当事人说明：法律援助只是对法律上的事情提供援助，提供免费的法律服务，但解决不了所有的问题；在法律援助的责任范围内，我能帮助你分析相关问题，与相关部门沟通协调，能帮助你寻求帮助，但无法直接解决你的问题，从而得到当事人的理解。通常情况下，在做出这样的说明后，上门求援的人大都能够理解并接受。关明泉说：前来求助的人对法律援助都抱有希望，我们不能轻易抹杀这一希望，应当尽力为其提供帮助；对确实无法提供帮助的，也要在心理上对其进行疏导和安慰，缓解当事人的痛苦和压力，使其重拾对未来生活的信心和希望。

在“零距离服务”刚提出时，也不是没有异议和争议。零距离服务刚提出，区县中心就有人在背后议论：关主任疯了，我们现在工作已经够忙的了，怎么还在给工作加码？关明泉对他们说，只要我们改进方法、整合资源，这些事就能做到，为什么我们能做而不做呢？只要合理安排，就可以让需要帮助的人在需要的时候随时都能找到我们，得到帮助。很多当事人是要上班的，当他们下班后，终于有时间处理个人事务时却找不到我们，会是怎样的心情？法律援助人员应当有崇高的使命感：解困难群众于为难之际。群众就是因为有困难，才来寻求帮助。设身处地换位思考一下，如果我们遇到问题希望别人帮助时，会希望怎样的帮助？既然帮助他人是我们义不容辞的责任和使命，我们就应该尽最大的努力，倾心竭力，把心完完全全地放在当事人的身上，想尽一切方法来解决问题。如果竭尽全力，还不能办好，我们也问心无愧了。

对于处理问题，关明泉有自己的处世哲学：你无法改变环境，在无法改变当事人时就必须改变自己，必须适应环境，适应当事人。当事人也并非都是善良的，也有胡搅蛮缠的。针对各种各样的人，需采用各种方法，提高接待技巧，达到服务目的。上海市法律援助中心在组织培训时特别邀请心理学专家，从心理学角度讲述对待不同的人如何采用不同的方法，让当事人理解并配合工作。在已经发生的投诉案件中，发生投诉的主要责任不在法律援助，但无可否认，我们的工作存在问题，即便是次要问题也不允许，不能因为别人存在问题，就不说自己的问题。在每周开例会时，先不要讲别人的责任，先找自己的责任，老是强调别人的责任，工作很难处理好。别人是不易改变的，那就尽量改变自己，解决问题。要记住，我们所从事的，是一项崇高的事业，崇高的事业是需要奉献和牺牲精神的。

文韬武略勤中来

关明泉是个勤奋的人。他勤于观察，勤于调研，勤于思考，勤于总结，也正因此他对于许多问题都有独到的见解，能够很快很好地处理各种急难问题，也能够把自己的心得总结成系统理论的文字并与他人分享。

自从参加法律援助工作后，关明泉先后发表20多篇论文，其中的《中国社区法律援助工作的实践与思考》《中国社区法律援助工作现状与展望》和《法律援助案件质量管理与评估》，分别在中美、中加、中澳法律援助理论研讨会上交流发言；此外又如《关于开展农民工法律援助工作的实践与分析》曾被《中国司法》刊用，《重视发挥法律援助调解在构建社会主义和谐社会中的积极作用》被《上海法学研究》刊用，《认清特点、把握规律，推进我国法律援助事业又好又快发展》被《中国法律援助》刊用，等等。而且多篇文章，曾获得优秀论文奖。

在《中国城市社区法律援助的实践与思考》一文中，关明泉首先在总结上海市社区法律援助工作实践经验的基础上，指出社区法律援助是城市管理体制改革的需要，是社区建设的重要组成部分；是社区居民维权的需要，是提高公民法律素质的重要途径；是维护社会稳定的需要，是社区依法治理的重要内容。由于我国社区组织建设刚刚起步，各个城市社区工作呈现出不同的特点，社区法律援助在机构设置、工作方法和业务内容等方面也有明显不

左图为2005年7月关明泉（右二）参加中加法律援助研讨会；中图为关明泉（中）在欧洲培训结业时；右图为关明泉（左二）在新西兰学习考察

同，因此应根据实际情况确定社区法律援助的模式、运行机制和工作内容，使社区法律援助工作健康有序地开展。关明泉指出，拓展社区法律援助工作，需着重处理好五个方面的关系：一是要处理好社区法律援助机构与区县法律援助中心和街道办事处之间的关系；二是社区法律援助要处理好与148法律服务热线和110公安司法联动之间的关系；三要处理好社区专业法律工作者和法律志愿者之间的关系；四要处理好无偿援助和适当经费补贴的关系；五要处理好立足现实和长远发展的关系。用发展的眼光看待社区法律援助工作，用改革的精神开展社区法律援助工作，才能使之不断改进和完善，充分发挥其在社区建设中的地位和作用。

《重视发挥法律援助调解在构建社会主义和谐社会中的积极作用》一文是关明泉对于法律援助调解作用的思考。文中，关明泉分析道：与人民调解相比，法律援助调解的法律专业性更强，不易出现反复；与行政调解相比，其亲民特色浓，更容易被双方接受，有利于化解纠纷；与司法调解相比，其调处成本低，社会效益明显。一般的民事案件采取先调解再诉讼的办案机制，一则成本低、二则效益高，办案数量明显提高，且能得到及时有效的维权。对于当前我国法律援助调解工作存在的问题，关明泉认为主要体现在两个方面：一是法律援助调解工作处于自发、被动的状态，具体表现为有关部门对法律援助调解工作没有具体要求，各法律援助机构均为自发地开展此项工作，有时甚至是在受援人要求用调解手段解决矛盾纠纷时，法律援助律师才被动地开展此项工作。二是法律援助调解尚未建立规范的运作机制，具体表现在缺乏法律援助调解相关的规范，对法律援助调解适用于何类案件、何种情况和法律援助调解应注意什么问题，以及用法律援助调解形式结案的案件如何计算办案补贴等问题，都没有组织专题研究，更无相关规定，影响了法律援助调解工作卓有成效地开展。对此，关明泉提出建立和完善法律援助调解机制的对策建议：①要组织理论研讨，明确法律援助调解的地位和法律关系；②要建立相关规范，指导法律援助调解工作健康有序地开展；③整合调解资源，充分发挥各种调解手段的特长，从而建立我国的密切协作，优势互补，相互衔接，合力化解的多元化矛盾纠纷调解机制，真正形成我国矛盾纠纷“大调解”的格局，为构建社会主义和谐社会而共同努力。

在《认清特点、把握规律，推进我国法律援助事业又好又快发展》一文中，关明泉认为我国法律援助存在几大特性：①国家主导性，由国家主导对困难群众提供法律援助，而非律师个人行为；②政府形象性，政府能否充分履行法律援助责任将直接影响到在民众中的形象；③社会公益性，法律援助不应仅仅停留在政府包办，需要全社会的参与和支持；④参与多元性，参与人员除了法律援助工作人员、社会律师、基层法律工作者，还包括社会各界如媒体、志愿者等等；⑤发展渐进性，法律援助是美好的事业，但不是今天就能完成，不能一蹴而就，是要逐渐发展的。对于社会公益性这一点，大家争议较大，通常人们认为法律援助是政府责任，如果将其扩展到到社会公益，会淡化政府责任，对法律援助工作人员的身份也会带来不利影响。但从国外法律援助发展的经验来看，由社会通过募捐提供一部分费用，法律援助将会覆盖到更多人群，这是值得我国借鉴参考的。毋庸置疑的是，法律援助事业的进步，会逐步向社会公益方面发展，目前上海的法律援助覆盖率不到5%，国外有的国家覆盖范围已经达到50%以上。在政府加大投入的同时，动员社会广泛捐助，要让全社会参与支持，将会使法律援助事业越做越大，从而让更多的人能够从中受益。

无怨无悔的选择

人生充满选择，选择就意味着有得有失。如果当初留在部队，现在会是怎样呢？关明泉说：如果留在部队，为了保证作战力，军队必须年轻化，我这个年龄，现在已经退休，没什么事情可做，只能进入休养状态了。当初让关明泉决定转业，退休年龄也是一个非常重要的因素。在他看来，50几岁，正是要做事的年龄，这么年轻就退休，实在是让人难以接受。当我们知道关明泉现年70多岁的老母亲，还受聘到学校，给学习美术的学生们担任模特，也就不难理解关明泉的选择。每个人的成长，都有家庭影响的痕迹。而在关明泉的一次次选择中，家庭的影响是非常深刻的。

说到家庭的影响，就不能不说说关明泉的祖父。这个在新中国成立之前就牺牲、连家人都不知道他曾做过什么的革命者，虽然对子女影响不大，却对自己的孙辈产生了巨大的影响。烈士家属的牌子挂在那里，似乎在时时刻刻提醒这个家庭的孩子们，你们来自革命家庭，所作所为一定要能对得起这个牌子。关明泉从军，给弟弟们也带个头，两个弟弟纷纷跟随，参军并提干。其实大弟弟成绩很好，如果不当兵，可以考上北大清华，但他在高考填写的志愿都是军校，没有第二种选择。当地人眼看着，军人家属的牌子一块块地增加出现在这户人家的门楣上，最多的时候挂了四块牌子，一家五个兵：除了关家三兄弟，关明泉的爱人和妹夫也都是当兵的。而到春节，各路军人齐回家好像海陆空大集合，很是热闹。关家当街的门楣曾是当地一道亮丽的风景线，曾有人以此为背景进行拍照。而关家兄弟的创业发展，也让街坊邻居们羡慕不已。

家庭中另一个影响了关明泉人生的，就是他的母亲。尽管祖父在新中国成立前就参加革命并英勇牺牲，其战友很多都处于高级领导岗位，但是关明泉的父母亲，从来没想到利用家庭背景来谋求私利。在我国六十年代初的困难时期，根据国家政策，双职工当中需要有一人下岗，当时父亲是工人，母亲是学校的教工，母亲没有丝毫抱怨就选择了下岗。下岗后积极参加街道公益活动，接点活计补贴家用。虽没有正式工作，但生活得很充实。身为普通工人的父母亲，并没有放松对孩子的要求，尤其是母亲，时时告诉自己的孩子们要行得正、坐得端，能帮助别人的时候就尽量帮助，不能让别人戳脊梁骨，要尽心尽力，给国家做贡献。

记得当兵第一年，部队津贴很少，每月只有6元钱。关明泉对自己的要求是生活上低标准，政治上高标准。除了购买基本生活用品外，津贴费都积攒下来，到年底他把积攒的50元钱寄回家里。这在当时可是很大一笔钱，母亲收到钱，掉下了激动的眼泪：孩子才14岁就这么懂事，已经长大成人了，知道对自己严格要求，生活上不乱花钱不攀比。由于母亲不上班，家庭的

左图为2001年1月关明泉（右）在上海市纪念法律援助实事项目建设联欢会上的演出；右图为2009年6月关明泉荣获第三届全国法律援助先进个人

物质条件并不好，但一家人精神上很快乐。孩子们尊重父母，学习父母的精神，而父母也为几个孩子的优秀表现而感到骄傲。关明泉从母亲身上学到的是不辞辛劳、甘于奉献和老有所为的精神。对于给学生们担任绘画模特的事情，老太太说：这样做就感觉自己还有用，还能实现自己的价值。

榜样的力量是无穷的。这个革命家庭的优良传统，成为其子孙后代的取之不尽用之不竭的精神财富，也是他们一生一世的幸福之所在。关明泉说：“一个人降生到哪个家庭是无法选择的，但对我来说，能生在这个革命家庭里，我感到非常幸运。”

说到这里，关明泉恰似得胜归来的战士，豪爽地开怀大笑起来。

笑声中蕴含着他对革命家庭的热爱，喷发着发自内心的自豪感和光荣感。

他接着说：“我很庆幸自己一生的选择。军人、飞行员、法律援助工作者，这些选择都让我无怨无悔。但最让我感到有价值的，还是法律援助。虽然当初走入法律援助领域是无意中的选择，可如果现在有机会再选择，我仍会选择法律援助。从干事业的角度上看，法律援助前景美好，舞台很大，社会认可度高。在能叫得响的司法行政工作里，法律援助处于第一的位置。对于法律援助的宣传，再高再好都不为过，因为它关系到法制建设问题、社会稳定问题、民生问题。从社会的层面上看，法律援助是和谐社会的卫士。如果人民群众的权益得不到保障，就可能激化矛盾；法律援助案件为有法律需要的困难群众解决了实际问题，化解了社会矛盾，也就为和谐社会做出了贡献。从个人的选择看，法律援助是为弱势群体服务的，当眼看一个个困难群众的合法权益在法律援助的帮助下得到公平公正的保障，你获得的是一切功

左图为关明泉在德国考察期间参观奔驰公司；右图为关明泉在进行篮球训练，“身体是工作的本钱”，多年来他始终坚持体育锻炼

名和利益都无法比拟的满足感。在困难群众面前，你就是保护神。这就是法律援助的魅力。”

尾声　我是申城又一哨

“天地悠悠，过客匆匆，潮起潮又落……”

采访结束了，我不禁想起了这首歌。生活在大上海十里洋场中的人们，不正如同这歌词中所写的一样来去匆匆吗？然而在飘忽无常的过客中，却留下了法律援助工作者的坚实的足迹。霓虹灯下，他们如同一个个哨兵，用全心全意的法律服务维护着弱势和贫困群体的权益；他们用全部的爱心、热情、精力，捍卫着社会的和谐安宁。

作为上海市法律援助中心的领航人，关明泉不辱使命。他谦虚地说：“我只是申城的一个哨兵。在法律援助的岗位上，找到了快乐和幸福，找到了人生的归属感。”

霓虹灯下，法律援助在行动！霓虹灯在充满活力的国际大都市上海，依旧闪烁着昔日好八连旗帜上的耀眼光芒。生活在此的人们，总会有一些不能忘记的人和事……

后 记

几经斟酌，本书最终定名《大爱》，取义“大爱无言，掷地有声”。言之“爱”，是指法律之爱、责任之爱、民生之爱；谓之“大”，是因境界之大、道德之大、品格之大。大爱无言，大德无痕，大责无疆。这种爱，因岁月洗练和人生磨砺而更加沉郁凝重，更加朴实无华；这种爱，因甘于奉献和默默无名而更加含蓄隽永，更加动人心魄。大爱，且无言，一种人生的至高境界，汩汩融进了当代法律援助工作者的血液里。

本书记录的正是这样一批法律援助工作者。他们有的自法律援助制度建立伊始便投身其中，十几年如一日，勤勤恳恳，服务人民；有的身患疾病，依然坚守诺言，不离不弃，犹获新生；有的放弃了名声和财富，默默承担起法律工作者的天职，被当地群众尊称为“青天”……他们是当代中国法律援助工作者的生动剪影，本书通过对这些法律援助工作者人生轨迹和成长历程的生动描绘，展现出新时期社会主义法律援助工作者的思想源泉和精神风貌。他们为实现社会公平正义以自己的一案一讼、一言一行而努力着、实践着、前行着。这，无疑将是本书编辑出版最大的意义所在。

作为第一本深入全面描绘法律援助工作者的专著，本书的出版面世既是一种对过去十几年我国法律援助制度探索历程的总结，也包含了对这项制度无尽未来发展前景的期许。可谓正逢其时，恰逢其盛，责任显赫，意义重大。

在本书的编撰过程中，我们得到了司法部法律援助中心的大力支持和鼎力相助；各省市司法厅局的大力支持；各位受访者的真诚合作，在此我们感谢他们。我们还要感谢司法部法律援助中心的贾武光主任、桑宁副主任、张实处长、汪进联副处长、谢副处长为本书的出版提供的弥足珍贵的帮助和宝贵的意见；感谢李广良先生、罗俊华女士提供的帮助；感谢北京理工大学出版社领导和编辑，感谢在出版过程中王国祥先生为本书的发行和推广给予的支持。总之，我们感谢一切帮助过、支持过我们的人们。